말씀이 삶의 능력입니다.
이동원

너희는 약속의 말씀을
붙들고 살라

너희는 약속의 말씀을 붙들고 살라

신명기 강해설교

1판 1쇄   2024년 1월 3일
1판 2쇄   2024년 3월 15일

지은이   이동원
펴낸곳   압바암마
출판등록   제2012-000093호

주소   경기도 성남시 분당구 황새울로 200번길 28, 1104-35호(수내동, 오너스타워)
전화   031-710-5948
팩스   031-716-9464
이메일   webforleader@jiguchon.org

ISBN 978-89-98362-34-8
값 20,000원

신명기 강해설교

너희는 약속의 말씀을
붙들고 살라

이동원 지음

서문

우리가 사는 시대를 포스트모던 시대라 합니다.
절대 가치관과 절대 기준을 상실한 시대입니다.
모든 것이 상대화되었고 그래서 붙들고 살 기준이 없습니다.
그래서 우리 시대의 사람들이 방황하고 있습니다.

그런데 신명기는 우리에게 다시 약속의 말씀을 경청하라고
말합니다.
그리고 약속의 말씀을 다시 붙들어야 한다고 말합니다.
성경의 첫 권을 모세오경이라고 부릅니다.
이스라엘 사람들은 그 다섯 권을 토라라고 부릅니다.

신명기는 토라 중의 토라입니다.
약속의 말씀을 다시 요약하여 들려주고 있습니다.
그래서 우리는 다시 약속의 말씀을 들어야 합니다.

그리고 이 말씀을 붙들고 약속의 땅으로 가야 합니다.

이 말씀을 경청하는 모든 분들을 축복합니다.
그들은 인생의 기준을 다시 세우게 될 것입니다.
그리고 약속의 땅을 정복하는 승리를 누리게 될 것입니다.
이 말씀으로 우리는 새 시대의 희망을 나누게 될 것입니다.

신명기의 축복이 우리 모두의 축복이 되기를 소원합니다.

신명기의 약속에 함께 동참하는 순례자,

이동원 드림

목차

CHAPTER 1

모세가 다시
설교해야 했던 이유

¹이는 모세가 요단 저쪽 숩 맞은편의 아라바 광야 곧 바란과 도벨과 라반과 하세롯과 디사합 사이에서 이스라엘 무리에게 선포한 말씀이니라 ²호렙 산에서 세일 산을 지나 가데스 바네아까지 열 하룻길이었더라 ³마흔째 해 열한째 달 그 달 첫째 날에 모세가 이스라엘 자손에게 여호와께서 그들을 위하여 자기에게 주신 명령을 다 알렸으니 ⁴그 때는 모세가 헤스본에 거주하는 아모리 왕 시혼을 쳐죽이고 에드레이에서 아스다롯에 거주하는 바산 왕 옥을 쳐죽인 후라 ⁵모세가 요단 저쪽 모압 땅에서 이 율법을 설명하기 시작하였더라 일렀으되 ⁶우리 하나님 여호와께서 호렙 산에서 우리에게 말씀하여 이르시기를 너희가 이 산에 거주한 지 오래니 ⁷방향을 돌려 행진하여 아모리 족속의 산지로 가고 그 근방 곳곳으로 가고 아라바와 산지와 평지와 네겝과 해변과 가나안 족속의 땅과 레바논과 큰 강 유브라데까지 가라 ⁸내가 너희의 조상 아브라함과 이삭과 야곱에게 맹세하여 그들과 그들의 후손에게 주리라 한 땅이 너희 앞에 있으니 들어가서 그 땅을 차지할지니라

CHAPTER 1
모세가 다시 설교해야 했던 이유

저는 설교자로서 무엇보다 예수님의 설교를 직접 한번 들어 보았으면 하는 소원이 있습니다. 그런데 그러기 위해서는 복음서를 읽을 수밖에 없습니다. 그런데 복음서에서는 예수님의 설교가 단편적인 비유로 여기저기 흩어져 기록되어 있습니다. 가장 긴 예수님의 설교는 산상수훈이지만 학자들은 그것도 예수님이 여기저기에서 하신 말씀들을 편집한 것이라고 생각합니다. 그래서 예수님 설교의 전모를 온전하게 복원하는 것은 쉽지 않습니다. 바울 사도의 설교는 사도행전에 상당하게 그 프레임이 전체적으로 나와 있는 몇 편의 케이스들이 있어서 바울이 이런 주제를 갖고 이렇게 전개했다는 것을 짐작하게 해주고 있습니다. 그러나 여전히 설교의 전체 메시지를 완전하게 복원하기는 어렵습니다. 그런데 성경 인물들, 성경 영웅들 중에 가장 완벽한 설교를 접할 수 있는 것이 바로 모세의 설교입니다. 신명기는 모세의 세 편의 설교를 기록한 책입니다.

그의 첫 번째 설교가 신명기 1장 1절에서 4장 43절까지 기록되어 있습니다. 두 번째 설교는 4장 44절에서 26장 19절까지입니다. 그리고 세 번째 설교가 27장 1절에서 34장 12절까지입니다. 그의 첫 번째 설교는 역사적 관점에서 지나간 광야 40년의 역사를 조명하고 있습니다. 그의 둘째 설교는 율법적 관점에서 하나님의 백성들의 도덕적 의무와 정의로운 사회 법규를 기록합니다. 마지막 세 번째 설교는 예언적 관점에서 율법에 대한 순종과 불순종에 따른 하나님의 백성들의 미래 역사를 조망하고 있습니다. 그런데 이런 모세의 설교 전체는 일찍 그가 시내 산에서 받은 하나님의 율법(토라)에 기초하고 있습니다. 그 율법의 말씀을 다시 해석하고 설명하는 것입니다. 그래서 신명기라는 한자어의 뜻이 '하나님의 명령을 다시 반복한다'는 의미입니다. 영어로는 Deuteronomy, 곧 '제2의 율법(70인역)'이란 뜻입니다. 신명기 17장 18절에 보면 '율법의 등사본'이란 말이 나오는데 율법을 다시 등사 혹은 반복했다는 의미로 두 번째 율법이라고 부르는 것입니다. 그러나 본래 히브리 사람들은 모세 오경의 토라를 각 권의 첫 구절의 단어로 부르곤 했는데 '엘레 하드바림(이는 …말씀들이니라)'으로 모세가 전한 설교 말씀이라는 의미입니다.

　하나님의 백성들의 출애굽의 인도자요 광야의 지도자요 가장 위대한 선지자였던 모세가 이렇게 하나님의 율법 혹은 하나님의 말씀을 다시 설교할 수밖에 없었던 이유는 무엇 때문일까요? 율법이 처음 시내 산에서 주어졌지만 이제 이스라엘이 약속의 땅 가나안에 들어가기 전 모압 평지에서 모세가 다시 율법을 가지고 설교하고 있는 것입니다. 그 설교의 줄거리를 모은 것이 신명기인데(처음과 마지막에서 모세의 설교를 소개하는 부분과 모세의 죽음 부분은 후대에 편집된 것으로 보이지만), 대체 이렇게 모세가 토라의 말씀을 다시 설명할 필요가 왜 있었을까요? 본문 5절을 보십시오. **"모세가 요단 저쪽 모압 땅에서 이 율법을 설명하기 시작하였더라."** 여기 설명이란 말이 영어로는 expound이고 exposition(강해)란 말로 여기에서 유래한 것입니다. 약속의 땅을 바라보며 말씀을 다시 전한 이유, 무엇입니까?

1. 광야의 방황의 이유를 알려주기 위해서입니다.

본문 2절은 호렙 산(시내 산)에서 약속의 땅이 멀지 않은 가데스 바네아까지는 열하루 길이라고 기록하고 있습니다. 사실 직진으로 가면 광야에서 가나안은 그리 멀지 않은 여정이었습니다. 그런데 3절을 보면 **"마흔째 해 열한째 달 그 달 첫째 날에 모세가 이스라엘 자손에게 여호와께서 그들을 위하여 자기에게 주신 명령을 다 알렸으니,"** 벌써 출애굽 후, 40여 년의 세월이 흐른 것입니다. 가데스에 처음 이스라엘이 도착한 것은 출애굽 2년 3월 1일이었습니다. 그리고 여기서 약속의 땅으로 정탐꾼을 보낸 것입니다. 그러나 그들은 두 명, 여호수아와 갈렙의 믿음의 보고보다 다른 열 명의 부정적인 보고를 더 믿고 겁먹은 나머지 바로 약속의 땅으로 가지 못하고 방황을 시작한 것입니다. 하나님의 약속의 말씀에 대한 불신이 38년의 방황의 원인이 된 것입니다. 우리는 지금도 빨리 갈 수 있는 길을 우리의 불신으로 멀리 멀리 돌아 인생의 광야에서 방황하고 있는 것은 아닌지요?

그러나 광야의 방황은 다른 관점에서 보면 하나님의 백성들의 훈련의 시간이었습니다. 그들을 하나님의 백성다운 백성으로 연단하여 약속의 땅으로 들여보내고자 하신 하나님의 주권적 섭리라 할 수 있습니다. 이제 바야흐로 약속의 땅을 목전에 두고 지난 40년을 회고하며 하나님은 모세를 세워 설교하게 하십니다. 40년의 방황의 시간에 받았어야 했던 레슨을 정리하고자 하신 것입니다. 감사한 것은 광야에서도 말씀이 있었고 그들은 공동체로서 때로 성공하고 때로 실패하면서 훈련되어 갈 수 있었다는 사실입니다. 이것은 마치 대한민국이 자유민주주의 국가로 건국되기 이전에 일본의 식민지 통치 36년을 경험한 것과 유사합니다. 조선왕조 말기, 나라의 운명이 기울어 갈 무렵 하나님은 북쪽으로 신의주 일대를 통해 중국에 가서 홍삼장사를 하던 이들을 통해 예수의 복음을 들여오게 하시고, 1885년에는 인천 제물포를 통해 정식 선교사들로 하여금 이 땅에 말씀을 들고 오게 하신 것입니다. 1910년 한일합방 전인 1907년 이미 평양 대부흥을 통해 민족적으로 말씀의 능력을 경험하게 하셨습니다. 1919년 3.1 만세 사건이 일어날 때는 이미 교회들이 만세운동의 거점들이 될 만큼 성장되었고, 만세 주동인 33인 중 절반이 그리스도인들이 되도록 준비된 것입니다. 실로 조선이 망해가는 시점에 이 땅에 도달한 복음의 말씀은 36년의 광야 방황의 시간을 준비하게 하신 축복입니다. 우리의 언어가 빼앗기는 동안에도 성경을 통해 문맹을 깨우치고 민족의 언어를 보존하게 하셨습니다. 그리고 길선주, 최권능, 주기철, 손양원 같은 위대한 말씀의 사역자들을 통해 위대한 설교를 듣고 민족의 미래를 꿈꾸게 하셨습니다.

이제 40여 년이 지나 모세를 통해 다시 설교하게 하시는 이유, 무엇입니까?

2. 이미 시작된 승리를 가나안까지 지속하기 위해서입니다.

이스라엘 백성들은 광야에서 크고 작은 전쟁들을 겪으며 행군을 지속해 왔습니다. 그런데 약속의 땅으로 들어가기 직전의 전쟁에서 하나님은 이스라엘 백성들에게 의미 있는 승리를 경험하게 하십니다. **"그 때는 모세가 헤스본에 거주하는 아모리 왕 시혼을 쳐죽이고 에드레이에서 아스다롯에 거주하는 바산 왕 옥을 쳐죽인 후라."**(신 1:4) 이 두 전쟁은 이스라엘 백성들이 모압 평지에 진치기 전에 중요한 두 전쟁이었고 하나님은 당신의 백성들에게 승리를 허락하십니다. 한마디로 이 승리가 필요했던 이유는 주의 백성들이 승리의 자존감을 갖고 약속의 땅에 들어가게 하신 것으로 보입니다. 대개 어떤 일에 실패하는 사람들은 자존감의 상처를 입고 자신감을 상실합니다. 그들은 또다시 비슷한 일에

도전하지만 실패를 반복하는 경우가 많습니다.

　지금 이스라엘 백성들은 요단을 건너 약속의 땅에 들어가야 하고 들어가는 즉시 그들은 그 땅에 거하던 사람들과 새로운 전쟁을 앞두고 있었던 것입니다. 이들에게 비록 작은 전쟁이지만 승리의 경험은 매우 중요합니다. 작은 승리를 통해서 우리는 큰 일도 할 수 있다는 자신감을 배우기 때문입니다. 그러므로 우리들의 자녀들의 성장 과정에서 그들이 실패를 경험할 때 다시 도전할 수 있는 용기를 주는 것도 중요하지만 우선 작은 승리를 경험하게 해야 합니다. 그래야 그들은 의미 있는 새로운 승리를 위한 도전을 준비하게 됩니다. 제가 설교자로 출발할 때 처음부터 청장년층을 대상으로 사역을 시작한 것이 아니었습니다. 제 사역의 첫사랑은 중고등부였습니다. YFC(Youth For Christ, 십대선교회)라는 곳에서 중고등부 십대들에게 전도하고 설교하면서 사역을 배웠습니다. 그리고 그들이 변화되는 모습을 보면서 말씀 사역의 영광을 경험했던 것입니다. 점차 저는 여러 다른 교회 중고등부 강사로 부름을 받게 되고 이어 청소년 부흥회들을 인도하게 되었습니다. 이런 경험들이 제게 본격적인 교회 설교자로서의 사역을 준비하게 한 것입니다.

　지금의 요르단 국가가 있는 요단 동편에서 요단 강을 건너 약속의 땅으로 진입하기 전, 아모리 왕 그리고 바산 왕과의 전쟁에서 승리를 경험하게 하신 이유는 그 승리의 경험, 승리의 자신감을 갖고 약속의 땅 정복을 이루어 내기 위한 하나님의 특별한 은총이었던 것입니다. 그리고 이제 새롭고도 중요한 승리를 가나안 땅에서 이루어 내기 위해서였습니다.

3. 주의 백성들의 승리의 방편은 토라의 순종임을 알리기 위해서입니다.

"모세가 요단 저쪽 모압 땅에서 이 율법을 설명하기 시작하였더라."(신 1:5) 이제 이스라엘이 가나안 땅에 들어가 이루어 내야 할 사건은 율법, 곧 토라에 나타난 하나님의 뜻을 실현하는 것이었습니다. 그래서 모세는 지금 율법, 곧 토라를 강해하기 시작합니다. 율법을 받은 날부터 이스라엘을 향한 하나님의 뜻은 그들이 토라의 민족, 말씀의 민족이 되는 것이었습니다. 'People of the Book'이 되는 것입니다. 조금 후 모세가 죽은 후에 하나님은 새 지도자 여호수아에게 이렇게 말씀하십니다. "이 율법책을 네 입에서 떠나지 말게 하며 주야로 그것을 묵상하여 그 안에 기록된 대로 다 지켜 행하라 그리하면 네 길이 평탄하게 될 것이며 네가 형통하리라."(수 1:8) 여기 사용된 형통이란 단어가 사실상 성공이란 뜻입니다. 말씀이 우리에게 참된 성공을 약속한 것입니다. 이스라엘 민족은 세계 여러 나라 중 가장 고난을 많이 받은 민족이지만 세계에서 가장 우수한 리더들을 배출한 민족이 아니겠습니까? 노벨상 수상자의 30%가 다 유대인이란 것은 잘 알려진 사실입니다. 어느 나라이든 유대인 커뮤니티가 조성된 곳에는 번

영과 축복이 따라옵니다. 가끔 이런 유대인들의 번영을 질투하는 데서 반 유대인 운동이 일어나기도 합니다만 그것은 성공의 질투라고도 할 수 있습니다.

유대인들의 놀라운 성공을 연구하는 사람들은 대부분 유대인들의 전통적 학습방법인 하브루타(Havruta)에서 찾습니다. 토라나 탈무드를 앞에 놓고 두 명씩 짝을 지어 끊임없이 토론하는 것으로 얻어지는 창의적 교육에서 그들의 성공의 원인을 찾습니다. 그리고 13세 성인식을 하기 위해 토라의 암송을 필수적 조건으로 합니다. 경전 암송과 토론을 통해 그들은 입체적 사고를 통한 삶의 판단력을 어려서부터 배우는 것입니다. 그들에게 후츠파(Chutzpah) 정신을 또한 가르칩니다. 후츠파란 본래 뻔뻔함이나 담대함을 뜻하는 말인데 토론할 때 상대가 누구이든 자유롭고 담대하게 자신의 의견을 개진하는 것을 의미합니다. 끊임없이 질문하고 토론하며 답을 찾아가는 정신, 이 후츠파의 정신도 어려서부터 토라 성경으로 부모와 자녀가 문답하면서 만들어진 히브리 정신인 것입니다. 여러 학문 분야에서의 유대인 학자들의 실험정신 그리고 오늘날 비즈니스 세계의 스타트-업 정신 모두 여기에서 비롯된 것입니다. 이제 이스라엘은 가나안 입성을 앞에 두고 있습니다.

"내가 너희의 조상 아브라함과 이삭과 야곱에게 맹세하여 그들과 그들의 후손에게 주리라 한 땅이 너희 앞에 있으니 들어가서 그 땅을

차지할지니라."(신 1:8) 그 땅으로 들어가기 위해 지금까지의 광야의 경험을 하게 하신 것입니다. 이제 신명기 6장 23-24절을 보십시오.

> 우리 조상들에게 맹세하신 땅을 우리에게 주어 들어가게 하시려고 우리를 거기서 인도하여 내시고 여호와께서 우리에게 이 모든 규례를 지키라 명령하셨으니 이는 우리가 우리 하나님 여호와를 경외하여 항상 복을 누리게 하기 위하심이며 또 여호와께서 우리를 오늘과 같이 살게 하려 하심이라.

토라의 순종은 우리의 행복인 것입니다. 그것은 이스라엘의 행복일 뿐 아니라 대한민국의 행복이기도 합니다. 오늘 우리가 일본을 넘어서는 유일한 축복의 마당은 기독교가 선물한 말씀의 마당입니다. 우리 민족이 이 말씀의 마당에서 세계에 축복을 흘려보내는 축복의 통로가 되기를 기도합시다.

무조건적 정복이
능사가 아니다

[1]우리가 방향을 돌려 여호와께서 내게 명령하신 대로 홍해 길로 광야에 들어가서 여러 날 동안 세일 산을 두루 다녔더니 [2]여호와께서 내게 말씀하여 이르시되 [3]너희가 이 산을 두루 다닌 지 오래니 돌이켜 북으로 나아가라 [4]너는 또 백성에게 명령하여 이르기를 너희는 세일에 거주하는 너희 동족 에서의 자손이 사는 지역으로 지날진대 그들이 너희를 두려워하리니 너희는 스스로 깊이 삼가고 [5]그들과 다투지 말라 그들의 땅은 한 발자국도 너희에게 주지 아니하리니 이는 내가 세일 산을 에서에게 기업으로 주었음이라 [6]너희는 돈으로 그들에게서 양식을 사서 먹고 돈으로 그들에게서 물을 사서 마시라 [7]네 하나님 여호와께서 네가 하는 모든 일에 네게 복을 주시고 네가 이 큰 광야에 두루 다님을 알고 네 하나님 여호와께서 이 사십 년 동안을 너와 함께 하셨으므로 네게 부족함이 없었느니라 하시기로 [8]우리가 세일 산에 거주하는 우리 동족 에서의 자손을 떠나서 아라바를 지나며 엘랏과 에시온 게벨 곁으로 지나 행진하고 돌이켜 모압 광야 길로 지날 때에 [9]여호와께서 내게 이르시되 모압을 괴롭히지 말라 그와 싸우지도 말라 그 땅을 내가 네게 기업으로 주지 아니하리니 이는 내가 롯 자손에게 아르를 기업으로 주었음이라

CHAPTER 2
무조건적 정복이 능사가 아니다

성경에서 그리스도인들에게 가장 오해된 구절이 있었다면 저는 창세기 1장 28절의 **"땅을 정복하라"**라는 말씀이 아니었을까 생각합니다. 본래의 의미는 하나님이 창조하신 피조 세계에 대한 청지기적 책임을 다하라는 말씀입니다. 그러나 문자 그대로의 말씀을 피상적으로 읽고 그리스도인들이 승리주의와 정복주의적 인생 혹은 정복주의적 선교를 추구한 경우들이 기독교 역사 속에 적지 않았습니다. 그런 대표적인 실수가 기독교적 서구 정권에 의해 진행된 십자군 전쟁 같은 것입니다. 오늘날의 이슬람 국가들의 기독교에 대한 경계 내지는 증오감 배후에는 기독교적 서방 세계의 정복주의적 독선의 역사가 자리 잡고 있는 것을 보게 됩니다. 대학생 선교 기관 중에 CCC(한국대학생선교회)가 있습니다. 본래의 뜻은 Campus Crusade for Christ(그리스도를 위한 캠퍼스의 십자군)라는 의미입니다. 그런데 여기에 Crusade(십자군)란 단어가 포함되기 때문에 CCC에서 중동으로 선교사를 파송할 때면 파송단체의 명칭을 달리해야 하는 문제가 생겨납니다. 중동인들은 십자군이란 단어에 문자적으로 역한 알레르기 반응을 보이기 때문입니다. 그래서 오늘 우리는 정복이 아닌 평화 속에 선교를 모색하는 새 길을 찾게 되었습니다.

구약에서 출애굽은 전적으로 가나안을 향한 행진이었다고 할 수 있습니다. 드디어 이제 시내 산(호렙 산)을 거쳐 약속의 땅 가나안이 멀지 않은 가데스 바네아에 도착했습니다. 시간적으로 멀지 않은 신속한 여정이었습니다. **"우리 하나님 여호와께서 우리에게 명령하신 대로 우리가 호렙 산을 떠나 너희가 보았던 그 크고 두려운 광야를 지나 아모리 족속의 산지 길로 가데스 바네아에 이른 때에."**(신 1:19) 얼마나 설레는 마음이었을까요? 그런데 여기서 약속의 땅의 상황을 관찰하고자 파송한 정탐꾼의 보고 중 다수인 10명의 보고로 낙담하고 두려움에 사로잡힙니다. **"우리가 어디로 가랴 우리의 형제들이 우리를 낙심하게 하여 말하기를 그 백성은 우리보다 장대하며 그 성읍들은 크고 성곽은 하늘에 닿았으며 우리가 또 거기서 아낙 자손을 보았노라 하는도다."**(신 1:28) 하나님이 29절에서 무엇이라 하십니까? **"내가 너희에게 말하기를 그들을 무서워하지 말라 두려워하지 말라."** 하지만 그들은 두려움을 이기지 못합니다. 현실의 상황이 하나님의 말씀보다 더 크게 보였기 때문입니다. 끝내 하나님은 32절에서 이렇게 말씀하십니다. **"이 일에 너희가 너희의 하나님 여호와를 믿지 아니하였도다."** 그래도 포기할 수 없는 약속의 땅이 아닙니까? 그래서 가나안 정복의 행진을 다시 시작할 무렵 이 불신의 백성들을 훈련하고 다루시기 위한 특별한 섭리의 행진이 시작됩니다. 그것이 바로 38년의 가데스-세일산을 중심으로 한 광야 방황의 여정이었습니다. 이제 그들은 정복이 아닌 방황의 여정을 걷게 됩니다. 여기 우리가 배워야 할 레슨이 있습니다.

1. 때로는 방향을 돌려야 할 때가 있습니다.

가데스 바네아에서 북으로 곧장 가면 바로 이스라엘 백성은 약속의 땅에 진입할 수 있었습니다. 그런데 성경은 본문 신명기 2장 1절을 **"우리가 방향을 돌려"**라는 말로 시작합니다. **"우리가 방향을 돌려 여호와께서 내게 명령하신 대로 홍해 길로 광야에 들어가서 여러 날 동안 세일 산을 두루 다녔더니."** 다시 말하면 이스라엘 백성들은 약속의 땅인 북쪽이 아니라 반대 방향인 남쪽으로 방향을 돌려 홍해 길로 가서 다시 광야에 들어가 여러 날 동안 세일산 부근을 다녔다는 것입니다. 여기 이 구절에서의 '여러 날'은 문자 그대로의 날이 아닌 여러 경과된 시간을 뜻하는 말입니다. 실제로 여기 여러 날은 여러 해, 곧 38년의 시간을 의미하는 말입니다. 그런데 그 길로 방향을 돌린 것도 하나님의 명을 따라 된 일이라고 모세는 말하고 있는 것입니다. 38년의 광야의 방황은 곧 하나님의 허용된 섭리의 시간이었던 것입니다. 우리는 인생의 길에서 때로 이렇게 방향을 돌려야 할 때가 있습니다.

박태웅씨가 쓴 책 중에 《눈 떠보니 선진국》(한빛비즈)이란 책이 있습니다. 이 책에 이런 이야기가 있습니다. 세계 제2차 대전이 끝난 후, 독일 사회에 직면한 가장 중요한 민족적 과제가 있었는데 그것은 "히틀러 같은 사람이 다시는 그들 사회에 나오지 않기 위해서 무엇이 필요한가?"라는 질문이었다고 합니다. 사실 히틀러는 독일 국민들의 합법적 투표를 통해서 총통이 되었고 결국 독일 국민들은 이 말도 안 되는 괴물 지도자들을 국민들의 합의로 세웠던 것입니다. 독일 사회가 해결책으로 내놓은 것은 '성숙한 시민'을 만들어야 한다는 것이었다고 합니다. 그 실천 방안의 하나가 앞으로는 학교에서 주입식 교육을 금지하고 자율적 판단을 중시하며 서로의 다양한 입장을 고려할 줄 아는 시민적 역량을 기르는 것이었다고 합니다. 예컨대 독일은 그후로 초등학교에서 시작하여 중고등학교에 이르기까지 일찍 정치 수업을 하게 했다고 합니다. 수업은 대부분 토론식인데 독일 출신 방송인 다니엘이 경험한 수업의 하나가 〈민주주의 대 사회주의〉였다고 합니다. 몇 주에 걸쳐 모든 학생이 양 체제로 나누어 토론을 하는데 흥미 있는 것은 지난주에 민주주의 입장에서 토론을 했다면 다음 주에는 사회주의 입장에서 토론을 진행한다고 합니다. 서로의 입장을 이해하고 타협하고 양보할 줄 아는 시민으로 성숙시키는 것에 초점이 있었다는 말입니다.

하나님은 왜 38년의 시간에 걸쳐 당신의 백성들이 광야에서 방황하게 하셨을까요? 광야 수업을 통해 서로의 약점을 드러내고 서로 갈등하면서 용서하고 포용할 줄 아는 성숙에 도달하게 하시려는 것이었습니다. 그래서 광야 학교가 필요했고 광야 교회가 그들에게 필요했던 것이라면 38년의 방황은 값비싼 수업료를 지불한 필요했던 시간이었던 것입니다. 그래서 때로 하나님은 우리에게 즉각적인 해답의 땅으로 인도하시기보다 방향을 돌려 광야 수업을 하게 하십니다.

2. 때로는 싸움을 포기해야 할 때가 있습니다.

본문 3절에 보면 드디어 38년을 방황하던 그들에게 다시 북으로 나아가라는 하나님의 명이 떨어집니다. **"너희가 이 산을 두루 다닌 지 오래니 돌이켜 북으로 나아가라."** 이제 그들은 요르단 지역에서 북으로 나아가 다시 요단 강을 건너 서진하여 가나안 땅으로 인도되어야 했던 것입니다. 그런데 그 길을 나아가며 몇개의 족속과 부딪쳐 전쟁하지 않고는 그 길을 가는 것이 불가능했습니다. 본문 4절을 보시기 바랍니다. **"너는 또 백성에게 명령하여 이르기를 너희는 세일에 거주하는 너희 동족 에서의 자손이 사는 지역으로 지날진대 그들이 너희를 두려워하리니 너희는 스스로 깊이 삼가고."** 그리고 5절을 보십시오. **"그들과 다투지 말라 그들의 땅은 한 발자국도 너희에게 주지 아니하리니 이는 내가 세일 산을 에서에게 기업으로 주었음이라."** 이 지역을 에돔 땅이라고 부릅니다. 이스라엘 옆 요단 강 동쪽 요르단 국가 지도를 펼쳐 놓으시고 보면 맨 아래 남쪽이 에돔 땅, 그 위가 모압 땅, 그 위가 암몬 땅으로 되어 있습니다. 에돔과 모압 사이에 세렛 강이 흐르고 모압과 암몬 사이에 아르논 강이 흐르고 있습니다.

신명기 2장 9절을 보십시오. **"여호와께서 내게 이르시되 모압을 괴롭히지 말라 그와 싸우지도 말라 그 땅을 내가 네게 기업으로 주**

지 아니하리니 이는 내가 롯 자손에게 아르를 기업으로 주었음이라." 다시 19절을 보겠습니다. "암몬 족속에게 가까이 이르거든 그들을 괴롭히지 말고 그들과 다투지도 말라 암몬 족속의 땅은 내가 네게 기업으로 주지 아니하리니 이는 내가 그것을 롯 자손에게 기업으로 주었음이라." 지금 이스라엘 백성은 가나안 땅 정복을 위해 가는 길을 앞에 두고 있었습니다. 그러나 그렇다고 해서 아무하고나 전쟁을 벌이고 싸우는 것을 하나님은 금하신 것입니다. 조상을 찾아 올라가면 형제일 수 있는 에돔, 모압, 암몬 사람들과는 전쟁을 금하신 것입니다. 그래서 그들과 다투지 말라, 싸우지 말라고 말씀하십니다. 그들은 그들의 몫을 차지하고 너희에게는 너희의 몫이 있다고 말씀하신 것입니다. 과욕에 근거한 싸움을 철저하게 금하신 것입니다. 하나님은 당신의 백성들이 당신의 땅에서 생육하고 번영하는 것을 소원하십니다. 그래서 그들이 거하게 될 땅을 정복하라고 명하십니다. 그러나 무조건 아무 곳이나 경계선 긋고 내 땅이라고 선언하라고 하시지 않습니다. 정확하게 이스라엘 12지파가 거할 그 땅을 그들에게 주시고자 한 것입니다. 그리고 할 수 있으면 그들이 이웃들과 화평하기를 원하신 것입니다. 인간의 욕망은 언제나 절제하기 힘든 내성을 가집니다. 야고보가 말한 대로 **"욕심이 잉태한즉 죄를 낳고 죄가 장성한즉 사망을 낳느니라"**(약 1:15)는 말씀을 기억하고 우리는 자족함을 배워야 합니다. 그래서 때로는 싸움을 포기해야 할 때가 있습니다.

3. 때로는 싸움의 대상을 축복할 때가 있습니다.

"너희는 돈으로 그들에게서 양식을 사서 먹고 돈으로 그들에게서 물을 사서 마시라."(신 2:6) 오히려 적이 될 수 있는 그들을 유익하게 하고 축복하라는 것입니다. 이런 정신은 후일에 새 언약의 주인이신 예수님을 통해 "네 원수를 사랑하라"는 말씀으로, "원수가 주리거든 먹이고 목마르거든 마시우게 하라"는 말씀으로 우리에게 전달되지 않습니까? 때로는 싸움의 대상을 축복할 줄 알아야 한다는 것입니다. 그것이 바로 하나님이 경영하시는 위대한 하나님의 나라의 정신이기 때문입니다. 그것은 이미 광야 38년의 행진을 통해서도 입증된 하나님의 백성들의 삶의 미학이었습니다. 이제 본문 7절을 보시기 바랍니다. "네 하나님 여호와께서 네가 하는 모든 일에 네게 복을 주시고 네가 이 큰 광야에 두루 다님을 알고 네 하나님 여호와께서 이 사십 년 동안을 너와 함께 하셨으므로 네게 부족함이 없었느니라 하시기로." 중요한 것은 하나님이 함께 하는 삶입니다. 내가 얼마나 많은 땅을 차지하고 얼마나 많은 물질을 쌓아두고 사느냐는 것이 우리의 관심이어서는 안 될 것입니다. 오히려 내게 주신 것을 내가 지나가는 삶의 광야 길에서 얼마나 이웃들과 나누며 살 줄 아느냐가 중요한 것입니다.

사실 광야는 엄청난 도전이 기다리고 있었던 위험한 곳이었습니다. 그러나 보십시오. 여기 7절 말씀에서 모세는 하나님이 우리와 함께 하심으로 부족함이 없었다고 고백합니다. 시편 23편 1절 말씀 기억하시지요? **"여호와는 나의 목자시니 내게 부족함이 없으리로다."** 이 고백은 비단 이스라엘 백성들의 고백일 뿐 아니라 우리 민족이 광야에서 드린 고백이기도 했습니다. 나라를 빼앗긴 일제 강점기 시대에도 이 말씀을 고백했습니다. "내가 부족함이 없다"고. 해방 후의 혼란한 역사의 마당을 살면서도 고백했습니다. "내가 부족함이 없다"고. 6.25 전란의 생사가 불투명한 전쟁터에 피난 봇짐을 싸서 도망치는 길에서도 이 고백을 드렸습니다. "내가 부족함이 없다"고. 우리는 새마을운동을 펼치며 가난을 극복해 가던 시절에도 고백했습니다. "내가 부족함이 없다"고. 치열한 생존경쟁의 극복자가 되고 선진국의 입구에 도달했지만 아직도 우리를 위협하는 이웃 제국들의 압력을 경험하면서 우리는 여전하게 고백합니다. **"여호와는 나의 목자시니 내게 부족함이 없으리로다."**

제가 지방에 부흥회 인도하러 갔다가 그 교회 담임목사님에게 들었던 인상 깊은 간증 이야기를 잊지 못합니다. 이 목사님이 어느 주일 천국을 주제로 설교를 하셨다고 합니다. 그리고 그 주간에 한 교우를 만났는데 이 분은 가세가 큰 사업을 하시는 부유한 집사님이셨는데 만나자마자 지난주일 천국 설교 너무 좋았다고, 은혜 받았다고 하시면서 그런데 딱 한 가지 목사님은 그 천국이 어디에 있는지는 말씀하시지 않았다고 하시더랍니다. 그때 이 목사님이 "집사님, 제가 지금 사실은 우리 교우들 중 생활이 넉넉하지 못한 교우들 사는 구역을 심방하고 왔는데 그중에 독거노인 한 분이 계세요. 최근에 관절염으로 고생하고 있는데 그분을 집사님이 한번 찾아가 주시면 천국을 경험하실 거예요. 한 두어 달 정도 먹을 쌀과 반찬 그리고 약방에서 관절염 약만 가지고 방문해 주셔요. 그리고 꼭 시편 23편 읽어 드리고 기도 한 번 하고 와 주세요." 그렇게 말씀을 드렸더니 이분이 실천을 했다고 합니다. 그리고 다녀와서 목사님에게 "목사님 감사합니다. 정말 천국을 보고 왔습니다. 그분은 정말 마음에 천국이 있으신 분이었습니다"라고 하시더랍니다. 이웃을 축복하는 곳, 이웃과의 나눔이 있는 그곳에 천국이 있습니다. 이런 천국을 다 경험합시다!

그만해도 족하다

● **신명기 3장 23-29**

²³그 때에 내가 여호와께 간구하기를 ²⁴주 여호와여 주께서 주의 크심과 주의 권능을 주의 종에게 나타내시기를 시작하셨사오니 천지간에 어떤 신이 능히 주께서 행하신 일 곧 주의 큰 능력으로 행하신 일 같이 행할 수 있으리이까 ²⁵구하옵나니 나를 건너가게 하사 요단 저쪽에 있는 아름다운 땅, 아름다운 산과 레바논을 보게 하옵소서 하되 ²⁶여호와께서 너희 때문에 내게 진노하사 내 말을 듣지 아니하시고 내게 이르시기를 그만해도 족하니 이 일로 다시 내게 말하지 말라 ²⁷너는 비스가 산 꼭대기에 올라가서 눈을 들어 동서남북을 바라고 네 눈으로 그 땅을 바라보라 너는 이 요단을 건너지 못할 것임이니라 ²⁸너는 여호수아에게 명령하고 그를 담대하게 하며 그를 강하게 하라 그는 이 백성을 거느리고 건너가서 네가 볼 땅을 그들이 기업으로 얻게 하리라 하셨느니라 ²⁹그 때에 우리가 벳브올 맞은편 골짜기에 거주하였느니라

CHAPTER 3
그만해도 족하다

기도는 위대한 하나님의 선물입니다. 그러나 기도는 요술 방망이 같은 것은 아닙니다. 아리비안 나이트의 요정 지니처럼 우리의 모든 소원을 들어주는 마법이 아니라는 것입니다. 성경적 기도의 초점은 인간의 뜻이 아닌 하나님의 뜻에 있습니다. 그래서 인간이 드린 가장 위대한 기도의 표본은 겟세마네 동산에서 드려진 예수님의 기도입니다. 무엇이라 기도하셨나요? "내 원(뜻)대로 마옵시고 아버지의 원(뜻)대로 하옵소서"였습니다. 자기 소원의 성취가 아닌 하나님의 뜻의 실현이었습니다. 그래서 주님 자신도 제자들에게 기도를 가르치시면서 "아버지의 나라가 임하옵시며 아버지의 뜻이 하늘에서 이루어진 것 같이 땅에서도 이루어지이다"라고 기도하라고 말씀하셨습니다. 기도의 본질은 하나님의 뜻을 이루는 방편입니다. 그렇다면 성경적 기도의 가장 중요한 장애는 하나님의 뜻과 배치되는 자기 욕망이라고 할 수 있습니다. 야고보는 **"구하여도 받지 못함은 정욕으로 쓰려고 잘못 구하기 때문이라"**(약 4:3)라고 말합니다.

저는 본문의 모세의 기도가 지나친 욕망에 근거하여 기도했다고는 생각하지 않습니다. 지금까지 주의 백성들을 광야의 비바람을 이기고 40년을 인도해온 지도자로서 할 수 있었던 기도라고 생각됩니다. 본문은 이렇게 시작됩니다. **"그 때에 내가 여호와께 간구하기를 주 여호와여 주께서 주의 크심과 주의 권능을 주의 종에게 나타내시기를 시작하셨사오니 천지간에 어떤 신이 능히 주께서 행하신 일 곧 주의 큰 능력으로 행하신 일 같이 행할 수 있으리이까."**(신 3:23-24) 모세는 방금 얼마 전에 아모리 왕 시혼과 바산 왕과의 접전에서 놀라운 승리를 도와주신 주의 능력을 기억하면서 마음속에 있던 그의 간절한 소원을 아뢰는 것입니다. **"구하옵나니 나를 건너가게 하사 요단 저쪽에 있는 아름다운 땅, 아름다운 산과 레바논**(구약의 약속의 땅은 레바논을 포함함)**을 보게 하옵소서 하되."**(신 3:25) 그런데 뜻밖에도 하나님의 대답은 냉정하셨습니다. **"여호와께서 너희 때문에 내게 진노하사 내 말을 듣지 아니하시고 내게 이르시기를 그만해도 족하니 이 일로 다시 내게 말하지 말라."**(신 3:26)

도대체 왜 하나님은 약속의 땅을 보고 밟게 해 달라는 모세의 간청을 거절하신 것일까요? 그런 기도는 '그만해도 족하다'고 말씀하신 이유, 무엇 때문입니까?

1. 죄는 죄를 따라 다루어져야 하기 때문입니다.

민수기 20장을 보시면 이스라엘 백성들이 신 광야 가데스에 머물렀을 때 백성들이 물이 없어 우리를 여기까지 와서 이렇게 목말라 죽게 하느냐고 불평하자 하나님은 모세에게 반석에 명령하여 물을 내라고 말씀하십니다. 그러나 이때 백성들에게 화가 난 모세는 반석에 명하는 대신에 지팡이로 두 번이나 반석을 내리치는 혈기를 부립니다. 이때 하나님이 모세와 아론에게 무엇이라 말씀하십니까? **"여호와께서 모세와 아론에게 이르시되 너희가 나를 믿지 아니하고 이스라엘 자손의 목전에서 내 거룩함을 나타내지 아니한 고로 너희는 이 회중을 내가 그들에게 준 땅으로 인도하여 들이지 못하리라 하시니라."**(민 20:12) 이때 먼저 불평을 시작한 이스라엘 백성들의 죄가 크지만 그들에게 혈기를 보이고 반석을 향해 명령만 해도 된다는 주의 말씀을 액면 그대로 순종하지 못한 지도자 아론과 모세의 죄도 없지 않았다고 하나님은 판단하신 것입니다. 그리고 이런 사소한 불순종이 결국 백성들의 영적 방향을 상실케 할 것이란 판단 때문에 하나님은 모세에게 이스라엘 백성의 인도를 가나안이 보이는 곳까지만 허락하신 것입니다.

물론 이런 모세의 죄는 용서 받지 못할 죄는 아니었습니다. 그는 가나안 땅은 밟지 못했지만 하늘의 가나안 천국에 입성하는 일에는 전혀 지장이 없었습니다. 히브리서의 기자는 히브리서 11장에서 모세를 가리켜 믿음으로 하나님의 백성과 함께 고난 받기를 잠시 죄악의 낙을 누리는 것보다 더 좋아한 사람, 믿음으로 보이지 않는 하나님을 보는 것 같이 신뢰하고 살아간 하나님의 백성들의 대표적 영웅으로 열거하지 않습니까? 그럼에도 불구하고 하나님은 그가 지상의 가나안 땅에 들어가는 특권을 제한하심으로 죄에 대한 엄격한 공의를 실시해 보이신 것입니다. 만일 사소한 죄라고 계속적으로 죄를 용납하신다면 인생들은 더욱 죄를 짓기에 담대하게 될 것입니다. 하나님의 백성들의 죄에 대한 징계는 오히려 하나님의 사랑의 표현인 것입니다. 히브리서 12장 6절의 말씀을 기억합시다. **"주께서 그 사랑하시는 자를 징계하시고 그가 받아들이시는 아들마다 채찍질하심이라."** 이어지는 히브리서 12장 8절의 말씀을 상기합시다. **"징계는 다 받는 것이거늘 너희에게 없으면 사생자요 친아들이 아니니라."** 모세는 성경 역사에서 불세출의 족적을 남긴 하나님의 사람이었습니다. 그러나 그가 받은 가나안 입성의 제한으로 죄에 대한 징계의 실제를 증언하는 사람이 되기도 한 것입니다.

2. 사명의 한계를 알아야 하기 때문입니다.

사명은 인생을 위대하게 만드는 것입니다. 때로 사명은 생명보다 더 중요합니다. 사명을 잃어버린 생명은 생존에 불과하기 때문입니다. 그러나 하나님이 우리에게 사명을 주실 때 언제나 한계를 지닌 사명을 주십니다. 사명 때문에 우리는 신의 종이 되고 신의 사자가 되지만 신이 되는 것은 아닙니다. 만일 신의 종들이나 사자들이 사명을 수행하다가 자신을 신의 자리로 높이는 순간 그들은 신의 심판의 대상이 될 수밖에 없습니다. 모세는 위대한 하나님의 종이지만 하나님은 아닙니다. 그의 사명은 이스라엘 백성을 약속의 땅 건너편까지 인도하는 일이었습니다. 율법을 대표하던 모세의 사명은 우리로 죄를 깨닫고 십자가 앞에 나아오기까지 인도하는 것이었습니다. 구원의 사명은 모세가 아닌 구원자 그리스도에게 맡기십니다. 이런 상징적 사건이 그로 하여금 구원의 가나안이 보이는 곳에서 그의 사명의 발걸음을 멈추게 하십니다. 그에게 가나안 땅에서까지 정복 전쟁과 승리를 허용하신다면 그는 쉽게 신격화의 유혹을 받을 수도 있었습니다. 그리고 그것은 하나님이 허락할 수 없는 일이셨습니다. 그래서 하나님은 말씀하십니다. 그만해도 족하다고!

오래된 영화중에 〈브루스 올마이티〉가 있었습니다. 주인공 브루스는 매사에 불만이 많은 사람입니다. 그는 리포터로 인정도 받고 있었고 애인 그레이스로부터 사랑도 받고 있었습니다. 그러나 그의 승진의 기대가 무너지고 회사로부터 쫓겨나자 신을 원망합니다. 그런데 그때 뜻밖에 그에게 신이 나타나 신으로부터 자신의 능력을 주겠다는 제안을 받습니다. 자신을 대신해서 전능자의 역할을 해보라는 것입니다. 처음에 그는 신나게 자신의 능력을 발휘합니다. 자신의 회사로 돌아가고 원했던 앵커자리도 차지하게 됩니다. 그러나 그의 능력 있는 일처리가 여러 부작용을 낳고 마침내 애인마저 곁을 떠나가고 교통사고를 만난 후, 그는 신을 다시 만나 자기에게 주었던 능력을 거두어 달라고 요청합니다. 이제 전능한 능력이 사라졌지만 그는 다시 돌아온 애인과 함께 사랑을 나누며 하루하루 일상의 삶이 기적임을 경험하게 된다는 이야기입니다. 마하트마 간디는 세상을 마음대로 바꿀 수 있는 힘이 생긴다면 무슨 일을 하고 싶냐고 질문을 받았을 때 "나는 먼저 그런 힘을 폐기시켜 달라고 기도하겠소"라고 대답을 했다고 합니다. 우리가 인간이 된다는 것은 자신의 한계를 인정할 줄 아는 사람이 된다는 것을 의미합니다. 우리 모두는 유한한 존재로 한계 내의 인생을 살면서 사명을 수행하는 것입니다.

그러나 하나님은 여전히 자비하셔서 모세로 하여금 요단 동쪽 비스가 산꼭대기에서 약속의 땅을 바라보는 은혜를 베푸십니다. **"너는 비스가 산 꼭대기에 올라가서 눈을 들어 동서남북을 바라고 네 눈으로 그 땅을 바라보라 너는 이 요단을 건너지 못할 것임이니라."**(신 3:27) 신명기 32장 49절에는 이 산을 느보 산이라고 부르고 있습니다. **"너는 여리고 맞은편 모압 땅에 있는 아바림 산에 올라가 느보 산에 이르러 내가 이스라엘 자손에게 기업으로 주는 가나안 땅을 바라보라."** 성경학자들은 비스가 산과 느보 산은 같은 산의 다른 명칭이거나 아바림 산맥에 가까이 있었던 두 개의 봉우리가 아니었을까 추정합니다. 느보라는 말의 뜻이 하늘, 혹은 높음을 뜻합니다. 하여간 모세는 이 높은 봉우리에 올라 약속의 땅 가나안을 바라보는 것으로 만족해야 했습니다. 지금 이곳에는 모세기념교회가 세워져 있고 거기 전망대에는 이탈리아 예술가 지오바니 판토니의 작품 〈놋뱀 십자가〉가 세워져 있습니다. 광야에서 죽어가던 백성들을 치유하던 모세의 놋뱀은 실상 인류의 구원자요 치유자이신 십자가의 예수를 증거하는 것이었습니다. 모세의 사명은 거기까지였던 것입니다.

3. 다음 세대를 향한 책임 이양 때문입니다.

하나님이 모세에게 그만 기도해도 족하다고 말씀하신 마지막 이유는 이제 모세는 다음 세대에게 바톤을 넘겨야 할 때가 되었다고 판단하신 때문입니다. **"너는 여호수아에게 명령하고 그를 담대하게 하며 그를 강하게 하라 그는 이 백성을 거느리고 건너가서 네가 볼 땅을 그들이 기업으로 얻게 하리라 하셨느니라."**(신 3:28) 모세 자신이 가나안 땅에 들어가서 다시 정복 전쟁을 치르는 것이 아니라, 그것은 모세의 후계자인 여호수아가 할 일이라는 것입니다. 모세의 책임은 여호수아가 그 사명을 다하도록 그를 담대하고 강한 지도자로 세우고 준비시키는 일이었던 것입니다. 인간이란 존재가 이 땅에서 영원할 수 없고 유한한 사명을 지니고 사는 존재라면 다음 세대로 리더십을 이양하는 것은 필연적인 삶의 과제인 것입니다. 그래서 하나님 나라의 역사는 완성의 지점을 향하여 흘러가는 것입니다.

모든 큰 족적을 남기는 지도자의 후계자가 된다는 것은 두려운 일입니다. 자연스럽게 그들은 위축되고 불안할 수밖에 없습니다. 그래서 그를 강하고 담대한 지도자로 설 수 있도록 도와야 한다고 본문은 말합니다. 이제 모세가 죽고 리더십이 여호수아에게 이양되었을 때 하나님은 여호수아에게 **"강하고 담대하라**

너는 내가 그들의 조상에게 맹세하여 그들에게 주리라 한 땅을 이 백성에게 차지하게 하리라"(수 1:6)고 말씀하십니다. 그런데 우리가 강하고 담대한 자가 된다는 것은 단순한 천성이나 성품의 과제가 아닙니다. 이 땅에서 우리를 강하고 담대한 자로 세울 수 있는 유일한 분은 하나님이십니다. 그 하나님과 함께함의 삶이 필요한 것입니다. 그러므로 강하고 담대함은 성품의 과제를 넘어선 영성의 과제인 것입니다. "네 평생에 너를 능히 대적할 자가 없으리니 내가 모세와 함께 있었던 것 같이 너와 함께 있을 것임이니라 내가 너를 떠나지 아니하며 버리지 아니하리라."(수 1:5)

그러므로 리더십의 이양에서 가장 중요한 것은 우리의 다음 세대가 하나님과 함께 하는 삶을 살도록 훈련하고 격려하는 일입니다. 어린 시절 의료선교사의 이야기를 듣고 감동을 받은 유명한 데이비드 리빙스턴(David Livingstone)은 엎드려 이렇게 기도했다고 합니다. "어디든 보내 주십시오. 그러나 주님만 함께 해 주십시오." 그리고 그는 주의 음성을 듣습니다. "...내가 세상 끝날까지 너희와 항상 함께 있으리라."(마 28:20) 그가 아프리카 선교사가 되어 온갖 시련을 겪고 고생 끝에 고국 영국에 돌아와 글래스고 대학에서 명예 학위를 받고자 사람들 앞에 서자 장내는 많이 술렁거렸다고 합니다. 그는 더 이상 키 큰 미남도 아니었고, 얼굴엔 주름살이 깊이 패었고, 너무나 초췌하게 늙고 힘없어 보이는 사람이었다고 합니다. 그런데 그는 잠시 후, 다시 아프리카로 돌아가야 한다고, 거기가 사명의 땅이기 때문이라고 말합니다. 그리고 그는 말했습니다. "저를 걱정하지 마십시오. 사자의 공격을 받을 때도, 토속병으로 고열과 싸울 때에도, 원시림에서 길을 잃었을 때에도, 사람들에게 배신을 당하고 다시 일을 해야 했을 때에도, 한 가지, 그는 나와 함께 계셨습니다. 그것으로 족합니다." 그런 리더십을 우리도 키워낼 수 있기를 기도합시다.

CHAPTER 4
큰 나라 비전

● 신명기 4장 1-8절

¹이스라엘아 이제 내가 너희에게 가르치는 규례와 법도를 듣고 준행하라 그리하면 너희가 살 것이요 너희 조상의 하나님 여호와께서 너희에게 주시는 땅에 들어가서 그것을 얻게 되리라 ²내가 너희에게 명령하는 말을 너희는 가감하지 말고 내가 너희에게 내리는 너희 하나님 여호와의 명령을 지키라 ³여호와께서 바알브올의 일로 말미암아 행하신 바를 너희가 눈으로 보았거니와 바알브올을 따른 모든 사람을 너희의 하나님 여호와께서 너희 가운데에서 멸망시키셨으되 ⁴오직 너희의 하나님 여호와께 붙어 떠나지 않은 너희는 오늘까지 다 생존하였느니라 ⁵내가 나의 하나님 여호와께서 명령하신 대로 규례와 법도를 너희에게 가르쳤나니 이는 너희가 들어가서 기업으로 차지할 땅에서 그대로 행하게 하려 함인즉 ⁶너희는 지켜 행하라 이것이 여러 민족 앞에서 너희의 지혜요 너희의 지식이라 그들이 이 모든 규례를 듣고 이르기를 이 큰 나라 사람은 과연 지혜와 지식이 있는 백성이로다 하리라 ⁷우리 하나님 여호와께서 우리가 그에게 기도할 때마다 우리에게 가까이 하심과 같이 그 신이 가까이 함을 얻은 큰 나라가 어디 있느냐 ⁸오늘 내가 너희에게 선포하는 이 율법과 같이 그 규례와 법도가 공의로운 큰 나라가 어디 있느냐

CHAPTER 4
큰 나라 비전

본문 신명기 4장 1절은 '이스라엘아!'라는 부름으로 시작됩니다. 이스라엘 백성에 대한 하나님의 기대가 기록되고 있습니다. 본문의 마지막 6, 7, 8절에 반복되는 단어가 있습니다. '고이 가도르(goy gadol)' 곧 큰 나라(Great Nation)라는 말입니다. 6절을 보겠습니다. **"너희는 지켜 행하라 이것이 여러 민족 앞에서 너희의 지혜요 너희의 지식이라 그들이 이 모든 규례를 듣고 이르기를 이 큰 나라 사람은 과연 지혜와 지식이 있는 백성이로다 하리라."** 7절을 이어 보겠습니다. **"우리 하나님 여호와께서 우리가 그에게 기도할 때마다 우리에게 가까이 하심과 같이 그 신이 가까이 함을 얻은 큰 나라가 어디 있느냐."** 이제 8절을 보겠습니다. **"오늘 내가 너희에게 선포하는 이 율법과 같이 그 규례와 법도가 공의로운 큰 나라가 어디 있느냐."** 하나님께서 이스라엘 민족에게 가지신 기대는 한마디로 큰 나라 비전이었습니다. 이 민족이 위대한 나라, 위대한 민족(Great Nation, Great Country)이 되는 것이었습니다.

그런데 여러분, 역사를 통해서 이스라엘 민족은 국토나 국민의 숫자로 보면 단 한 번도 큰 나라인 적이 없었습니다. 오늘날의 이스라엘도 국토로 보면 우리나라 경기도와 강원도를 합한 정도의 작은 나라입니다. 그러나 국제적인 영향력으로 따지자면 대답은 달라집니다. 오늘날 세계를 움직이는 가장 중요한 나라는 미국입니다. 그런데 미국을 움직이는 것은 인구의 2%도 안 되는 유대계 미국인들이라는 말이 있습니다. 오늘날 전 세계 인구 중 유대인의 숫자는 2천만 명(이스라엘에 700만 명, 미국에 700만 명) 미만에 달합니다만 그들이 전 세계 정치, 금융, 외교, 산업, 문화 예술에 막대한 영향을 끼치고 있다는 것은 주지의 사실입니다. 오늘 우리가 사용하는 인터넷 구글, 페이스북 등도 모두 유대인의 손 안에서 움직이고 있고, 세계화의 전도자 토마스 프리드먼(Thomas Freedman)도 유대인인 것은 잘 알려진 사실입니다. 아랍 세계에 둘러싸인 채 나라의 정체성을 당당하게 회복하고 유지하는 작은 나라 이스라엘을 무시할 수 있는 나라는 아무도 없습니다. 이스라엘은 영향력으로 말하면 이 본문의 예언처럼 큰 나라입니다. 그들이 이렇게 큰 나라 비전을 가질 수 있었던 비밀은 무엇일까요?

본문에 의하면 도대체 큰 나라 비전의 실현이 어떻게 가능할 수 있었겠습니까?

1. 하나님의 말씀을 가감 없이 지킴으로 입니다.

"내가 너희에게 명령하는 말을 너희는 가감하지 말고 내가 너희에게 내리는 너희 하나님 여호와의 명령을 지키라."(신 4:2) 이것을 한마디로 토라 비전이라고 할 수 있을 것입니다. 이것을 다시 세부적으로 말하면 '규례와 법도'입니다. 어떤 나라도 법과 도덕이 무너진 나라는 큰 나라, 곧 영향력 있는 나라가 될 수 없습니다. 이스라엘의 힘은 이런 토라의 규범을 지키고 준수하는 데서 온 것입니다. 다시 본문의 1절을 보겠습니다. **"이스라엘아 이제 내가 너희에게 가르치는 규례와 법도를 듣고 준행하라 그리하면 너희가 살 것이요..."** 율법을 지키는 것이 민족이 사는 길이라고 가르칩니다. 이제 그대로 행하였을 때의 약속을 보십시오. **"너희는 지켜 행하라 이것이 여러 민족 앞에서 너희의 지혜요 너희의 지식이라 그들이 이 모든 규례를 듣고 이르기를 이 큰 나라 사람은 과연 지혜와 지식이 있는 백성이로다."**(신 4:6) 여기 성경은 율법이 주는 유익으로 지식과 지혜를 강조합니다. 어떤 사람들은 지식은 있는데 그 지식을 활용하는 지혜가 없습니다. 그런데 율법은 우리를 지식의 사람일 뿐 아니라 지혜의 사람이 되게 한다는 것입니다.

이스라엘 백성이 바벨론 포로에서 해방되어 고국으로 돌아올 때 여러 애국지사들은 각기 다른 비전을 갖고 돌아오고 있었습니다. 어떤 사람은 교육입국의 비전을, 어떤 사람은 새로운 경제 청사진의 비전을, 어떤 사람은 국방의 비전을 갖고 돌아오고 있었습니다. 그런데 제사장이요 서기관이었던 에스라의 비전은 달랐습니다. 에스라 7장 6절은 그를 이렇게 소개합니다. **"이 에스라가 바벨론에서 올라왔으니 그는 이스라엘의 하나님 여호와께서 주신 모세의 율법에 익숙한 학자로서..."** 이제 그가 결심한 바를 보십시오. **"에스라가 여호와의 율법을 연구하여 준행하며 율례와 규례를 이스라엘에게 가르치기로 결심하였었더라."**(스 7:10) 에스라의 비전은 토라 비전이었습니다. 하나님의 율법의 말씀 토라만이 민족을 새 시대 새 비전으로 인도할 수 있다고 믿었던 그는 그 토라를 돌아온 민족에게 가르치기로 결심하였던 것입니다. 이 토라, 곧 하나님의 말씀만이 다시 새롭게 시작하는 나라 이스라엘을 진정 큰 나라, 위대한 나라로 만들 수 있을 것이라고 믿은 것입니다.

이 토라의 말씀을 가르쳐 가감 없이 지키게만 한다면 이스라엘은 새로운 기회를 갖게 될 것이라고 믿었습니다. '가감 없이'라는 단서를 붙인 이유가 무엇입니까? 성경을 마음대로 주관적으로 해석한다면 이 책은 책의 주인이신 하나님의 의도대로 우리의 삶을 빚어 만들지 못할 것이기 때문입니다. 그래서 신약을 주시면서도 성경은 이 가감 없는 말씀의 수용을 명하고 있지 않습니까? 요한계시록 22장 18-19절의 말씀을 보십시오.

내가 이 두루마리의 예언의 말씀을 듣는 모든 사람에게 증언하노니 만일 누구든지 이것들 외에 더하면 하나님이 이 두루마리에 기록된 재앙들을 그에게 더하실 것이요 만일 누구든지 이 두루마리의 예언의 말씀에서 제하여 버리면 하나님이 이 두루마리에 기록된 생명나무와 및 거룩한 성에 참여함을 제하여 버리시리라.

무슨 말씀입니까? 가감 없이 말씀을 말씀으로 받을 때에만

이 말씀은 우리 인생과 민족의 복이 될 것입니다. 일제 강점기, 우리가 나라말과 글을 빼앗길 때 다행이었던 것은 이 땅의 교회들은 한글 성경을 읽고 있었고, 문맹 퇴치를 위해 성경을 읽도록 민족을 계몽하고 있었습니다. 오늘 우리가 누리는 축복은 이 성경과 무관할까요?

2. 하나님께 붙어 떠나지 아니함으로 입니다.

"오직 너희의 하나님 여호와께 붙어 떠나지 않은 너희는 오늘까지 다 생존하였느니라."(신 4:4) 우리에게 하나님의 말씀 토라가 주어질 때 중요한 것은 그 말씀을 지식으로만 간직하는 것이 아니라, 말씀의 주인이신 하나님을 인격적으로 가까이하고 하나님께 붙어 떠나지 않고 사는 것이 중요합니다. 이스라엘은 그렇게 했다는 것입니다. 그런데 이스라엘 중에도 여호와의 규례와 법도를 따라간다고 말은 하면서도 실제로는 그들이 어떤 필요 앞에 설 때마다 그 필요를 채울 수 있는 우상 신을 따르고 있는 사람들이 있었습니다. 그 경고가 3절에 기록되고 있습니다. **"여호와께서 바알브올의 일로 말미암아 행하신 바를 너희가 눈으로 보았거니와 바알브올을 따른 모든 사람을 너희의 하나님 여호와께서 너희 가운데에서 멸망시키셨으되."** 바알은 농경의 신이요, 생식의 신이었고 가나안의 가장 영향력 있는 신이었습니다. 그들은 가나안이란 새로운 문화에 적응하기 위해 그 땅의 신을 섬기는 유혹을 받고 있었던 것입니다. 그러나 충성스러운 백성들은 그 땅에 가서도 오직 여호와께 '붙어 떠나지 않은 것(cleave, 쪼개어 접착하다)' 입니다.

룻기 1장에 보면 룻이 모압 땅을 떠나 조상의 땅 베들레헴으로 돌아올 때 새로운 가장 나오미는 그녀의 모압 자부 두 여인에게 선택을 하게 합니다. 오르바라는 여인은 울면서 시어머니와 작별하고 고향에 남기로 합니다. 그러나 그때 여인 룻은 그녀의 시어머니를 '붙좇았다'고 기록합니다. 그리고 이어 '어머니의 하나님, 나의 하나님'이란 고백을 합니다. 그녀는 더 이상 하나님을 버릴 수 없다고 이제 그 하나님만을 붙들고 쫓아가겠다고 고백합니다. 저는 그리스도인에 대한 가장 아름다운 정의가 있다면 그리스도에게 붙어 있는 자라고 생각합니다. 우리가 고린도전서 15장, 부활의 장을 읽어 보면 예수께서 강림하실 때 부활의 순서를 말하며 **"먼저는 첫 열매인 그리스도요 다음에는 그가 강림하실 때에 그리스도에게 속한 자요"**(고전 15:23)라고 했는데 옛 한글 번역판에는 '그리스도에게 붙은 자요'라고 번역했습니다. 얼마나 좋습니까? 하나님의 백성은 하나님께 붙어 있는 자, 그리스도인은 그리스도에게 붙어 있는 자라는 것입니다. 예수님은 요한복음 15장 포도나무 비유의 장에서 누가 열매를 맺는 그리스도인이라고 말하고 있습니까? **"무릇 내게 붙어 있어 열매를 맺지 아니하는 가지는 아버지께서 그것을 제거해 버리시고..."**(요 15:2) 이제 4절을 보십시오, **"...가지가 포도나무에 붙어 있지 아니하면 스스로 열매를 맺을 수 없음 같이..."**(요 15:4) 그렇습니다. 우리의 신분은 하나님에게 붙어 있는 자, 그리스도에게만 붙어 있는 자인 것입니다. 그런 자를 누가 해칠 수 있겠습니까? 하나님에게 붙어 있는 자보다 더 큰 자가, 더 큰 백성이 어디 있겠습니까? 우리가 큰 백성으로 살아갈 수 있는 이유는 이 큰 '하나님께 붙어 떠나지 아니함으로'인 것입니다.

3. 하나님과의 기도의 관계를 유지함으로 입니다.

"우리 하나님 여호와께서 우리가 그에게 기도할 때마다 우리에게 가까이 하심과 같이 그 신이 가까이 함을 얻은 큰 나라가 어디 있느냐."(신 4:7) 여기 우리가 기도하면 하나님은 우리를 또한 가까이 하신다는 것입니다. 그리고 하나님이 가까이하는 민족이 큰 민족이 아니냐는 것입니다. 전능자가 가까이하는 백성, 민족을 누가 감히 해칠 수 있겠습니까? 그러므로 기도하는 민족처럼 큰 나라, 큰 백성이 없다는 것입니다. 이스라엘 백성은 역사적으로 많은 민족 말살의 위기를 겪어왔습니다. 그럼에도 불구하고 이스라엘이 살아남은 이유는 무엇 때문이겠습니까? 지난 봄, 저희 교회의 파송선교사 60여 명과 교회 성지순례단 85여 명을 모시고 통곡의 벽을 찾았을 때 갑자기 이스라엘 젊은이들 3-40여 명이 광장에서 둥근 원을 그리고 노래하고 춤을 추고 있었습니다. 저는 처음에 누군가가 성인식을 하고 있는 것이 아닌가 생각했는데 그것이 아니라 부림절 축하를 하고 있는 것이라는 것이었습니다.

부림이란 말은 본래 제비뽑기라는 말에서 유래한 것입니다. 에스더서를 보면 하만이란 사람이 유대인을 전멸시킬 목적으로 제비뽑기를 계획했는데 오히려 자기가 죽고 유대인들은 극적으로 구출을 받게 되는 이야기 생각이 나시지요? 에스더의 삼촌 모르드개가 하만의 악한 계획을 알아차리고 사흘간 금식을 하고 페르시아 왕 아하수에로에게 나아가 죽으면 죽으리라고 민족의 구원을 탄원하라고 말하지 않습니까? 에스더 4장 13-14절입니다.

모르드개가 그를 시켜 에스더에게 회답하되 너는 왕궁에 있으니 모든 유다인 중에 홀로 목숨을 건지리라 생각하지 말라 이 때에 네가 만일 잠잠하여 말이 없으면 유다인은 다른 데로 말미암아 놓임과 구원을 얻으려니와 너와 네 아버지 집은 멸망하리라 네가 왕후의 자리를 얻은 것이 이 때를 위함이 아닌지 누가 알겠느냐 하니.

당시 왕의 허락 없이는 왕비라도 왕에게 나아오는 것은 죽음을 각오해야 하는 일이기에 에스더 왕후가 금식을 하고 '죽으면 죽으리라'하며 왕에게 나아가 하만의 악한 계교를 폭로합니다. 모르드개와 에스더의 민족을 위한 금식 기도와 탄원이 마침내 한 민족 전체를 살려낸 것입니다. 그래서 이스라엘 백성들은 지금도 부림절이 되면 회당에 나아가 에스더서를 읽습니다. 모르드개와 에스더의 이름이 나오면 기쁨의 소리를 발하고, 하만이 나오면 온갖 야유의 소리를 냅니다. 가장 행렬을 하기도 하고, 파티를 열어 축제의 시간을 갖습니다. 그리고 그 때에 반드시 가난한 자들을 구제합니다.

　역대하 7장 14절의 말씀을 기억하십니까? **"내 이름으로 일컫는 내 백성이 그들의 악한 길에서 떠나 스스로 낮추고 기도하여 내 얼굴을 찾으면 내가 하늘에서 듣고 그들의 죄를 사하고 그들의 땅을 고칠지라."** 잠언 14장 34절의 말씀을 기억합시다. **"공의는 나라를 영화롭게 하고 죄는 백성을 욕되게 하느니라."** 잠언 15장 29절입니다. **"여호와는 악인을 멀리 하시고 의인의 기도를 들으시느니라."** 기도하는 백성은 망하지 않습니다. 기도는 하나님을 우리 편이 되게 합니다. 기도는 우리로 하나님 편에 서게 합니다. 기도함으로 우리는 큰 백성, 큰 민족이 됩니다. 이 특권을 저버리지 않는 민족이 됩시다. 큰 나라 비전을 붙드는 우리 한민족이 되기를 기도합시다.

CHAPTER 5

토라를 주신 이유

²⁸여호와께서 너희가 내게 말할 때에 너희가 말하는 소리를 들으신지라 여호와께서 내게 이르시되 이 백성이 네게 말하는 그 말소리를 내가 들은즉 그 말이 다 옳도다 ²⁹다만 그들이 항상 이같은 마음을 품어 나를 경외하며 내 모든 명령을 지켜서 그들과 그 자손이 영원히 복 받기를 원하노라 ³⁰가서 그들에게 각기 장막으로 돌아가라 이르고 ³¹너는 여기 내 곁에 서 있으라 내가 모든 명령과 규례와 법도를 네게 이르리니 너는 그것을 그들에게 가르쳐서 내가 그들에게 기업으로 주는 땅에서 그들에게 이것을 행하게 하라 하셨나니 ³²그런즉 너희 하나님 여호와께서 너희에게 명령하신 대로 너희는 삼가 행하여 좌로나 우로나 치우치지 말고 ³³너희 하나님 여호와께서 너희에게 명령하신 모든 도를 행하라 그리하면 너희가 살 것이요 복이 너희에게 있을 것이며 너희가 차지한 땅에서 너희의 날이 길리라

CHAPTER 5
토라를 주신 이유

신명기 5장은 십계명의 리뷰라고 할 수 있습니다. 40년 전 이스라엘이 시내 산(호렙 산)에 도착하여 그들을 대표하여 모세가 산에 올라가서 불꽃 가운데 십계명을 받았습니다. 이제 40년이 지나간 시점에서 여호수아와 갈렙을 제외한 새로운 세대의 가나안 입성을 앞에 두고 모압 평지에서 모세는 새로운 세대에게 이 십계명을 다시 전달하여 말씀하고 있는 것입니다. **"여호와께서 산 위 불 가운데에서 너희와 대면하여 말씀하시매 그 때에 너희가 불을 두려워하여 산에 오르지 못하므로 내가 여호와와 너희 중간에 서서 여호와의 말씀을 너희에게 전하였노라..."**(신 5:4-5) 여기 '그 때에'라는 말이 나옵니다. 40년 전 일을 회고하고 있는 것입니다. 십계명은 그 때에 주신 언약이었다고 말합니다. **"우리 하나님 여호와께서 호렙 산에서 우리와 언약을 세우셨나니..."**(신 5:2) 그것은 바로 호렙 산의 언약, 혹은 시내 산의 언약이었던 것입니다. 우선 그 언약은 지금도 유효한 언약임을 확인하고 있습니다. **"이 언약은 여호와께서 우리 조상들과 세우신 것이 아니요 오늘 여기 살아 있는 우리 곧 우리와 세우신 것이라."**(신 5:3) 이제 한 세대가 교체되고 있지만 이 언약은 가나안 약속의 땅에 들어갈 세대에게도 여전히 유효하고 필요한 언약이라는 것입니다.

그리고 이 언약의 말씀은 처음에는 음성으로, 다음에는 돌판에 쓰인 말씀으로 주어진 것입니다. **"여호와께서 이 모든 말씀을 산 위 불 가운데, 구름 가운데, 흑암 가운데에서 큰 음성으로 너희 총회에 이르신 후에 더 말씀하지 아니하시고 그것을 두 돌판에 써서 내게 주셨느니라."**(신 5:22) 그런데 도대체 이런 십계명을 그리고 그 외에 율법의 말씀들, 토라를 이스라엘 백성들에게 주신 이유가 무엇일까요? 그리고 이런 토라의 말씀이 영적 이스라엘인 오늘의 주의 백성들에게도 여전히 유효하고 필요한 언약의 말씀이라면 왜 이런 말씀을 우리에게 주신 것일까요? 바울은 고린도후서에서 새 언약의 일꾼들에게는 돌판이 아닌 마음판에 쓴 말씀을 주셨다(고후 3:3)고 말합니다. 영으로 주신 말씀은 우리를 죽이는 것이 아니라 우리를 살리는 말씀이라고 말합니다. **"그가 또한 우리를 새 언약의 일꾼 되기에 만족하게 하셨으니 율법 조문으로 하지 아니하고 오직 영으로 함이니 율법 조문은 죽이는 것이요 영은 살리는 것이니라."**(고후 3:6)

그러면 그때나 지금이나 이런 주의 말씀, 토라를 주신 이유는 무엇 때문일까요?

1. 복을 받게 하시기 위함입니다.

여호와께서 너희가 내게 말할 때에 너희가 말하는 소리를 들으신지라 여호와께서 내게 이르시되 이 백성이 네게 말하는 그 말소리를 내가 들은즉 그 말이 다 옳도다 그들이 항상 이같은 마음을 품어 나를 경외하며 내 모든 명령을 지켜서 그들과 그 자손이 영원히 복 받기를 원하노라.(신 5:28-29)

십계명을 포함한 토라를 주신 궁극적인 목적이 분명하게 밝혀집니다. 그것은 하나님의 백성들과 그들의 자손들의 영원한 복이었던 것입니다. 처음 불 가운데서 이 말씀이 주어질 때는 이 말씀을 감당하지 못할 인생들의 연약함으로 인해 말씀의 축복보다는 말씀을 불순종함으로 올 심판을 두려워할 수밖에 없었습니다. 그러나 중보자 모세를 통하여 토라를 두려움 없이 받고 하나님을 경외함으로 그들이 진정 축복의 백성이 되기를 하나님도 기대하신 것입니다.

율법은 본질적으로 축복인 것입니다. 인생은 안정적인 삶의 틀 안에서만 행복감을 누릴 수가 있습니다. 새는 푸른 창공 안에서만 행복한 날갯짓을 할 수 있습니다. 물고기는 바다의 물결 안에서만 행복한 헤엄을 칠 수 있습니다. 기차는 철도의 레일 위에서만 행복하게 달릴 수가 있습니다. 인생은 하나님의 율법, 그 토라의 말씀 안에서만 진정한 행복감을 누릴 수가 있습니다. 율법은 인생의 행동을 제한하는 것이 아니라, 오히려 자유하게 하는 것입니다. 오직 죄인인 인생들만 율법을 행동의 제약으로 생각하는 것입니다. 철마는 철로를 자신에 대한 제한으로 생각하지 않습니다. 새가 하늘의 공기를 자신에 대한 제한으로 생각하겠습니까? 물고기가 바다의 물살을 제한으로 생각하겠습니까? 그래서 시편 기자는 **"복 있는 사람은...오직 여호와의 율법을 즐거워하여 그의 율법을 주야로 묵상하는도다"**(시 1:1-2)라고 고백합니다. 말씀의 시편인 시편 119편은 **"행위가 온전하여 여호와의 율법을 따라 행하는 자들은 복이 있음이여"**(시 119:1)라고 시작합니다.

2. 복을 받으려면 토라를 가르쳐야 합니다.

"너는 여기 내 곁에 서 있으라 내가 모든 명령과 규례와 법도를 네게 이르리니 너는 그것을 그들에게 가르쳐서 내가 그들에게 기업으로 주는 땅에서 그들에게 이것을 행하게 하라 하셨나니."(신 5:31) 여기 핵심되는 단어는 '가르치라(lamad)'는 말씀입니다. 그런데 이 단어는 가르친다는 뜻도 되지만 동시에 배운다는 뜻도 있습니다. 배우면서 가르쳐야 한다는 말입니다. 가르치는 사람이 먼저 배움의 정신을 갖고 배우면서 가르쳐야 한다는 말입니다. 가르치기 위한 가르침이 아니라는 말입니다. 나 자신이 먼저 행복하기 위해 이 말씀을 배우고 내게 행복으로 다가온 이 말씀을 또한 가르쳐야 한다는 말입니다. 바울 사도는 빌립보서 4장 9절에서 빌립보 성도들에게 항상 기뻐하고 항상 평강이 지배하는 행복한 삶의 원리를 어떻게 가르치고 있습니까? **"너희는 내게 배우고 받고 듣고 본 바를 행하라 그리하면 평강의 하나님이 너희와 함께 계시리라"**라고 말합니다. 바울은 가르치기 위한 가르침을 전한 사람이 아닙니다. 그는 친히 자기가 배우고 받고 듣고 본 바를 가르치고 있었던 것입니다.

토라의 진정한 영향력은 토라의 말씀을 성육화한 사람들이 전할 때 힘이 있는 것입니다. 이런 사람들의 가르침은 교육이 아니라 행복을 나누는 것입니다. 옛날 탁월한 스승들은 모두 자기가 살고 있는 진리를 삶의 한복판에서 살면서 나누고 있었습니다. 이런 스타일의 가르침을 제자도(apprenticeship) 혹은 도제 교육이라고 불렀습니다. 하나님은 모세에게 본문 31절에서 **"내 곁에 서 있으라"**라고 말씀합니다. 주님 곁에서 보고 배운 바를 또한 가르치라고 말씀하시는 것입니다. 출애굽기 24장에 보면 이때 모세는 다른 장로들을 멀리 있게 하고 오직 여호수아만 데리고 하나님의 임재 앞에 나아가 40일을 머물며 가르침을 받게 됩니다. 그리고 이제 그들이 주님에게 배운 살아있는 토라, 진리의 말씀을 백성들과 나누게 하신 것입니다. 머리로 배운 말씀이 아닌 삶으로, 온 몸으로 배운 말씀을 나누게 하신 것입니다.

3. 토라를 가르치는 목적은 행함이어야 합니다.

그런데 이런 가르침은 가르침 자체에 목적이 있어서는 안 된다는 것입니다. 이미 살펴본 31절에서도 토라의 세부적 사항들인 명령, 규례, 그리고 법도를 잘 가르쳐서 **"이것을 행하게 하라"**고 말씀하고 있습니다. 그리고 이어지는 말씀을 보십시오. **"그런즉 너희 하나님 여호와께서 너희에게 명령하신 대로 너희는 삼가 행하여 좌로나 우로나 치우치지 말고."**(신 5:32) 여기서도 강조된 것은 행함입니다. 삼가 행하라고 말씀합니다. 그리고 그것은 좌로나 우로나 치우치지 않은 적용이어야 한다는 것입니다. 이제 마지막 33절을 보십시오. **"너희 하나님 여호와께서 너희에게 명령하신 모든 도를 행하라 그리하면 너희가 살 것이요 복이 너희에게 있을 것이며 너희가 차지한 땅에서 너희의 날이 길리라."** 모든 도를 행하는 온전한 순종만이 온전한 복을 누리는 삶의 열쇠임을 보증하고 있습니다.

이것은 새 언약의 말씀을 대하는 오늘의 그리스도인의 태도에도 그대로 적용할 수 있습니다. 예수님의 마지막 지상 명령의 말씀에 우리는 어떻게 반응해야 할까요? 마태복음 28장 20절의 말씀을 상기합시다. **"내가 너희에게 분부한 모든 것을 가르쳐 지키게 하라..."** 가르침 자체가 목적이 아니라 가르쳐 지키게 해야 한다는 것입니다. 새 언약의 마지막 책 요한계시록 1장 3절의 말씀을 기억합시다. **"이 예언의 말씀을 읽는 자와 듣는 자와 그 가운데에 기록한 것을 지키는 자는 복이 있나니 때가 가까움이라."** 우리는 흔히 요한계시록을 종말의 책, 심판의 책으로 기억하고 있습니다만 여기 요한계시록 1장 3절에서 시작하여 요한계시록은 이 언약의 말씀을 받는 사람들에 대한 7가지 축복을 증언합니다. 14장 13절에서는 주 안에서 죽는 자들은 복이 있다고 말씀합니다. 16장 15절에서는 자기 옷을 지켜 벌거벗고 다니지 아니하는 자는 복이 있다고 말씀합니다. 19장 9절에는 어린양의 혼인 잔치에 청함을 받은 자들은 복이 있다고 말씀합니다. 20장 6절에는 첫째 부활에 참여하는 자들은 복이 있다고 말씀합니다.

22장 7절에 다시 이 예언의 말씀을 지키는 자들은 복이 있다고 말씀합니다. 마지막으로 요한계시록 22장 14절에 자기 두루마기를 빠는 자들은 복이 있으니 그들이 생명나무에 나아가며 문들을 통하여 성(영원한 성)에 들어갈 권세를 얻는다고 약속합니다. 두 가지만 기억합시다. 구약이나 신약이나 성경은 모두 축복의 말씀이요, 축복의 책이라는 것을! 그러나 이 축복은 축복의 말씀을 지키기 위해 올인하는 사람들을 위한 것임을 말입니다.

한국이 서구화되고 근대화되는 축복을 누리게 된 배경에는 성서의 역할이 적지 않았습니다. 한국 선교가 다른 나라 선교와 달랐던 특성의 하나는 선교사들이나 전도자들이 한국 선교를 시도할 때 이미 번역된 쪽복음 성서가 있었다는 사실입니다. 저 북방 만주 쪽으로 홍삼 장사를 하던 서상륜 같은 이들이 중국에 체류 중인 영국 선교사를 만나 그리스도인이 되고 성경 번역에 협력하며 그들은 선교사가 입국하기 전 이미 존 로스역인 누가복음 등을 전달하는 권서인 혹은 매서인의 역할을 하며 이 땅에 복음을 전한 것입니다. 한편 공식 선교사 1호와 2호인 아펜젤러와 언더우드가 1885년 제물포에 도착했을 때 이미 일본에서 그리스도인이 되어 마가복음을 번역한 이수정역 성서를 들고 그들은 이 땅에서의 선교를 시작했던 것입니다.

기독교 역사학자 민경배는 성경을 위시한 기독교 관계 서적들이 예외 없이 다 한글로 출판되고 그 용어도 서민층의 일상어를 선택함으로 복음전도와 민중교화 속도에 그 유례를 찾아볼 수 없는 대성과를 거두게 하였다고 평하고 있습니다. 실로 한글은 기독교의 새로운 활동에서 그 자체의 생명 확장을 실현하였고 이 나라 민중문화를 창달하고 유구하게 전승하는데 절대적인 공헌을 남겼다고 평가합니다. 한글 학자 최현배도 세종대왕의 한글 창제의 거룩한 뜻이 여기서 실현된 것으로 보았습니다. 춘원 이광수도 아마 조선의 글과 말이 진정 고상한 사상을 담는 그릇이 됨은 성경의 번역이 시초일 것이요, 만일 후일에 조선문학이 건설된다 하면 그 문학사의 일면에는 신구약 번역이 기록될 것이라고 말했습니다. 《천로역정》을 번역하고 성경 번역에 참여한 게일 선교사는 이런 한글 예찬과 성경의 중요성에 대한 글을 남깁니다. "한글은 세상에서 가장 간소하고 재치 있는 글입니다... 교회는 이 한글을 특별히 사랑하고 또 완전하게 쓰고 있는 실정입니다. 부녀자들의 허리띠 틈에 일상어로 된 성경책이 꽂혀있고 사랑방 책상 위에도 성경이 올려져 있습니다."

국제 선교 리뷰는 한국 초대교회의 가장 중요한 특징으로 성서에 대한 강조를 들고 있었습니다. 한국교회는 성서를 가슴에 품듯 소중하게 받아들이고 감격과 열의를 다해 성서를 연구하는 것이야말로 한국교회 전체에 넘쳐흐르는 영성의 참된 근원이었습니다. 한국교회의 성서 보급량은 중국이 50년 동안에 한 것을 10년 안에 보급했고 한국교회의 중요 집회는 성서를 함께 읽어가는 사경회였습니다. 일제시대 사상가였던 김교신 선생은

《*성서 조선*》이란 잡지를 매월 펴내면서 '조선을 성서 위에'라는 모토로 애국 운동을 실천했습니다. 그와 함께 한 사람들의 성서 연구는 바로 나라를 독립시키는 운동이었고 나라를 올곧게 세우는 운동이었습니다. 성서대로 행하는 운동이 바로 나와 나라를 살리는 운동이었던 것입니다.

CHAPTER 6
쉐마의 축복을 사모하라

● 신명기 6장 4-9절

⁴이스라엘아 들으라 우리 하나님 여호와는 오직 유일한 여호와이시니 ⁵너는 마음을 다하고 뜻을 다하고 힘을 다하여 네 하나님 여호와를 사랑하라 ⁶오늘 내가 네게 명하는 이 말씀을 너는 마음에 새기고 ⁷네 자녀에게 부지런히 가르치며 집에 앉았을 때에든지 길을 갈 때에든지 누워 있을 때에든지 일어날 때에든지 이 말씀을 강론할 것이며 ⁸너는 또 그것을 네 손목에 매어 기호를 삼으며 네 미간에 붙여 표로 삼고 ⁹또 네 집 문설주와 바깥 문에 기록할지니라

CHAPTER 6
쉐마의 축복을 사모하라

개신교 기독교인들에게 성경 전체를 요약하는 대표적 성구가 무엇이냐고 묻는다면 아마도 요한복음 3장 16절이 가장 많은 정답으로 제시될 것입니다. 그런데 같은 질문을 유대교인들에게 묻는다면 그들은 신약을 인정하지 않기 때문에 구약의 신명기 6장 4-9절이라고 대답할 것입니다. 오늘의 본문을 가리켜 쉐마 기도문이라고 말합니다. 쉐마는 들으라는 의미입니다. 본문은 **"이스라엘아 들으라"**로 시작됩니다. 히브리어 원어로 '쉐마 이스라엘'입니다. 히브리 사람들, 유대인, 이스라엘 사람들은 아이가 태어나면 말을 하기 전에 쉐마부터 읽어 줍니다. 또한 이 쉐마를 아침, 저녁으로 읽어 줍니다. 그러니까 오늘의 본문은 이스라엘 백성들의 원초적인 신앙고백이라고 할 수 있습니다. 한국 개신교의 많은 교인들이 사도신경을 중요한 시간마다 고백하는 것처럼 이스라엘 백성들은 쉐마 기도문-쉐마 본문을 암송하고 낭독합니다.

그 이유는 쉐마의 말씀을 지킬 때 거기에 놀라운 축복이 있다고 믿기 때문입니다. 그들의 쉐마의 말씀을 지킴으로 기대하는 축복은 신명기 11장에 기록되어 있습니다. **"그러므로 너희는**

내가 오늘 너희에게 명하는 모든 명령을 지키라 그리하면 너희가 강성할 것이요 너희가 건너가 차지할 땅에 들어가서 그것을 차지할 것이며."(신 11:8) 우선 이 말씀을 지킴으로 그들은 축복의 땅을 소유할 것이라고 말합니다. "또 여호와께서 너희의 조상들에게 맹세하여 그들과 그들의 후손에게 주리라고 하신 땅 곧 젖과 꿀이 흐르는 땅에서 너희의 날이 장구하리라."(신 11:9) 곧이어 축복의 땅에서의 축복된 삶을 약속하시는 것입니다. "네 하나님 여호와께서 돌보아 주시는 땅이라 연초부터 연말까지 네 하나님 여호와의 눈이 항상 그 위에 있느니라."(신 11:12) 그리고 한 해 동안 무시로 하나님의 눈동자 같은 돌보심을 약속합니다. "여호와께서 너희의 땅에 이른 비, 늦은 비를 적당한 때에 내리시리니 너희가 곡식과 포도주와 기름을 얻을 것이요."(신 11:14) 이어서 풍성한 물질의 거둠을 또한 약속하십니다. 그래서 쉐마의 축복을 사모하라고 말씀하십니다.

그리고 본문에서 이제 이 쉐마의 축복을 누리기 위한 구체적인 지침을 내리십니다. 어떻게 우리는 이 쉐마의 축복을 우리의 것으로 삼을 수가 있습니까?

1. 토라의 말씀을 듣고 하나님을 유일한 사랑의 대상으로 삼으라고 말씀하십니다.

"이스라엘아 들으라 우리 하나님 여호와는 오직 유일한 여호와이시니 너는 마음을 다하고 뜻을 다하고 힘을 다하여 네 하나님 여호와를 **사랑하라."**(신 6:4-5) 우리가 하나님의 말씀, 토라를 잘 경청했다는 증거가 무엇입니까? 그분을 유일한 하나님으로 사랑해야 한다는 것입니다. 참된 사랑은 나눌 수 없는 것입니다. 사랑은 전부를 주고 전부를 받는 것입니다. 하나님은 하나님의 백성들인 우리와 전부를 주시는 사랑의 대상으로 우리를 만나고자 하십니다. 그래서 우리의 마음과 뜻과 힘을 다한 사랑을 요구하십니다. 그래서 하나님은 우상을 용납하지 않으십니다. 우상이 무엇입니까? 우리가 하나님보다 더 사랑하는 것이 우상입니다. 하나님보다 돈이 더 좋은 사람은 돈이 우상이고, 하나님보다 권력이 더 좋은 사람은 권력이 우상입니다. 하나님보다 명예가 더 좋은 사람은 명예가 우상입니다. 그러므로 하나님의 백성들에게 하나님은 유일한 신이시어야 합니다. 구약이나 신약이나 하나님은 유일한 절대자이십니다. 그는 존재에 있어서 유일하실 뿐만 아니라, 가치에 있어서도 그 누구와 그 무엇과도 바꿀 수 없는 유일하신 분이십니다. 다시 본문 4절을 상기하십시오. **"이스라엘아 들으라 우리 하나님 여호와는 오직 유일한 여호와이시니 (Shema Israel Adonai Eloheinu Adonai Echad)"**

마가복음 12장에서 예수님이 이 쉐마의 말씀을 인용하시며 하나님 사랑이 최고의 계명이라고 하신 것을 기억하십니까? 마가복음 12장 28절을 먼저 봅시다. **"서기관 중 한 사람이 그들이 변론하는 것을 듣고 예수께서 잘 대답하신 줄을 알고 나아와 묻되 모든 계명 중에 첫째가 무엇이니이까."** 29절을 보십시오. **"예수께서 대**

답하시되 첫째는 이것이니 이스라엘아 들으라 주 곧 우리 하나님은 유일한 주시라." 이어지는 그다음 30절을 보십시오. "네 마음을 다하고 목숨을 다하고 뜻을 다하고 힘을 다하여 주 너의 하나님을 사랑하라 하신 것이요." 쉐마의 말씀의 본질이 바로 가장 큰 첫째 계명, 곧 나눌 수 없는 하나님에 대한 절대 사랑이란 것입니다. 그러므로 오늘 우리가 절대적 사랑으로 하나님을 사랑하고 있다면 우리는 말씀을 제대로 듣고 있는 사람입니다. 말씀을 듣고도 우리의 시선이 하나님보다 세상의 우상을 향하고 있다면 우리는 말씀을 제대로 듣고 있지 못한 것입니다. 그러므로 내가 그 무엇보다 그 어떤 일보다 하나님의 토라의 말씀을 우선순위로 듣는다면 나는 그 들음으로 하나님께 대한 사랑을 고백하는 것입니다. 이런 사랑을 히브리 사람들은 '아하바(Ahavah)'라고 합니다. Ki ko ahav Elohim(하나님이 이처럼 사랑하사), 조건 없이 자신을 내어주는 것(unconditional giving). 여러분과 저는 이 하나님을 유일한 사랑의 대상으로 삼고 날마다 그의 말씀을 듣고 계신가요?

2. 토라의 말씀을 마음에 새기고 그 말씀을 자녀에게 계승하라고 하십니다.

"오늘 내가 네게 명하는 이 말씀을 너는 마음에 새기고."(신 6:6) 머리에 새기라고 하지 않았습니다. 머리에 새겨진 말씀은 우리를 변화시키지 못합니다. 마음에 새겨야 합니다. 심장에 새겨야 합니다. 그때 이 말씀은 우리의 존재를 변화시킬 수 있습니다. 영성가들은 그리스도인들의 삶이 오늘 이 세상을 움직이지 못하는 이유가 하나님의 말씀이 성도들의 머리에만 머물러 있고 마음으로 내려오지 못한 때문이라고 말합니다. 그래서 머리(head)에서 마음(heart, 심장)까지가 세상에서 가장 먼 거리라고 말합니다. 성경은 머리의 지식(Head knowledge)가 아닌 마음의 지식(Heart knowledge)이 되어야 합니다. 말씀을 지적으로만 이해하고 삶으로 옮기지 못하는 비극이야말로 오늘의 성도의 비극입니다. 말씀을 듣고 받는 목적이 마음을 다하여 하나님을 사랑하는 것이라면 우리는 우리의 마음에 이 말씀을 새겨야 합니다. 바울 사도가 사도행전 17장에서 베뢰아의 성도들을 진정한 신사들이라고 칭찬한 이유가 무엇이었습니까? **"베뢰아 사람은 데살로니가에 있는 사람보다 더 신사적이어서 간절한 마음으로 말씀을 받고 이것이 그러한가 하여 날마다 성경을 상고하므로."**(행 17:11, 개역한글) 그렇습니다. 말씀을 마음으로 받고 삶으로 옮기는 우리가 될 수 있기를 축복합니다.

그런데 우리가 이 말씀을 마음으로 받은 또 하나의 증거는 이 말씀을 우리의 자녀들에게 가르쳐야 한다는 것입니다. 말씀을 가장 값진 가치와 보화로 생각한다면 우리가 가장 사랑하는 우리의 보배로운 자녀들에게 이 보배로운 말씀을 어떻게 가르치지 않을 수 있을까요? 본문 7절을 보시기 바랍니다. **"네 자녀에게 부지런히 가르치며 집에 앉았을 때에든지 길을 갈 때에든지 누워있을 때에든지 일어날 때에든지 이 말씀을 강론할 것이며."** 다른 때

엔 안 가르치셔도 됩니다. 네 번의 때에만 하시면 됩니다. 집에 앉았을 때, 길을 갈 때, 누워 있을 때에, 그리고 일어날 때에만 하시면 됩니다. 무슨 말을 하고 있습니까? 모든 때에 모든 삶의 기회마다 이 말씀, 토라를 가르쳐야 한다는 것입니다. 말씀의 유산이야말로 우리가 다음 세대에게 남길 가장 위대한 유산인 것입니다. 지금 이 말씀은 모세의 유언적 설교의 한 부분입니다. 모세는 지금 우리가 우리의 자녀들을 토라로 잘 가르쳐 토라의 유산을 남겨야 한다고 설교하고 있는 것입니다. 우리가 남긴 말씀의 가치관만이 우리의 자녀들의 인생을 복되게 할 수 있기 때문입니다.

3. 토라의 말씀과 함께 날마다 매 순간순간을 살아야 한다고 말씀하십니다.

"너는 또 그것을 네 손목에 매어 기호를 삼으며 네 미간에 붙여 표로 삼고 또 네 집 문설주와 바깥 문에 기록할지니라."(신 6:8-9) 여러분, 유대인들은 이 말씀을 문자 그대로 순종하려고 한다는 것을 아십니까? 유대인들은 쉐마 기도와 쉐마 암송을 위해 일상에서 테필린과 메주사를 사용해 왔고 지금도 그렇게 하고 있습니다. 테필린(Tefillin)은 양피지에 쓴 성구 두루마리를 넣은 작은 검은 가죽 상자를 말합니다. 이것은 일종의 성구함이라고 할 수도 있습니다. 여기에 토라의 네 개의 주제인 구원, 헌신, 신앙 계승, 그리고 마지막으로 축복에 대한 말씀들을 써서 넣은 다음 머리

(이마/두 눈 사이)와 팔(손목/성구함에 달린 끈을 팔의 위쪽에 둘둘 둘러매어 끈의 한쪽 끝을 손가락으로 잡음)에 묶어 착용하는 것입니다. 그래서 이 말씀을 머리로 생각하고 이제 팔을 저어 다니며 이 말씀대로 순종하여 산다는 것을 고백하는 것입니다. 신약 시대를 살아가는 우리가 꼭 그렇게 할 필요는 없습니다만 우리 시대에 잘 인쇄된 여러 형태의 성구 카드들이 교회 서점에 가면 판매하고 있는데 그런 성구 카드들을 지참하고 다니며 우리는 언제든지 자투리 시간들을 활용하여 성경 암송과 성경 묵상을 할 수 있지 않겠습니까?

그뿐 아니라, 유대인들은 본문의 교훈 그대로 집의 문설주와 바깥 문, 현관에도 메주사(Mezuzah)를 붙여두고 집을 나가며 들어오며 토라의 말씀을 묵상합니다. 마치 우리나라의 문패를 연상하시면 됩니다. 개인 집에도, 관공서에도, 가게마다, 심지어 호텔에도, 이스라엘의 관문인 벤 구리온 공항에도 이 메주사가 붙어 있었습니다. 손바닥 길이 정도의 작은 케이스부터 길고 큰 것까지 다양하게 있었습니다. 저는 이스라엘 성지 순례를 다녀오며 두 개의 다른 메주사를 견본으로 사가지고 왔습니다. 이런 메주사의 존재 의미가 무엇일까요? 신명기의 거의 끝에 가까운 28장은 이 말씀을 청종하는 자들의 축복을 상기시켜 주고 있습니다. "네가 네 하나님 여호와의 말씀을 삼가 듣고 내가 오늘 네게 명령하는 그의 모든 명령을 지켜 행하면 네 하나님 여호와께서 너를 세계 모든 민족 위에 뛰어나게 하실 것이라."(신 28:1) 그다음 2절입니다. "네가 네 하나님 여호와의 말씀을 청종하면 이 모든 복이 네게 임하며 네게 이르리니." 이어서 6절입니다. **"네가 들어와도 복을 받고 나가도 복을 받을 것이니라."**

　　그런데 이런 들어와도 나가도 복을 받는 삶은 조건이 있다는 것입니다. 집에 이런 메주사만 붙여 놓으면 절로 복이 굴러 들어오는 것이 아니라, 그 속에 들어 있는 말씀을 기억하고 말씀을 따라 살아야 한다는 것입니다. 만일 우리가 집에 들어가며 나오면서 말씀을 묵상한다면, 그리고 우리의 직장에도 들어가며 나오며 말씀을 묵상한다면, 그리고 우리의 비즈니스 일터에도 들어가며 나오며 말씀을 묵상하고 일하는 중에도 말씀을 암송하고 암송한 말씀을 묵상하며 하루를 보낸다면 어떤 일이 벌어질까요? 제 생애에 잊을 수 없는 두 분의 신학 교수님이 계셨습니다. 제가 첫 번째 미국의 성경 대학에서 만난 성서 고고학 교수 찰스 셔(Charles Shaw) 교수와 그리고 제가 목회 후반부에 영성운동을 하다가 만난 남가주 대학에서 철학을 가르치던 달라스 윌라드(Dallas Willard) 교수이십니다. 흥미로운 것은 사람들이 두 분에게 꼭 같은 별명을 지어드려 부르고 있었다는 것입니다. 'Walking Bible,' '걸어 다니는 성경'이라고. 두 분 다 엄청난 분량의 성경 말씀을 암송하고 묵상하던 분들이었고 이 두 분은 말씀대로 살던 분들이었습니다. 주변에 엄청난 거룩한 영향력을 끼치던 분들이었습니다. 저는 두 분에게서 성자적 풍모를 보았고 예수님의 현존을 느낄 수 있었습니다. 그리고 두 분이 그런 영향력을 끼친 이유는 다름 아닌 말씀 묵상이라는 결론을 내릴 수 있었습니다. 그런데 이제 중요한 질문이 남습니다. 우리는 그렇게 살 수 없을까요? 아니 흉내라도 낼 수 없을까요? 그렇다면 우리도 말씀을 사모하고 말씀과 함께 사는 삶을 선택할 수밖에 없습니다. 그래서 진정 행복을 남기는 삶을 살 수 있다면, 그렇다면 오직 남은 인생의 길에서 우리도 쉐마의 축복을 사모합시다! 들어가며 나가며 말씀을 묵상합시다. 길을 걷다가도 일하다가도 말씀을 묵상합시다. 말씀이 우리를 축복의 사람으로 만들 때까지 말입니다.

들어가게 하시려고
나오게 하신다

● 신명기 6장 20-25절

20후일에 네 아들이 네게 묻기를 우리 하나님 여호와께서 명령하신 증거와 규례와 법도가 무슨 뜻이냐 하거든 21너는 네 아들에게 이르기를 우리가 옛적에 애굽에서 바로의 종이 되었더니 여호와께서 권능의 손으로 우리를 애굽에서 인도하여 내셨나니 22곧 여호와께서 우리의 목전에서 크고 두려운 이적과 기사를 애굽과 바로와 그의 온 집에 베푸시고 23우리 조상들에게 맹세하신 땅을 우리에게 주어 들어가게 하시려고 우리를 거기서 인도하여 내시고 24여호와께서 우리에게 이 모든 규례를 지키라 명령하셨으니 이는 우리가 우리 하나님 여호와를 경외하여 항상 복을 누리게 하기 위하심이며 또 여호와께서 우리를 오늘과 같이 살게 하려 하심이라 25우리가 그 명령하신 대로 이 모든 명령을 우리 하나님 여호와 앞에서 삼가 지키면 그것이 곧 우리의 의로움이니라 할지니라

CHAPTER 7
들어가게 하시려고 나오게 하신다

여러분은 예수님의 생애에서 가장 극적인 순간이 언제라고 생각하십니까? 어떤 분은 갈릴리 가나의 혼인 잔치에서 물을 포도주로 변화시키던 놀라운 기적의 현장을 생각하실 수도 있습니다. 어떤 분은 예수님이 예루살렘 성전에 들어가서 성전을 더럽히던 상인들을 꾸짖고 성전을 깨끗하게 하시던 그 통쾌한 순간을 연상하실 수도 있습니다. 또 어떤 분은 예수님께서 벳새다의 들에서 오병이어로 만 명도 넘는 사람들을 먹이시던 그 놀라운 현장을 기억하시는 분들도 있습니다. 그런가 하면 어떤 분들은 갈릴리 밤바다에 풍랑이 일고 제자들이 죽음의 위협에 직면했을 때 이 밤바다를 걸어오시며 "파도야 잠잠하라" 한 마디로 풍랑을 꾸짖고 바다를 잠재우시고 제자들에게 평화를 주시던 그 순간을 잊지 못하는 분들도 있을 것입니다. 또 어떤 분들은 대 로마 제국에서 파송된 유다 총독 빌라도 앞에서 조금도 주눅 들지 않으시고 내 나라는 이 세상에 속하지 않았다고, 그러나 나는 네가 알지 못하는 나라의 왕이라고 선언하시는 그 순간의 그분의 당당한 모습이야말로 그분이 보여준 가장 극적인 권위의 순간이었다고 생각하는 분들도 계실 것입니다.

그러나 예수 그리스도의 생애의 가장 극적인, 그리고 가장 장엄한 두 순간은 십자가상에서의 그의 죽음과 부활의 순간입니다. 그래서 신학자들은 그의 죽음과 부활이 바로 복음의 본질적 사건이라고 말합니다. 왜냐하면 그의 죽으심으로 인류가 죄의 노예된 문제를 해결 받고 그의 부활로 우리가 의롭다 하심을 얻어 인류로 새 생명 가운데 새 삶으로 나아가게 하셨기 때문입니다. 이 사건을 달리 표현한다면 인류로 죄의 노예된 상태에서 나오게 하시고 의의 나라, 생명의 왕국으로 들어가게 하신 사건입니다. 그러면 하나님이 맨 먼저 선택하신 이스라엘 백성들에게 그들의 역사에서 가장 중요한 극적인 순간이 언제였냐고 질문한다면 그들은 어떻게 대답할까요? 역시 두 가지 역사적 사건을 말할 것입니다. 하나는 그들이 애굽 땅에서 노예 되었다가 자유를 얻고 출애굽하던 순간과, 또 하나는 하나님이 약속하신 새로운 삶을 누리기 위해 죽음의 강 요단 강을 건너 약속의 땅에 들어가던 순간이라고 말할 것입니다. 그것이 본문에 어떻게 증거되고 있습니까?

우선 본문 21절을 보겠습니다. **"너는 네 아들에게 이르기를 우리가 옛적에 애굽에서 바로의 종이 되었더니 여호와께서 권능의 손으로 우리를 애굽에서 인도하여 내셨나니."** 즉 우리 자손만대에 이 역사적 사건을 알리고 기억하게 해야 한다는 것입니다. 그러나 본문 23절을 통해 우리는 또 하나의 순간을 기억해야 합니다. **"우리 조상들에게 맹세하신 땅을 우리에게 주어 들어가게 하시려고 우리**

를 거기서 인도하여 내시고."(이번 장의 제목 〈들어가게 하시려고 나오게 하신다〉) 다시 말하면 그 약속의 땅으로 들어가게 하시려고 애굽에서 나오게 하셨다는 것입니다. 그렇다면 약속의 땅에서의 새 삶의 본질은 무엇일까요? 한마디로 그 삶은 복된 삶이요 의로움의 삶인 것입니다. 이 복되고 의로운 삶을 살아가도록 하나님은 하나님의 백성들에게 토라의 말씀을 주셨다는 것입니다. 그것이 마지막 24-25절의 약속의 말씀입니다.

여호와께서 우리에게 이 모든 규례를 지키라 명령하셨으니 이는 우리가 우리 하나님 여호와를 경외하여 항상 복을 누리게 하기 위하심이며 또 여호와께서 우리를 오늘과 같이 살게 하려 하심이라 우리가 그 명령하신 대로 이 모든 명령을 우리 하나님 여호와 앞에서 삼가 지키면 그것이 곧 우리의 의로움이니라 할지니라.

그러면 하나님의 백성된 우리가 어떻게 정녕 약속의 삶을 바라보며 복되고 의로운 인생을 살아갈 수 있을까요? 두 가지만 하시면 됩니다. 우리가 '나온 자리'를 돌아보시고, 우리가 새롭게 '들어온 자리'의 의미를 잊지 않으시면 됩니다. 다시 말하면 우리가 애굽 땅의 죄의 노예된 자리에서 나올 수 있도록 예수 그리스도께서 죽으신 것을 잊지 마시고, 우리를 의롭다 하시고 새로운 삶이 가능하도록 예수께서 부활하신 것을 잊지 않으시면 됩니다. 다시 말씀드리면, 복음의 사건을 잊지 않으시면 됩니다. 그렇다면 복음의 사건을 잊지 않도록 우리는 무엇을 해야 하겠습니까?

1. 우리가 나온 자리를 돌아보십시오.

우리가 나온 자리가 어디였습니까? 이 질문에 답하기에 앞서 이스라엘 백성들이 나온 자리는 어디였습니까? 본문 21절에 **"옛적에 애굽에서 바로의 종이 되었던"** 자리라고 말합니다. 사실 이스라엘 백성들이 처음 애굽 땅으로 내려갈 때는 요셉이 국무총리로 일할 때여서 신분을 보장받고 일하여 고센 땅을 아름다운 땅으로 일구고 있었습니다. 그런데 역사의 전환이 일어납니다. 그 사건을 출애굽기 1장 8절은 이렇게 기록합니다. **"요셉을 알지 못하는 새 왕이 일어나 애굽을 다스리더니."** 그때부터 이스라엘의 고난이 시작됩니다. **"감독들을 그들 위에 세우고 그들에게** (이스라엘) **무거운 짐을 지워 괴롭게 하여 그들에게 바로를 위하여 국고성 비돔과 라암셋을 건축하게 하니라."**(출 1:11) 이어지는 14절을 보십시오. **"어려운 노동으로 그들의 생활을 괴롭게 하니 곧 흙 이기기와 벽돌 굽기와 농사의 여러 가지 일이라 그 시키는 일이 모두 엄하였더라."** 거기다가 바로는 이스라엘 백성들이 남자 아기를 출산하면 다 죽이라는 명을 내립니다. 도저히 생존을 이어나가기 힘든 상황이 된 것입니다. 그런데 이런 고난의 자리가 역설적으로 출애굽의 필요성을 낳게 된 것입니다.

그런데 신약성경은 이런 바로의 종이 된 이상의 비극적 상태가 인류에게 주어졌다고 말합니다. 바울 사도의 증언을 보십시오.

그 때에 너희는 그 가운데서 행하여 이 세상 풍조를 따르고 공중의 권세 잡은 자를 따랐으니 곧 지금 불순종의 아들들 가운데서 역사하는 영이라 전에는 우리도 다 그 가운데서 우리 육체의 욕심을 따라 지내며 육체와 마음의 원하는 것을 하여 다른 이들과 같이 본질상 진노의 자녀이었더니.(엡 2:2-3)

곧 마귀의 지배를 받아 마귀의 종노릇하며 죄와 욕심 속에 살고 있는 인간 실존의 고발인 것입니다. **"죄를 짓는 자는 마귀에게 속하나니 마귀는 처음부터 범죄함이라..."**(요일 3:8) 무슨 말입니까? 우리가 죄를 범함으로 마귀의 종노릇 하고 있었다는 것입니다. **"그러므로 한 사람으로 말미암아 죄가 세상에 들어오고 죄로 말미암아 사망이 들어왔나니 이와 같이 모든 사람이 죄를 지었으므로 사망이 모든 사람에게 이르렀느니라."**(롬 5:12) 다시 말하면 죄로 말미암아 인류는 죄의 종이 되고 사망의 종이 되고 마귀의 종이 되고 끝내 하나님의 진노를 피할 수 없는 자리에 있게 되었다는 것입니다.

예수님의 증언을 들어보십시오. **"너희는 너희 아비 마귀에게서 났으니 너희 아비의 욕심대로 너희도 행하고자 하느니라."**(요 8:44) 그러나 그분은 인류에게 당신의 영인 보혜사를 곧 보내 주실 것을 약속합니다. 그때 무슨 일이 일어나겠습니까? **"그가 와서 죄에 대하여, 의에 대하여, 심판에 대하여 세상을 책망하시리라."**(요 16:8) 그리고 이어서 **"심판에 대하여라 함은 이 세상 임금이 심판을 받았음이라"**(요 16:11)라고 말씀하십니다. 이 세상에서 임금 노릇하는 사단

마귀의 때가 다 되었음을 말씀하신 것입니다. 이것이 모두 우리가 아직 구원자를 만나지 못하고 살고 있던 삶의 자리에 대한 성경의 증언인 것입니다. 그러나 우리가 살던 고센 땅에 고난이 다가온 것을 차라리 감사하십시오. 이스라엘 백성들의 애굽의 삶이 행복이었다면 그들은 아무리 구원자 모세가 그 땅을 떠나자고 설득해도 듣지 않았을 것입니다. 그러므로 세상의 고난과 슬픔, 삶의 고통과 절망은 우리에게 이 세상 건너편의 새로운 세상을 향한 떠남의 준비였던 것입니다. 이런 인간의 실존의 상황 속에 찾아오신 분이 모세였고, 구세주 그리스도였던 것입니다.

2. 우리가 들어오게 된 자리를 돌아보십시오.

이제 우리에게 찾아온 복음의 소식을 들어보십시오. **"그가 우리를 흑암의 권세에서 건져내사 그의 사랑의 아들의 나라로 옮기셨으니 그 아들 안에서 우리가 속량 곧 죄 사함을 얻었도다."**(골 1:13-14) 이제 우리가 예수 그리스도로 말미암아 죄의 종 된 자리에서 벗어나 죄 사함 곧 자유를 얻게 되었다는 것입니다. 이스라엘 백성들은 어떻게 노예의 자리에서 벗어나 애굽 땅을 떠날 수 있었습니까? 결정적으로 이런 자유가 가능하기 위해서 그들에게 필요했던 것이 유월절 어린 양의 희생이었습니다. 이스라엘 백성들의 집 문설주와 인방에 양의 피를 바르게 하신 후, 하나님은 그들의 집에 대한 심판을 대신하시고 죽음의 천사가 하나님의 구원의 계획을 수용한 집들을 넘어가시고 구원하시겠다고(유월, Pass-over) 약속하신 것입니다. 새 언약에 의한 하나님의 백성들의 정의는 무엇입니까? **"곧 하나님 아버지의 미리 아심을 따라 성령이 거룩하게 하심으로 순종함과 예수 그리스도의 피 뿌림을 얻기 위하여 택하심을 받은 자들에게 편지하노니 은혜와 평강이 너희에게 더욱 많을지어다."**(벧전 1:2) 바울 사도는 일찍 고린도전서 5장 7절에서 **"우리의 유월절 양 곧 그리스도께서 희생되셨느니라"**라고 증거합니다. 이 어린 양 예수 그리스도의 우리를 대신하신 피 흘리심, 곧 죽으심이 우리의 구원의 근거가 되고 **"피흘림이 없은즉 사함이 없느니라"**(히 9:22) 이제 그 예수를 구주와 주님으로 믿는 순간 우리는 피 뿌림을 얻게 된 것입니다.

할렐루야! 우리의 유월절 양 되신 예수 그리스도의 죽으심으로 우리는 죄의 종 된 자리에서 벗어나 자유한 백성으로 새 출발을 하게 된 것입니다. 그러나 이것은 복음의 반쪽에 불과합니다. 이스라엘 백성이 애굽 땅을 나온 것은 복음의 반면입니다. 그 애굽을 나온 것은 약속의 땅 가나안에 들어가기 위한 것이었습니다. 들어가게 하시려고 나오게 하신 것입니다. 이제 모세를 대신한 새 리더 여호수아는 그 백성을 거느리고 죽음의 요단을 건너야 했습니다. 그 여호수아가 바로 부활하신 예수님의 예표였습니다. 바울은 고린도전서 10장 2절에서 모세에게 속하여 출애굽한 이스라엘 백성들이 구름과 바다에서 세례(침례)를 받았다고 말합니다. 여러분, 세례(침례)의 의미가 무엇입니까? 죽고 다시 사는 것이 아닙니까? "그러므로 우리가 그의 죽으심과 합하여 세례(침례)를 받음으로 그와 함께 장사되었나니 이는 아버지의 영광으로 말미암아 그리스도를 죽은 자 가운데서 살리심과 같이 우리로 또한 새 생명 가운데서 행하게 하려 함이라."(롬 6:4)

세례(침례) 받을 때 물속에 들어가는 것은 나의 옛 사람이 그리스도와 함께 죽은 것을 상징합니다. 그러나 물에서 나오는 것은 이제 내가 부활하신 그리스도와 함께 다시 산 것을 상징합니다. 이 부활의 삶을 주시기 위해 주께서 부활하신 것입니다. 그 약속의 땅으로 들어가게 하기 위해 나오게 하신 것입니다. 애굽 땅에서 나온 것은 기쁜 일이고 있어야 할 일이었지만 이제 중요한 것은 약속의 땅으로 들어가 약속의 땅을 정복하고 축복을 누리고 살아야 한다는 것입니다. 이것이 가능하도록 우리를 도와주시기 위해 주님이 부활하신 것입니다. 로마서 4장 25절의 말씀으로 이 복음을 다시 확인합시다. "예수는 우리가 범죄한 것 때문에 내줌(죽음)이 되고 또한 우리를 의롭다 하시기 위하여 살아나셨느니라." 이제 본문의 마지막 신명기 6장 25절의 말씀을 다시 기억합시다. "우리가 그 명령하신 대로 이 모든 명령을 우리 하나님 여호와 앞에서 삼가 지키면 그것이 곧 우리의 의로움이니라." 가나안 약속의 땅의 새로운 삶에 필요한 것이 바로 토라의 말씀이란 것입니다. 그리고 이 말씀을 붙들고 살 때, 우리가 진정 의로움을 지키게 된다는 것입니다. 예수께서 부활하신 이유는 우리가 이 말씀을 붙들고 의를 지키며 살도록 도우시기 위해서라는 것입니다.

할렐루야! 예수 부활하셨습니다. 이제 우리가 걷는 새 인생의 길에 앞서가시는 선한 목자를 따라가시면 됩니다. 선한 목자는 말씀하십니다. **"내 양은 내 음성을 들으며 나는 그들을 알며 그들은 나를 따르느니라."**(요 10:27) 날마다 말씀으로 주의 음성을 듣는 우리가 됩시다! 부활하신 주와 함께 참된 복과 의의 인생을 누리시길 축원합니다.

약자를 택하시는 이유

● 신명기 7장 7-11절

[7]여호와께서 너희를 기뻐하시고 너희를 택하심은 너희가 다른 민족보다 수효가 많기 때문이 아니니라 너희는 오히려 모든 민족 중에 가장 적으니라 [8]여호와께서 다만 너희를 사랑하심으로 말미암아, 또는 너희의 조상들에게 하신 맹세를 지키려 하심으로 말미암아 자기의 권능의 손으로 너희를 인도하여 내시되 너희를 그 종 되었던 집에서 애굽 왕 바로의 손에서 속량하셨나니 [9]그런즉 너는 알라 오직 네 하나님 여호와는 하나님이시요 신실하신 하나님이시라 그를 사랑하고 그의 계명을 지키는 자에게는 천 대까지 그의 언약을 이행하시며 인애를 베푸시되 [10]그를 미워하는 자에게는 당장에 보응하여 멸하시나니 여호와는 자기를 미워하는 자에게 지체하지 아니하시고 당장에 그에게 보응하시느니라 [11]그런즉 너는 오늘 내가 네게 명하는 명령과 규례와 법도를 지켜 행할지니라

CHAPTER 8
약자를 택하시는 이유

한 국가나 사회의 리더십, 특히 한 나라를 이끌어가는 지도력에서 가장 중요하게 간주되는 것이 있다면 〈용인술〉일 것입니다. 좋은 사람을 좋은 자리에 세워 그의 능력을 잘 발휘하게 함으로 공동체가 유익을 경험하게 하는 것입니다. 미국에서 존경받는 대통령의 리더십에 대한 여론 조사를 하면 부동의 1위가 언제나 링컨 대통령입니다. 무엇이 그의 리더십을 돋보이게 하는 것일까 하는 연구에서 언제나 그의 용인술이 인용됩니다. 링컨의 최대 정적으로 여겨지던 인물 중에 에드윈 스탠턴(Edwin Stanton)이란 사람이 있었습니다. 그는 아프리카산 오리지널 고릴라를 보려면 아프리카까지 갈 필요가 없고 일리노이에 가면 볼 수 있다며 거의 링컨에 대한 모욕적 인신공격을 가하던 사람인데, 링컨은 대통령이 되고 남북 전쟁이 일어나자 전쟁 참모 비서(State Secretary of War)로 그를 임명했습니다. 그러자 링컨 주변에서 어떻게 그런 사람을 임명할 수 있느냐는 말이 돌았을 때, 링컨은 "내게 대하여 그가 무슨 말을 했느냐가 중요한 것이 아니라, 이 자리에 누가 적합한가를 논의해야 하고 내가 판단하기에 그보다 이 자리에 적합한 사람은 없다"라고 말했다고 합니다.

그런데 본문을 읽으면서 우리는 하나님의 용인술에 대하여 큰 물음표를 갖게 됩니다. 이 땅에 존재하는 수많은 민족 중에 하나님이 당신의 섭리를 실현할 도구로써 왜 하필이면 이스라엘 민족을 선택하셨느냐는 것입니다. 우선 이스라엘은 인구가 많지도 않고 그가 차지한 영토도 크지 않습니다. 그리고 옛날 이스라엘이나 지금의 이스라엘이나 단결력도 탁월하지 않습니다. 그 이유는 그들은 이 세상 여러 곳에 흩어진 소위 디아스포라로 다양한 문화, 다양한 배경에서 모여온 까닭에 쉽게 하나 되지 못하는 민족이었습니다. 한마디로 오합지졸의 집합체였습니다. 그런데 하나님이 미국이나 러시아나 중국이나 인도가 아니고, 이스라엘을 구속사적 섭리의 도구로 쓰신 이유는 무엇 때문일까요? 본문이 시작되는 7절이 그 이유를 대답합니다. **"여호와께서 너희를 기뻐하시고 너희를 택하심은 너희가 다른 민족보다 수효가 많기 때문이 아니니라 너희는 오히려 모든 민족 중에 가장 적으니라."** 그들의 인구가 많고 능력이 크기 때문이 아니라, 오히려 모든 면에서 작기 때문에 선택하셨다는 것입니다. 이것이 하나님의 섭리의 역설입니다. 인간적인 핸디캡은 하나님의 관점에서 하나님의 용인술의 장애물이 아니라는 것입니다.

우리는 우리 주변에서 장애인으로 살아가는 안타까운 형제, 자매들을 볼 때마다 하나님은 왜 저들에게 육체적인 혹은 정서적인 장애를 주셔서 저런 삶을 살게 하셨는가라고 질문하지 않을 수 없습니다. 그런데 그런 때에 그들의 약함이야말로 내가 저들을 사용하고 싶은 이유라고 하나님은 말씀하고 계시다는 것을 아십니까? 하나님이 약자를 택하시는 이유는 무엇 때문일까요?

1. 하나님의 권능을 나타내려 하심입니다.

"여호와께서 다만 너희를 사랑하심으로 말미암아, 또는 너희의 조상들에게 하신 맹세를 지키려 하심으로 말미암아 자기의 권능의 손으로 너희를 인도하여 내시되 너희를 그 종 되었던 집에서 애굽 왕 바로의 손에서 속량하셨나니."(신 7:8) 여기서 강조된 말은 자기의 권능의 손이란 말입니다. 이스라엘의 출애굽 당시에 지구상에서 최대의 강국은 애굽이었고 바로는 바로 그 왕국에서 막강한 힘을 가지고 이스라엘을 종으로 부리고 있었습니다. 그런데 하나님이 그 권능의 손으로 이스라엘을 인도하셨다는 것입니다. 그 강자의 손에서 연약한 이스라엘을 보호하고 인도해 내심으로 하나님의 권능을 나타내신 것입니다. 그리고 하나님은 그때만 아니라 하나님의 구속사적 섭리의 실현이 필요한 모든 순간에 필요하다면 그렇게 섭리하신다는 것입니다. 그러니까 우리는 우리의 약함 때문에 삶을 버릴 이유도, 희망을 포기할 이유도 없다는 것입니다. 우리의 약함이 오히려 기회가 될 수 있다는 것입니다. 다만 우리가 우리의 약함을 비관하지 않고 강하신 하나님을 신뢰할 준비가 되어있느냐는 것입니다.

다윗과 골리앗의 싸움을 기억하십니까? 거대한 장신에 머리에 놋 투구를 쓰고 몸에 비늘 갑옷을 입고 놋 단창과 방패를 들고 소리치는 골리앗의 위용 앞에 온 이스라엘 군대는 기가 죽어 압도당하고 있었습니다. 그때 군인의 훈련도 경험 못한 일개 목동 소년 다윗이 과연 그의 상대가 될 수 있었습니까? 달랑 막대기 하나 들고 이 골리앗과 맞서기 위해 전장에 나온 그의 목소리를 기억하십니까? 사무엘상 17장 45절입니다. **"다윗이 블레셋 사람에게 이르되 너는 칼과 창과 단창으로 내게 나아 오거니와 나는 만군의 여호와의 이름 곧 네가 모욕하는 이스라엘 군대의 하나님의 이름으로 네게 나아가노라."** 그리고 그는 소리칩니다. 오늘 여호와께서 너를 내 손에 넘기실 것이라고! 전쟁은 여호와께 속한 것이라고! 다윗의 물맷돌이 승리를 가져온 것이 아닙니다. 하나님께 대한 그의 믿음이었습니다. 하나님은 하나님의 권능을 나타내시고자 연약한 다윗과 함께 하신 것입니다. 그 순간 그의 약함은 그의 강점이 된 것입니다.

왜 하나님이 구세주를 이 땅에 보내실 때 저 베들레헴 땅 말구유에 어린 아기의 모습으로 보내셨을까요? 그것은 인류에 대한 하나님의 시험이었습니다. 하나님은 그런 약함의 구세주를 통해서 인류를 속죄하시고 인류를 구원하실 수 있다는 것을 우리가 과연 믿을 수 있는가를 묻고 계셨던 것입니다. 그래서 바울은 구속사적 섭리의 신비를 이렇게 증언합니다.

그러나 하나님께서 세상의 미련한 것들을 택하사 지혜 있는 자들을 부끄럽게 하려 하시고 세상의 약한 것들을 택하사 강한 것들을 부끄럽게 하려 하시며 하나님께서 세상의 천한 것들과 멸시 받는 것들과 없는 것들을 택하사 있는 것들을 폐하려 하시나니 이는 아무 육체도 하나님 앞에서 자랑하지 못하게 하려 하심이라.(고전 1:27-29)

그렇다면 이제 우리도 우리의 약함을 넘어서서 일하시는 하나님의 권능을 믿을 수 있기를 기도합시다.

2. 하나님의 신실하심을 나타내려 하심입니다.

"그런즉 너는 알라 오직 네 하나님 여호와는 하나님이시요 신실하신 하나님이시라 그를 사랑하고 그의 계명을 지키는 자에게는 천 대까지 그의 언약을 이행하시며..."(신 7:9) 여기 신실하신 하나님이란 표현을 주목해 보십시오. 그리고 이 신실하심은 언제나 그의 언약과 연관되어 있다는 것을 주목합시다. 그의 신실하심은 그가 언약을 지키시는 것으로 증명하신다는 것을 말입니다.

그는 우리가 강하고 매력적인 존재이어서 우리와 함께 하시는 것이 아니라, 우리와의 언약을 지키시고자 함께 하신다는 것입니다. 연약한 존재에게 먼저 다가오시고 언약을 맺고 그리고 다음은 그 언약을 성실하게 지키시는 하나님, 그가 우리가 믿는 하나님이십니다. 왜 그렇게 하실까요? 일찍 하나님은 모세를 시내 산에 불러올리시고 이 백성 이스라엘을 선택하신 목적을 알려주셨습니다. **"너희가 내게 대하여 제사장 나라가 되며 거룩한 백성이 되리라 너는 이 말을 이스라엘 자손에게 전할지니라."**(출 19:6) 이것이 시내 산 언약의 핵심입니다.

이스라엘을 제사장 나라로 삼으셔서 이스라엘이 축복의 통로가 되어 다른 모든 민족을 축복의 자리로 인도하시고자 먼저 그들을 부르셨다는 것입니다. 그래서 하나님은 이 언약을 이루시고자 그들을 축복하시고 그들을 신실하게 대하고 계시다는 것입니다. 그러나 우리는 압니다. 이스라엘 민족이 이런 하나님의 신실하심에 대하여 어떻게 응답했는가를! 그래서 하나님은 또 하나의 영적 이스라엘을 필요로 하셨습니다. 그래서 이방인 가운데 하나님의 아들 예수(예수아)를 믿는 자들을 다시 그의 거룩한 백성으로 부르셨습니다.

그러나 너희는 택하신 족속이요 왕 같은 제사장들이요 거룩한 나라요 그의 소유가 된 백성이니 이는 너희를 어두운 데서 불러 내어 그의 기이한 빛에 들어가게 하신 이의 아름다운 덕을 선포하게 하려 하심이라 너희가 전에는 백성이 아니더니 이제는 하나님의 백성이요 전에는 긍휼을 얻지 못하였더니 이제는 긍휼을 얻은 자니라.(벧전 2:9-10)

우리는 이 약속을 갱신된 새로운 시내 산 언약이라고 할 수 있습니다. 하나님은 이제 구약의 이스라엘 민족과 함께 새로운 영적 이스라엘, 곧 교회를 선택하셔서 주님의 아름다운 구원의 소식을 전파하려 하시는 것입니다.

이 목적의 실현을 위해 우리가 그분의 오늘의 제사장이 되어 복음 전파의 사명을 다하도록 하나님은 우리를 축복하시고 우리를 신실하게 대하시겠다는 것입니다.

우리가 때로 하나님을 실망시켜 드리고 하나님의 빛을 가리는 자가 되어도 그의 손길을 우리에게 거두지 아니하시고 우리를 여전히 신실하게 대하시는 이유는 아직도 우리에게 기대가 있다는 것입니다. 교회가 공동체로서 때로 하나님을 실망시켜 드렸어도 아직도 교회를 향하여 말씀하시고 있는 이유는 아직 우리에게, 새 언약의 공동체에 기대가 있다는 것입니다. 나는 아직 너희를 포기하지 않았다고, 나의 손을 거두지 아니하였다고, 아직 나는 기다린다고 말씀하십니다. 이것이 하나님의 신실함이십니다.

3. 하나님의 인애하심을 나타내려 하심입니다.

9절 마지막에 아주 특별한 문구가 있었습니다. 그것은 하나님이 우리에게 '인애를 베푸신다'는 것입니다. 이 말에는 히브리어에 헤세드(חסד, chesed)라는 아주 특별한 단어가 쓰여집니다. 이것은 신약성경의 아가페(agape)에 버금가는 단어라고도 할 수 있습니다. 이것은 조건을 초월한 사랑이고, 약할수록 더욱 존귀함으로 우리를 보호하고 아끼시는 사랑입니다. 그리고 이 사랑은 철저하게 언약에 기초한 변함없는 사랑입니다. 본문 9절 말씀은 하나님의 언약을 지키는 자에게는 천대까지 '인애(헤세드)'를 베푸신다고 말씀하십니다. 헤세드를 의미하는 히브리어의 세 알파벳의 첫 글자 '헤트(ח)'는 울타리를 뜻하고, 둘째 '사멕(ס)'은 하나님의 안아주심을 의미하고, 셋째 '달렛(ד)'은 문을 의미하는 것으로 우리를 보호하고 안아서 문 안으로 인도하는 사랑입니다. 이런 인애하심의 사랑은 신체적으로 연약한 자, 사회적인 약자, 그리고 자신을 보호하지 못하는 사람들에게 나타내주시는 하나님의 특별한 사랑인 것입니다.

구약에서는 처음 이 단어가 창세기 19장 19절의 롯의 고백에서 나타납니다. **"주의 종이 주께 은혜를 입었고 주께서 큰 인자(헤세드)를 내게 베푸사..."** 우리가 잘 아는 시편 23편 6절에 **"내 평생에 선하심과 인자하심(헤세드)이 반드시 나를 따르리니"**라고 고백합니다. 시편 31편 16절에서는 이렇게 기도합니다. **"주의 얼굴을 주의 종에게 비추시고 주의 사랑하심(헤세드)으로 나를 구원하소서."** 시편 5편 7절에서는 **"오직 나는 주의 풍성한 사랑(헤세드)을 힘입어 주의 집에 들어가 주를 경외함으로 성전을 향하여 예배하리이다"**고 노래합니다. 시편 31편 21절에서는 **"여호와를 찬송할지어다 견고한 성에서 그의 놀라운 사랑(헤세드)을 내게 보이셨음이로다"**라고 고백합니다. 호세아 선지자는 **"나는 인애(헤세드)를 원하고 제사를 원하지 아니하며 번제보다 하나님을 아는 것을 원하노라"**(호 6:6)라는 하나님의 기대를 증거 합니다. 구약에서 마지막으로 이 단어가 스가랴 7

장 9절에 등장합니다. **"만군의 여호와가 이같이 말하여 이르시기를 너희는 진실한 재판을 행하며 서로 인애(헤세드)와 긍휼을 베풀라."** 구약 241구절에서 이 헤세드란 단어는 무려 248번이나 등장합니다. 하나님은 헤세드의 하나님이십니다.

신약에서 이 단어와 같은 의미를 찾는다면 히브리서 4장 16절을 생각해 볼 수 있습니다. **"그러므로 우리는 긍휼하심(헤세드)을 받고 때를 따라 돕는 은혜를 얻기 위하여 은혜의 보좌 앞에 담대히 나아갈 것이니라."** 우리가 만일 하나님의 헤세드를 경험한다면 우리는 더 이상 세속적인 열등감에 붙잡힐 필요가 없습니다. 우리는 우리를 안아주시고 품어주시는 그의 큰 사랑 안에서 담대하게 미래를 향해 나아가게 될 것입니다. 그리고 이제 사랑에 목말라 하는 자가 아니라, 사랑을 베푸는 사람으로 살아가게 될 것입니다. 이 사랑을 경험한 사람은 더 이상 약자가 아닙니다. 그는 이 사랑에 빚진 자로 이 사랑을 전하는 자가 될 것입니다. 우리 모두 헤세드, 그 큰 사랑의 자녀가 된 것을 기뻐합시다.

광야 길을 걷게 하신 이유

● 신명기 8장 1-10절

¹내가 오늘 명하는 모든 명령을 너희는 지켜 행하라 그리하면 너희가 살고 번성하고 여호와께서 너희의 조상들에게 맹세하신 땅에 들어가서 그것을 차지하리라 ²네 하나님 여호와께서 이 사십 년 동안에 네게 광야 길을 걷게 하신 것을 기억하라 이는 너를 낮추시며 너를 시험하사 네 마음이 어떠한지 그 명령을 지키는지 지키지 않는지 알려 하심이라 ³너를 낮추시며 너를 주리게 하시며 또 너도 알지 못하며 네 조상들도 알지 못하던 만나를 네게 먹이신 것은 사람이 떡으로만 사는 것이 아니요 여호와의 입에서 나오는 모든 말씀으로 사는 줄을 네가 알게 하려 하심이니라 ⁴이 사십 년 동안에 네 의복이 해어지지 아니하였고 네 발이 부르트지 아니하였느니라 ⁵너는 사람이 그 아들을 징계함 같이 네 하나님 여호와께서 너를 징계하시는 줄 마음에 생각하고 ⁶네 하나님 여호와의 명령을 지켜 그의 길을 따라가며 그를 경외할지니라 ⁷네 하나님 여호와께서 너를 아름다운 땅에 이르게 하시나니 그 곳은 골짜기든지 산지든지 시내와 분천과 샘이 흐르고 ⁸밀과 보리의 소산지요 포도와 무화과와 석류와 감람나무와 꿀의 소산지라 ⁹네가 먹을 것에 모자람이 없고 네게 아무 부족함이 없는 땅이며 그 땅의 돌은 철이요 산에서는 동을 캘 것이라 ¹⁰네가 먹어서 배부르고 네 하나님 여호와께서 옥토를 네게 주셨음으로 말미암아 그를 찬송하리라

CHAPTER 9
광야 길을 걷게 하신 이유

    고 최인호 작가가 쓴 동화집 《*빨리 어른이 되고 싶어*》라는 책이 있습니다. 최인호 작가는 이 책에서 자기 아들 도단이의 이야기를 들려줍니다. 도단이는 어느 날 어른이 되고 싶다는 생각을 합니다. 빨리 어른이 되면 학교에도 가지 않고 지긋지긋한 공부를 하지 않아도 되고 시험도 보지 않아도 되고 엄마 아빠의 잔소리도 듣지 않아도 될 것이기 때문입니다. 그래서 도단이는 어린이의 옷을 벗고 옷장을 뒤져 아빠의 옷, 와이셔츠를 입고 넥타이를 하고 아빠의 안경과 모자를 쓰고 수염을 그리고 꼭하루 동안 아빠처럼 흉내 내며 어른 놀이를 해 봅니다. 그러나하루 만에 어른 놀이도 쉽지 않음을 깨닫고 아빠 엄마의 잔소리를 듣는 현실로 돌아오게 된다는 이야기입니다. 사실 우리의 어린 시절의 각각의 단계와 과정은 우리의 성숙을 위해 꼭 필요했던 시간이었는데 그 필요를 알지 못하는 우리는 그 모든 시간을 벗어나고 싶어 합니다. 이제 우리 모두 어른이 되었지만 아이 시절의 상처를 극복하지 못한 현상을 심리학자들은 '성인 아이 (Adult child)'라고 부르고 있습니다. 우리가 어른다운 어른이 되려면 속히 아이 시절의 상처를 극복하고 아이 시절에 미처 배우지 못한 교훈을 늦게라도 배워야 합니다. 바울 사도는 **"장성한 사람**

이 되어서는 어린 아이의 일을 버렸노라"(고전 13:11)라고 말하지 않습니까?

이스라엘 백성들이 애굽 땅을 나와 약속의 땅 가나안에 들어가기까지에도 40년 동안의 광야 생활이 필요했습니다. 광야는 낮에는 덥고, 밤에는 춥습니다. 한마디로 그 40년의 시간은 더위와 추위, 굶주림의 시간이었고, 고생과 수고의 시간, 질병과 죽음의 시간이었습니다. 그러면 왜 하나님은 당신이 선택한 백성으로 하여금 이런 광야의 길을 40년이나 걷게 하셨을까요? **"네 하나님 여호와께서 이 사십 년 동안에 네게 광야 길을 걷게 하신 것을 기억하라 이는 너를 낮추시며 너를 시험하사 네 마음이 어떠한지 그 명령을 지키는지 지키지 않는지 알려 하심이라."**(신 8:2) 이 말씀 안에 당신이 선택하고 사랑하신 이스라엘로 하여금 40년 광야 길을 걷게 하신 이유가 다 들어 있습니다. 그래서 광야 길을 걷게 하신 것을 기억하라고 말씀하십니다. 그들이 광야에서 보낸 시간은 그들의 성숙을 위한 시험의 시간이었다고 말씀하십니다. 그렇다면 다시 정리해 보겠습니다. 하나님께서 당신의 사랑하는 백성으로 하여금 광야 길을 오늘도 걷게 하시는 이유는 무엇 때문입니까?

1. 말씀에 순종하는 백성으로 만들고자 하심입니다.

본문 2절 하반부에 주께서 주신 말씀, **"그 명령을 지키는지 지**

키지 않는지 알려 하심이라"는 대목을 다시 상기합시다. 이스라엘 백성이 광야에서 경험한 모든 사건은 주의 말씀에 그들이 순종하는지의 시험이었다는 것입니다. 그리고 이어지는 본문 3절의 말씀을 보겠습니다. "너를 낮추시며 너를 주리게 하시며 또 너도 알지 못하며 네 조상들도 알지 못하던 만나를 네게 먹이신 것은 사람이 떡으로만 사는 것이 아니요 여호와의 입에서 나오는 모든 말씀으로 사는 줄을 네가 알게 하려 하심이니라." 사랑하는 여러분, 우리는 후일 누군가가 정확하게 다시 이 말씀을 인용하고 있는 모습을 봅니다. 바로 공생애를 출발하고 광야에서 마귀에게 시험 받고 계시던 우리 주 예수님이 바로 이 말씀을 인용하고 계시지 않습니까? 마태복음 4장 1절 이하를 보시겠습니다. "그 때에 예수께서 성령에게 이끌리어 마귀에게 시험을 받으러 광야로 가사 사십 일을 밤낮으로 금식하신 후에 주리신지라 시험하는 자가 예수께 나아와서 이르되 네가 만일 하나님의 아들이어든 명하여 이 돌들로 떡덩이가 되게 하라."(마 4:1-3) 실제로 금식하던 예수님의 눈에 이 돌들이 떡덩이로 보였을 것입니다. 그리고 예수님은 당신이 원하시면 그 돌들을 명하여 떡이 되게 할 수 있는 신성의 능력을 갖고 계셨습니다. 그러나 그때 예수님은 무엇이라 말씀하셨나요? "예수께서 대답하여 이르시되 기록되었으되 (신명기 본문)사람이 떡으로만 살 것이 아니요 하나님의 입으로부터 나오는 모든 말씀으로 살 것이라 하였느니라 하시니."(마 4:4) 그때 예수님은 굶주리시면서도 먹는 것의 시험, 곧 경제적 시험에 들지 않으시고 더 중요한 가치인 하나님의 말씀을 붙들고 계셨던 것입니다. 어떤 경우, 어떤 상황에서도 말씀의 원리를 따라 사시겠다는 것입니다. 예수님은 떡보다 더 중요한 말씀을 먹고 살고 계셨던 것입니다. 그런데 우리는 오늘을 어떻게 살고 있을까요? 어떤 상황, 어떤 환경에서도 양심을 팔지 않고, 하나님의 말씀을 따라 인생의 광야 길을 걷고 있는 것일까요? 아니면 돈의 미혹을 이기지 못하고 우리도 돈에 팔린 돈 사람으로 인생의 길에서 방황하는 사람은 아닌지요? 정말 우리에게 말씀의 가치는 돈의 가치보다 귀한 것이어서 말씀의 가치를 붙들고 광야의 비바람, 광야의 폭풍을 견디어 내며 나는 하나님의 말씀을 먹고 사는 하나님의 사람인 것을 증명해 내고 있는 것입니까? 아니면 예수님의 제자를 자처하면서도 은 30량에 스승을 팔던 유다의 길을 걷고 있는 인생들은 아닌지요? 주께서 우리로 광야 길을 걷게 하신 이유는 말씀의 가치를 인지하고 말씀만을 붙들고 사는 우리 모습을 보고 싶어 하시기 때문입니다.

2. 자녀의 징계도 사랑임을 알게 하고자 하심입니다.

"너는 사람이 그 아들을 징계함 같이 네 하나님 여호와께서 너를 징계하시는 줄 마음에 생각하고 네 하나님 여호와의 명령을 지켜 그의 길을 따라가며 그를 경외할지니라."(신 8:5-6) 무슨 말씀입니까? 광야의 시련이 징계라는 말씀이 아닙니까? 물론 광야에 시련만 있었던 것은 아닙니다. 본문 4절을 보십시오. "이 사십 년 동안에 네 의복이 해어지지 아니하였고 네 발이 부르트지 아니하였느니라." 사십 년의 광야 생활 중 하나님은 그의 신실하신 은혜를 따라 이스라엘 백성의 모든 필요를 공급하셨습니다. 필요에 관한 한 하나님은 그의 자녀, 그의 백성들을 책임져 주십니다. 그것은 새 언약의 시대에도 마찬가지입니다. 빌립보서 4장 19절의 말씀을 기억하십니까? **"나의 하나님이 그리스도 예수 안에서 영광 가운데 그 풍성한 대로 너희 모든 쓸 것을 채우시리라."** 여기 '쓸 것'이 영어 성경에는 'need'라는 단어로 되어있습니다. 'all your needs,' 너희 모든 필요를 채워주신다는 것입니다. 어떤 부모가 자녀들이 죽어가도록 버려두겠습니까?

그러나 그럼에도 불구하고 광야의 이스라엘은 감사는커녕 하나님을 향한 불평과 불만을 계속하고 있었던 것입니다. 민수기 11장 1절을 보실까요? **"여호와께서 들으시기에 백성이 악한 말로 원망하매 여호와께서 들으시고 진노하사 여호와의 불을 그들 중에 붙여서 진영 끝을 사르게 하시매."** 이것이 바로 하나님의 징계였던 것입니다. 그럼에도 이 징계마저 알아차리지 못한 백성들의 원망은 계속됩니다. **"우리가 애굽에 있을 때에는 값없이 생선과 오이와 참외와 부추와 파와 마늘들을 먹은 것이 생각나거늘 이제는 우리의 기력이 다하여 이 만나 외에는 보이는 것이 아무 것도 없도다 하니."**(민 11:5-6) 만나는 오히려 그 백성들의 필요를 공급하시기 위한 하나님의 비상식량이요, 축복된 공급이었습니다. 그럼에도 불구하고 그 하나님의 축복마저 불평의 대상이 된 것입니다. 어찌 이런 백성들을 그대로 둘 수 있겠습니까? 그래서 이제 하나님이 징계의 채찍을 드신 것입니다. 사랑하시기 때문이었습니다.

히브리서 12장 5-6절의 말씀을 기억하십니까? **"...내 아들아 주의 징계하심을 경히 여기지 말며 그에게 꾸지람을 받을 때에 낙심하지 말라 주께서 그 사랑하시는 자를 징계하시고 그가 받아들이시는 아들마다 채찍질하심이라."** 저의 아이가 어렸을 때에 약속을 지키지 않은 것을 인해 가볍게 징계한 일이 있었습니다. 울더라고요. 그러더니 이렇게 저에게 항변하더라고요. "아빠는 날 사랑 안 해." 그래서 제가 물었습니다. "왜 아빠가 널 사랑 안한다고 생각하니?" "그럼 날 왜 이렇게 아프고 슬프게 해." 그때 제가 이렇게 말해준 생각이 납니다. "아들아, 네가 잘할 때 아빠는 기뻐하고 즐거워하며 사랑하고, 오늘처럼 네가 잘못할 때는 아빠도 아파하고 슬퍼하면서 사랑하는 거야." 제 말을 알아들었는지 모르겠습니다만 그것이 하늘 아버지의 마음이 아니겠습니까? 우리가 그의 자녀로서 잘못할 때 그는 징계의 채찍을 들고 우리와 더불어 아파하고 슬퍼하면서 우리에게 사랑을 고백하시고 있음을 알아야 할 것입니다. 우리가 경험하는 광야에서의 시련이 바로 그분의 사랑의 징계임을 알아차리는 우리가 됩시다.

3. 약속의 땅을 궁극적으로 소망하게 하려 하심입니다.

이렇게 광야의 시련을 언급하시던 주님은 이제 당신의 백성들이 궁극적으로 들어가 소유할 약속의 땅의 축복을 일깨워 주십니다. 그것이 바로 본문 7-10절의 약속의 말씀입니다.

네 하나님 여호와께서 너를 아름다운 땅에 이르게 하시나니 그 곳은 골짜기든지 산지든지 시내와 분천과 샘이 흐르고 밀과 보리의 소산지요 포도와 무화과와 석류와 감람나무와 꿀의 소산지라 네가 먹을 것에 모자람이 없고 네게 아무 부족함이 없는 땅이며 그 땅의 돌은 철이요 산에서는 동을 캘 것이라 네가 먹어서 배부르고 네 하 나님 여호와께서 옥토를 네게 주셨음으로 말미암아 그를 찬송하리 라.

얼마나 아름답고 풍성한 땅인지요! 이 땅이 바로 당신의 백성들을 위하여 예비된 땅입니다. 만일 광야에서 주의 백성들이 만족하고 배불러 정착했더라면 약속의 땅은 그들과 관계가 없었을 것입니다. 하지만 이 약속의 땅에 대한 묘사를 듣고 그들은 얼마나 더 이 땅을 사모하게 되었을까요? 사랑하는 여러분! 우리가 살고 있는 이 땅이 천국처럼 느껴진다면 우리는 천국 가기를 소원하겠습니까? 이 광야 같은 세상의 고통과 불안, 시련이 우리로 약속된 영원한 천국을 더욱 사모하게 하는 것이 아닐까요?

지나간 날 우리의 선배 신앙인들이 이 땅에서 많은 고난을 당하면서도 그 고난을 극복할 수 있었던 것은 약속된 미래의 영광 때문이 아니었습니까? 로마서 8장 18절의 말씀을 기억합시다. **"생각하건대 현재의 고난은 장차 우리에게 나타날 영광과 비교할 수 없도다."** 이어지는 말씀을 보십시오. **"우리가 소망으로 구원을**

얻었으매 보이는 소망이 소망이 아니니 보는 것을 누가 바라리요."(롬 8:24) 요한계시록의 기자 사도 요한은 환난 중에 하나님께서 열어 보이시는 그 영원한 나라의 영광을 잠시 엿보게 됩니다. "또 내가 보매 거룩한 성 새 예루살렘이 하나님께로부터 하늘에서 내려오니 그 준비한 것이 신부가 남편을 위하여 단장한 것 같더라."(계 21:2) 그 예비된 영광을 보고 세상에서 이기는 자가 되라는 것이 계시록의 핵심 메시지입니다. 이제 이스라엘 백성은 그 약속의 땅이 보이는 지점에 도달합니다. 여기서 하나님은 그 약속된 영광의 땅을 다시 설명해 보이시는 것입니다.

우리 믿음의 선배들이 죽음을 앞두고 투병하다가 갑자기 한순간 이 세상과의 미련을 끊고 그 영광의 나라를 소망하는 순간을 맞이하게 됩니다. 유명한 설교가 마틴 로이드 존스의 딸 엘리자베스는 자기 아버지의 마지막 순간을 회고하면서 이런 글을 남깁니다. "아버지는 더 이상 나의 병이 낫기를 위해 기도하지 말라고 하셨다. 내가 영광으로 나아가는 길을 막지 말아 달라고 하셨다. 아버지는 몇 달을 투병하셨지만 요한복음 14장(하늘 아버지께서 예비한 처소)의 위대한 진리에 굳게 붙잡혀 있었다. 그는 자신이 오랫동안 신실하게 섬겨온 구주께서 영광의 처소를 예비해 놓으신 것을 확신하고 계셨다." 찰스 스펄전 목사님도 죽음을 앞두고 요한복음 14장 1-2절을 강해하며 이렇게 설교하셨습니다. "그 은총의 나라는 우리가 최후에 육신을 가지고 주님과 함께 머물 처소입니다. 예수님도 그곳에 영으로

만 가시지 않고 상처 난 자국 그대로의 육신을 지닌 채 부활하신 것을 기억할 때 난 너무나 기쁩니다. 이제 주님이 그곳으로 떠나가신 것처럼 우리도 그리스도께서 거하시는 그곳으로 가야 합니다." 이것이 우리의 궁극적 소망인 것입니다. 이 세상 광야 길을 당신의 백성들로 걷게 하시는 이유는 저 영원한 나라를 궁극적으로 소망하게 하려 함이십니다. 그렇다면 이 영원한 궁극의 소망을 갖고 우리는 오늘을 살고 계시나요?

CHAPTER 10
십계명을 다시 주신 이유

¹그 때에 여호와께서 내게 이르시기를 너는 처음과 같은 두 돌판을 다듬어 가지고 산에 올라 내게로 나아오고 또 나무궤 하나를 만들라 ²네가 깨뜨린 처음 판에 쓴 말을 내가 그 판에 쓰리니 너는 그것을 그 궤에 넣으라 하시기로 ³내가 조각목으로 궤를 만들고 처음 것과 같은 돌판 둘을 다듬어 손에 들고 산에 오르매 ⁴여호와께서 그 총회 날에 산 위 불 가운데에서 너희에게 이르신 십계명을 처음과 같이 그 판에 쓰시고 그것을 내게 주시기로 ⁵내가 돌이켜 산에서 내려와서 여호와께서 내게 명령하신 대로 그 판을 내가 만든 궤에 넣었더니 지금까지 있느니라

CHAPTER 10
십계명을 다시 주신 이유

　우리는 한때 사도신경과 함께 예배 시간에 자주 십계명을 낭독하며 그 계명의 의미를 묵상하곤 했습니다. 그러나 점차 십계명은 구약의 율법을 요약한 핵심으로만 기억 속에 남겨두는 데서 그 중요성을 간직하고 있습니다. 구약의 율법은 신약의 빛 아래 살고 있는 우리에게는 더 이상 중요성을 갖지 못한다고 믿는 사람들에게는 자연스럽게 십계명도 더 이상 암기할 필요도 없는 구약적 교훈으로 간주하는 성도들도 생겨나게 되었습니다. 이런 입장을 가르쳐 우리는 율법 폐기론자 혹은 무율법주의자라고 부르기도 합니다. 그러나 복음주의적 입장을 중시하는 성도들은 율법을 지키는 행위로 구원받는다고 믿는 '율법주의'가 성경적이 아닌 것처럼 무율법주의도 여전히 성경적이 아니라고 믿고 있습니다. 우리가 율법이나 십계명을 지켜 구원받는 것은 아니지만 예수 그리스도를 믿음으로 구원받은 성도들에게 율법이나 십계명은 여전히 그들의 삶을 인도하는 도덕적 나침반으로 중요하다고 믿고 있는 것입니다. 그런 의미에서 신약 성도들에게도 예수님의 말씀과 함께 구약의 율법은 여전히 우리의 삶의 빛이요 등불인 것입니다.

지금 모세는 이스라엘 백성들을 약속의 땅이 내다보이는 모압 땅까지 인도한 후 그들이 약속의 땅에 들어가 어떤 삶을 살아갈 것인가를 가르치며 율법의 중요성, 특히 하나님이 이스라엘에게 두 번씩이나 십계명을 주셨던 것을 상기시켜 주고 있는 것입니다. 사실 십계명은 모세가 하나님에게 받아 전달하기도 전에 이스라엘 백성들이 금송아지 우상을 만들고 있음으로 깨어진 계명이었습니다. 모세가 산에서 내려오다 보니까 백성들이 우상의 축제를 벌이고 있음을 보고 들고 내려오던 두 개의 돌판을 던져 깨뜨렸습니다. **"내가 본즉 너희가 너희의 하나님 여호와께 범죄하여 자기를 위하여 송아지를 부어 만들어서 여호와께서 명령하신 도를 빨리 떠났기로 내가 그 두 돌판을 내 두 손으로 들어 던져 너희의 목전에서 깨뜨렸노라."**(신 9:16-17) 그런데 본문 10장에 보면 하나님은 모세에게 두 돌판을 다듬어 가지고 내게로 나아오라고 말씀하십니다. 그리고 '처음과 같이' 다시 써서 주시겠다고 말씀하십니다. 여기 본문에 '처음과 같이'라는 단어가 4번이나 반복되고 있습니다. 다시 기회를 주시겠다는 것입니다. 여기 십계명을 다시 주신 이유가 있습니다. 이 두 번째 기회의 의미는 무엇입니까?

1. 다시 허락된 용서의 기회입니다.

본문 1절은 '그 때에'라는 말로 시작됩니다. 본문의 배경을 형성하는 신명기 9장 25절도 '그 때에'라는 말로 시작됩니다.

"그 때에 여호와께서 너희를 멸하겠다 하셨으므로 내가 여전히 사십 주 사십 야를 여호와 앞에 엎드리고." 엎드려 무엇이라 기도합니까? "여호와께 간구하여 이르되 주 여호와여 주께서 큰 위엄으로 속량하시고 강한 손으로 애굽에서 인도하여 내신 주의 백성 곧 주의 기업을 멸하지 마옵소서."(신 9:26) 역시 주의 백성을 주의 기업이라고 말하며 그들을 보존하여 주시기를 중보하고 있지 않습니까? 29절 말씀을 보십시오. "그들은 주의 큰 능력과 펴신 팔로 인도하여 내신 주의 백성 곧 주의 기업이로소이다." 그들이 범죄했다 하여 지금 여기서 멸하신다면 이 주의 기업된 백성은 어찌하실 것인가를 탄원하고 있습니다. 다시 돌아가 27절의 기도를 보십시오. "주의 종 아브라함과 이삭과 야곱을 생각하사 이 백성의 완악함과 악과 죄를 보지 마옵소서." 이것은 자기 백성의 죄를 용서하여 주시기를 기도하는 중보의 탄원이었던 것입니다. 그리고 이어지는 본문 신명기 10장 1절에서 '그 때에 여호와께서 내게 이르시기를 너는 처음과 같은 두 돌판을 다듬어 가지고 산에 올라 내게로 나아오라'는 것입니다.

모세의 중보의 기도를 들으시고 하나님은 이스라엘 백성들에게 두 번째 용서의 기회를 주시는 것입니다. 이것은 분명 다시 허락된 용서의 기회입니다. 성경의 하나님은 용서의 하나님이십니다. 십계명의 언약을 처음부터 깨뜨리고 우상을 숭배했던 이 백성은 분명 하나님의 진노의 대상이었습니다. 신명기 9장을 읽어보아도 그런 진노는 당연했습니다. 신명기 9장 19절에 보면 **"여호와께서 심히 분노하사"**라고 했고, 9장 20절에도 **"여호와께서 또 아론에게 진노하사"**라고 했습니다. 22절에는 **"여호와를 격노하게 하였느니라"**라고 했습니다. 그런데 여러분, 하나님의 성품에는 진노를 압도하는 긍휼의 성품이 있습니다. 하박국 선지자는 **"...진노 중에라도 긍휼을 잊지 마옵소서"**(합 3:2)라고 기도합니다. 그런 긍휼의 성품이 용서를 가능하게 한 것입니다. 바울은 그래서 하나님을 '긍휼이 풍성하신 하나님'이라고 말합니다. 에베소서 2장 4-5절을 보십시오. **"긍휼이 풍성하신 하나님이 우리를 사랑하신 그 큰 사랑을 인하여 허물로 죽은 우리를 그리스도와 함께 살리셨고."** 우리는 그 큰 긍휼, 그 큰 사랑으로 다시 살리심을 받고 이제 다시 하나님의 기대 앞에 서게 된 것입니다. 이 기대를 이루기 위해 십계명의 말씀은 다시 우리의 길의 빛이요 등불이 된 것입니다.

2. 깨어진 언약의 회복의 기회입니다.

본문 2절은 **"네가 깨뜨린 처음 판에 쓴 말을 내가 그 판에 쓰리니..."**라고 말씀하십니다. 물론 모세는 문자 그대로 금송아지 우상 숭배에 빠진 이스라엘 백성들을 보고 분노한 나머지 십계명이 기록된 돌판을 던져 깨뜨렸습니다. 그러나 그때 돌판만 깨진 것이 아닙니다. 더 중요한 하나님과의 언약이 깨진 것입니다. 성경학자들은 모세가 처음 받은 십계명의 말씀을 '시내 산 언약(Sinai Covenant)'이라고 부릅니다. 언약이란 히브리어로 '베리트

(Berit)'라고 하는데 그 의미는 '묶는다'는 뜻입니다. 언약은 하나님과 인간을 묶어주는 약속인 것입니다. 그러나 이 언약은 쌍방이 다 지킬 때 그 언약의 축복이 임하는 것입니다. 그런데 이스라엘 백성들이 먼저 그 언약을 깨뜨림으로 깨어진 언약이 된 것입니다. 그렇다면 이 언약은 다시 회복될 수 없는 것일까요?

사실 하나님과 인간의 언약에 있어 하나님은 완벽하시고 신실하신 분이기에 하나님이 먼저 언약을 깨뜨리시는 일은 없습니다. 문제는 인간의 가변적 불성실입니다. 우리의 신실하지 못한 연약함으로 하나님과의 언약을 깨는 것입니다. 그러나 그때마다 신실하신 하나님은 우리를 다시 용서하시고 우리와의 관계를 회복하고자 하십니다. 요한일서 1장 9절의 말씀을 다시 기억해 보십시오. **"만일 우리가 우리 죄를 자백하면 그는 미쁘시고 의로우사 우리 죄를 사하시며 우리를 모든 불의에서 깨끗하게 하실 것이요."** 여기 '자백'이란 말은 본래 '하나님과 같이 말한다'는 의미입니다. 우리의 범죄를 하나님의 관점에서 보고 고백하는 것입니다. 그리고 여기 미쁘시다는 말은 다르게 번역하면 신실하시다는 뜻입니다. 본문의 배경을 보면 이스라엘 백성들을 대신한 지도자 모세가 죄를 자백하고 회개함으로 신실하신 하나님께서 이스라엘과 맺은 언약의 회복을 가능하게 하신 것입니다. 본문이 시작되는 1절에 '그 때에'는 바로 모세가 자백하고 회개함으로 주어진 회복의 기회였던 것입니다.

그렇다면 이스라엘과 맺은 시내 산 언약의 핵심은 무엇입니까? "...너희가 내 말을 잘 듣고 내 언약을 지키면 너희는 모든 민족 중에서 내 소유가 되겠고 너희가 내게 대하여 제사장 나라가 되며..."(출 19:5-6) 우리가 하나님의 특별한 소유가 되고 하나님의 제사장으로 쓰임을 받는다는 것입니다. 사실 이 시내 산 언약은 오늘의 하나님의 영적 백성들인 그리스도인을 통해 온전하게 실현되게 된 것입니다. 다시 베드로전서 2장 9절을 상기합시다. "그러나 너희는 택하신 족속이요 왕 같은 제사장들이요 거룩한 나라요... 이는 너희를 어두운 데서 불러 내어 그의 기이한 빛에 들어가게 하신 이의 아름다운 덕을 선포하게 하려 하심이라." 그리고 이렇게 하나님의 제사장으로 쓰임 받기 위해 오늘 우리는 다시 우리의 삶의 표준, 도덕적 표준이 되도록 허락하신 하나님의 십계명, 그의 토라를 붙들고 살아야 한다는 것입니다. 십계명의 핵심을 예수님은 두 가지로 요약해 주십니다. 제일 큰 계명, 하나님 사랑(1-4계명)과 둘째 계명, 이웃 사랑(5-10계명)하며 살라는 말씀으로 요약하신 것입니다.

3. 마음의 돌판을 준비할 기회입니다.

본문에 보면 모세는 다시 주시는 십계명을 받기 위해 처음 것과 같은 두 개의 돌판을 준비해야 했습니다. "그 때에 여호와께서 내게 이르시기를 너는 처음과 같은 두 돌판을 다듬어 가지고 산에 올라 내게로 나아오고 또 나무궤 하나를 만들라."(신 10:1) 왜 돌판이어야 했을까요? 물론 그것은 당시로는 돌에 쓰인 글이 가장 오래 기록을 보관할 수 있었기 때문이었을 것입니다. 지금도 우리는 돌에다 지명이라든가 마을 이름을 쓰고, 또 시의 작품도 쓰지 않습니까? 그래서 가끔 성도들 중에 자기 머리가 돌(석두)이라고 비관하는 분이 계신데 전혀 그럴 필요가 없으십니다. 돌에 잘 새기면 오래 기억할 수 있기 때문입니다. 제가 설교할 때 중요한 대목을 반복하며 따라 읽으시라고 하는데, 왜 그렇게 할까요? 돌에 잘 새기시라는 의미입니다. 그래서 돌판을 다듬는 것은 모세의 책임이었습니다. 돌판을 준비한 다음 거기에 처음 주신 메시지와 동일한 십계명이 쓰인 것입니다. **"네가 깨뜨린 처음 판에 쓴 말을 내가 그 판에 쓰리니 너는 그것을 그 궤에 넣으라."**(신 10:2) 오랫동안 잘 보관되기 위하여 다음 구절 3절에 보면 조각목(아카시아, 한국 것과 다른 좋은 재목)으로 만든 언약궤(증거궤, 법궤) 안에 보관하게 한 것입니다. 그러나 물론 이 십계명은 보관용이 아닙니다. 그 말씀을 잘 읽고 암송하고 그 말씀대로 사는 것이 제일 중요하겠지요. 그래서 이 말씀은 돌에만 새겨서는 안 됩니다. 마음에 새겨야 합니다. 그래야 늘 그 말씀을 기억하고 묵상할 수 있지 않겠습니까?

그래서 신약 고린도후서 3장 3절에 보면 바울 사도는 어느날 마음판에 메시지를 써야 한다고 말하지 않습니까? **"너희는 우리로 말미암아 나타난 그리스도의 편지니 이는 먹으로 쓴 것이 아니요... 오직 육의 마음판에 쓴 것이라."** 그래서 결국은 마음판에 말씀을 새김이 중요한 것입니다. 그런데 기억할 더 중요한 사실이 있습니다. 하나님은 모세로 하여금 이 십계명의 말씀을 언약궤(언약의 말씀을 담는 궤) 안에 보관하게 하십니다. 그 이유가 무엇입니까? 이 언약궤 혹은 증거궤나 법궤는 이스라엘 백성들로 하여금 하나님의 임재를 상징하는 것이었습니다. 따라서 그 언약궤 안에 말씀을 두었다는 것은 하나님의 임재 안에 하나님의 말씀이 있었던 것입니다. 오늘의 우리는 다른 어떤 길보다 하나님의 말씀으로 하나님의 임재를 경험합니다. 그리고 또한 하나님의 임재 '안에서' 혹은 하나님의 임재 '앞에서' 하나님의 말씀을 받아야 합니다. 그렇게 하고 계신가요?

마지막 5절을 보십시오. **"내가 돌이켜 산에서 내려와서 여호와께서 내게 명령하신 대로 그 판을 내가 만든 궤에 넣었더니 지금까지 있느니라."** 그러니까 이스라엘 백성들은 광야 생활을 하면서도 늘 이 언약궤 안에 십계명 말씀을 담아두고 가지고 다녔던 것입니다. **"지금까지 있느니라,"** 그랬습니다. 그런데 우리가 신약 히브리서 9장 4절에 보면 이 언약궤 안에 언약의 돌판뿐 아니라 만나를 담은 항아리 그리고 아론의 싹난 지팡이가 또한 그 안에 있었다고 말합니다. 사실 이 세 가지는 광야 생활을 하는 동안 하나님의 특별한 은혜로 주신 것들이었는데 이스라엘 백성은 늘 불평의 대상으로 삼았던 것들입니다. 왜 늘 만나밖에 없느냐고 불평하고 아론과 모세의 리더십에 반항하고 십계명을 거역하지 않았습니까? 그런데 다행인 것은 언약궤 위에는 속죄소를 덮는 그룹들(천사)이 있었다는 것입니다. 대제사장은 바로 이 언약궤 앞에 나아와 그 언약궤를 덮고 있는 판을 시은소라고 부르는데 거기에 속죄양의 피를 뿌리고 마지막 기도의 응답을 받습니다. 우리는 십계명도 깨뜨리고 축복의 만나도 불평하고 하나님의 리더십에도 반항합니다. 그럼에도 불구하고 우리가 광야를 거쳐 약속의 땅을 바라보고 행진할 수 있는 이유는 우리의 대제사장이신 예수의 보혈 때문인 것을 아시나요? 믿으시나요? 그러므로 우리는 오늘도 예수의 피를 의지하고 우리의 불순종, 우리의 연약함에도 불구하고 다시 말씀을 붙들고 살아감을 감사합시다.

CHAPTER 11
하나님께서 네게 요구하시는 것

¹²이스라엘아 네 하나님 여호와께서 네게 요구하시는 것이 무엇이냐 곧 네 하나님 여호와를 경외하여 그의 모든 도를 행하고 그를 사랑하며 마음을 다하고 뜻을 다하여 네 하나님 여호와를 섬기고 ¹³내가 오늘 네 행복을 위하여 네게 명하는 여호와의 명령과 규례를 지킬 것이 아니냐 ¹⁴하늘과 모든 하늘의 하늘과 땅과 그 위의 만물은 본래 네 하나님 여호와께 속한 것이로되 ¹⁵여호와께서 오직 네 조상들을 기뻐하시고 그들을 사랑하사 그들의 후손인 너희를 만민 중에서 택하셨음이 오늘과 같으니라 ¹⁶그러므로 너희는 마음에 할례를 행하고 다시는 목을 곧게 하지 말라 ¹⁷너희의 하나님 여호와는 신 가운데 신이시며 주 가운데 주시요 크고 능하시며 두려우신 하나님이시라 사람을 외모로 보지 아니하시며 뇌물을 받지 아니하시고 ¹⁸고아와 과부를 위하여 정의를 행하시며 나그네를 사랑하여 그에게 떡과 옷을 주시나니 ¹⁹너희는 나그네를 사랑하라 전에 너희도 애굽 땅에서 나그네 되었음이니라 ²⁰네 하나님 여호와를 경외하여 그를 섬기며 그에게 의지하고 그의 이름으로 맹세하라 ²¹그는 네 찬송이시요 네 하나님이시라 네 눈으로 본 이같이 크고 두려운 일을 너를 위하여 행하셨느니라 ²²애굽에 내려간 네 조상들이 겨우 칠십 인이었으나 이제는 네 하나님 여호와께서 너를 하늘의 별 같이 많게 하셨느니라

CHAPTER 11
하나님께서 네게 요구하시는 것

성경은 창조자 하나님과 피조물인 인간의 관계를 다루고 있는 책입니다. 그중에서도 인생 가운데 특히 그가 선택하고 사랑하신 백성들과의 언약의 관계를 다루고 있는 책입니다. 그런데 본문에서 하나님께서 그가 선택한 백성 이스라엘에게 요구하시는 바가 있다고 말합니다. 인간은 누구나 무엇인가를 누군가에게 요구받게 되면 부담부터 느끼게 됩니다. 그리고 우리에게 무엇인가를 요구하는 존재로부터 멀리 있고 싶어 합니다. 성경은 그것이 타락한 인간의 실존이요 본성이라고 말합니다. 그런데 우리는 우리에게 무엇인가를 요구하는 분의 동기를 알게 되면 생각이 달라질 수 있습니다. 본문은 우선 12절에 **"이스라엘아 네 하나님 여호와께서 네게 요구하시는 것이 무엇이냐"**라는 질문으로 시작합니다. 그런데 우리는 그다음 절인 13절의 말씀을 유의해서 보아야 합니다. **"내가 오늘 네 행복을 위하여 네게 명하는 여호와의 명령과 규례를 지킬 것이 아니냐."** 하나님이 우리에게 무엇을 지키라고 요구하는 근본 동기는 우리의 행복이라는 것입니다. 사실 이것은 신명기에서 이미 여러 번 반복된 그분의 말씀이기도 합니다.

신명기 5장 29절의 말씀을 보겠습니다. **"다만 그들이 항상 이 같은 마음을 품어 나를 경외하며 내 모든 명령을 지켜서 그들과 그 자손이 영원히 복 받기를 원하노라."** 십계명의 언약을 다시 상기시켜 주시며 이스라엘에게 주신 말씀입니다. 이제는 신명기 6장 24절의 말씀입니다. **"여호와께서 우리에게 이 모든 규례를 지키라 명령하셨으니 이는 우리가 우리 하나님 여호와를 경외하여 항상 복을 누리게 하기 위하심이며 또 여호와께서 우리를 오늘과 같이 살게 하려 하심이라."** 이런 반복되는 말씀은 하나님은 그 누구보다 우리의 행복을 소원하신다는 것입니다. 그래서 우리에게 요구하시는 바가 있다는 것입니다. 성경의 하나님, 그는 그 무엇보다 행복한 인생을 우리에게 주고 싶어 하시고 행복한 가정을 주고 싶어 하십니다. 그렇다면 우리는 우리를 향하신 하나님의 요구를 우리의 행복을 기대하시는 행복한 요구라고 할 수도 있겠습니다. 그리고 이런 행복은 죄인 된 인간이 느끼는 주관적인 복지가 아니라, 창조자 하나님이 보시기에 좋은 객관적인 복지인 것입니다. 여기서 행복이란 단어는 본래 창세기 1장에서 하나님의 창조의 사역을 진행하며 보시기에 '좋았더라(토브, tov)'고 할 때와 같은 단어가 쓰입니다.

그러면 우리의 복된 삶을 위해 하나님께서 요구하시는 것이 무엇일까요? 본문은 행복한 삶을 위해 하나님께서 요구하시는 세 가지 키워드를 소개하고 있습니다.

1. 하나님 사랑입니다.

행복한 삶의 첫째 키워드는 하나님 사랑입니다. 그것은 사실 가장 큰 계명이기도 합니다. **"...네 하나님 여호와를 경외하여 그의 모든 도를 행하고 그를 사랑하며 마음을 다하고 뜻을 다하여 네 하나님 여호와를 섬기고."**(신 10:12) 이 구절에서 제일 중요하게 강조된 단어는 하나님 사랑입니다. 그 사랑의 동기는 경외, 곧 거룩한 존경입니다. 하나님을 존경하기 때문에 그를 당연히 사랑해야 한다는 것입니다. 그리고 사랑의 방식은 마음과 뜻을 다하여 입니다. 그 사랑은 나눌 수 없는 사랑이어야 한다는 것입니다. 왜냐하면 하나님은 먼저 그런 사랑으로 우리를 선택하시고 우리에게 모든 것을 주셨기 때문입니다. 우리의 하나님을 향한 전존재적 사랑은 먼저 우리를 향하신 그분의 사랑에 대한 응답에 불과한 것입니다.

마태복음 22장 35-36절에 보면 한 율법사가 어느 날 예수님에게 나아와 질문을 합니다. **"그 중의 한 율법사가 예수를 시험하여 묻되 선생님 율법 중에서 어느 계명이 크니이까."** 예수님의 대답을 기억하십니까? **"예수께서 이르시되 네 마음을 다하고 목숨을 다하고 뜻을 다하여 주 너의 하나님을 사랑하라 하셨으니 이것이 크고 첫째 되는 계명이요."**(마 22:37:38) 하나님 사랑은 크고 첫째 되는 계명 곧 명령입니다. 만일 우리의 인생에서 하나님보다 더 사랑하는 것이 있다면 그것이 바로 우상입니다. 우상은 우리가 인간적으로 집착하는 그 누구, 그 무엇일 수 있습니다. 그래서 예수님의 경고의 말씀을 기억하십니까? **"아버지나 어머니를 나보다 더 사랑하는 자는 내게 합당하지 아니하고 아들이나 딸을 나보다 더 사랑하는 자도 내게 합당하지 아니하며."**(마 10:37) 무슨 말씀입니까? 때로 부모나 자식이 우리의 우상이 될 수도 있다는 것입니다. 물론 부모나 자식은 고귀한 하나님의 선물입니다. 그러나 그들이 귀하게 느껴진다면 그들을 선물로 주신 하나님을 더 존귀하게 바라보고 사랑할 수 있어야 한다는 말입니다.

하나님이 아브라함에게 이삭을 선물로 주시고 그 이삭을 제물로 바치라고 하신 이유는 그 이삭이 어느 날 아브라함에게 우상이 되어가는 위기를 보신 때문입니다. 그러나 모리아의 제단에 그가 아들을 내려놓자 하나님은 그 아들을 해하지 말라고 말씀하시고 옆에 수풀에 걸려있는 숫양을 제물로 대신 바치라고 말씀하십니다. 그리고 "네가 나를 경외하는 줄을 내가 아노라"라고 하십니다. 하나님 경외와 하나님 사랑은 인생에게 가장 중요한 첫째 계명이고 이 명령을 순종하는 자들을 하나님은 복 주시겠다는 것입니다.

2. 순종하는 마음입니다.

"그러므로 너희는 마음에 할례를 행하고 다시는 목을 곧게 하지 말라."(신 10:16) 하나님 사랑을 명하신 다음 이 명령을 주신 이유는 무엇 때문일까요? 인간의 마음은 간사하고 쉽게 변할 수 있습니다. 그래서 너희의 마음이 내게 지속적으로 구별되어 있어야 한다는 것입니다. 그것이 바로 마음의 할례입니다. 할례는 하나님의 백성이라는 표지로 우리 육체(남자)의 가장 소중한 부분을 베어 하나님에게 드리는 것입니다. 그리고 그 부분을 볼 때마다 나는 하나님에게 드려진 존재임을 확인하는 것입니다. 그런데 구약처럼 꼭 그런 육체의 할례가 아닌 마음의 할례를 행하라고 명하십니다. 그리고 하나님에게 드려진 자에게 드려진 인생을 살도록 주신 선물이 있습니다. **"그런즉 유대인의 나음이 무엇이며 할례의 유익이 무엇이냐 범사에 많으니 우선은 그들이 하나님의 말씀을 맡았음이니라."**(롬 3:1-2) 그렇습니다. 하나님에게 속한 자들은 하나님의 말씀으로 살아야 합니다.

이 말씀을 우리가 상실하면 어떤 사람이 됩니까? 신명기에서 모세는 그것을 '목이 곧은 자'라고 말합니다. 말씀을 불순종하는 자라는 말입니다. 그래서 하나님의 백성들이 인생을 살면서 가장 두려워할 일은 무엇일까요? 말씀 없이 살고 있는 것입니다. 말씀을 잃어버리고 살아가는 모습입니다. 교회 생활을 하면서도 말씀대로 살기를 거부하는 것입니다. 이런 사람은 실상 말씀을 잃어버리고 사는 사람인 것입니다. 천로역정 순례 길을 걷다 보면 크리스천이 말씀을 잃어버리고 당황해 하는 모습을 보게 됩니다. 아무리 품을 뒤져도 두루마리 말씀이 없는 것입니다. 할 수 없이 오던 길을 뒤돌아가 고난의 언덕 휴식정에서 자기가 깜빡 졸다가 두루마리를 떨어트린 것을 발견합니다. 그는 기쁨의 눈물을 흘리며 그가 다시 말씀을 찾게 된 것을 감사하며 여행길에 오르게 됩니다. 우리가 인생의 길에서 좌절하고 낙심하고 방황하는 이유는 말씀을 상실하고 말씀에 불순종한 때문이 아닙니까? 그렇다면 굳어져 있는 목을 펴시고 다시 말씀을 받고 순종하십시오. 그리고 본문의 말씀에 귀를 기울이십시오. **"너희는 마음에 할례를 행하고 다시는 목을 곧게 하지 말라."**(신 10:16)

행복한 삶, 행복한 가정은 늘 말씀을 삶의 중심에 놓고 살아가는 사람들입니다. 일주일에 한 번이라도 여러분의 가정에 가정예배나 가정 QT가 있으십니까? 세기의 설교자 스펄전은 이런 메시지를 평생의 설교 중에 자주 반복했습니다. "복이 있을지어다, 가정 제단이 있는 가정이여! 화 있을진저, 가정 제단을 상실한 가정이여!" 우리의 가정에 말씀의 회복이 있기를 축복합니다.

3. 소외된 이웃 사랑입니다.

예수님은 크고 첫째 되는 계명을 강조하신 다음에 바로 두 번째 중요한 계명을 가르치십니다. 마태복음 22장 39-40절의 말씀을 기억합시다. **"둘째도 그와 같으니 네 이웃을 네 자신 같이 사랑하라 하셨으니 이 두 계명이 온 율법과 선지자의 강령이니라."** 그런데 다시 신명기 본문으로 돌아와 보시면 예수님은 이웃 중에서도 특별한 이웃 곧 소외된 이웃들에 대한 사랑을 본문에서 가르치십니다. **"고아와 과부를 위하여 정의를 행하시며 나그네를 사랑하여 그에게 떡과 옷을 주시나니 너희는 나그네를 사랑하라 전에 너희도 애굽 땅에서 나그네 되었음이니라."**(신 10:18-19) 여기 특별하게 등장하는 이웃들은 고아와 과부와 나그네들입니다. 그들은 모두 가족들의 사랑에서 소외되고 있는 이웃들입니다. 부모 없는 고아들, 남편이나 사회의 도움을 받지 못하는 과부들, 그리고 홈(home)의 따뜻함에서 멀리 떨어진 외로운 나그네들, 그들을 기억하고 사랑하라는 것입니다. 다시 말하면 소외된 이웃 사랑을 가르치십니다.

그리고 이런 이웃 사랑은 하나님 사랑의 연장이라고 할 수 있습니다. 독일에서 종교개혁이 일어난 후, 100년이 경과되며 종교개혁을 실천하기 위한 경건주의 운동이 일어납니다. 그들은 요한복음 3장 16절 이상으로 요한일서 3장 16절 이하의 말씀이 중요하다고 강조했습니다.

그가 우리를 위하여 목숨을 버리셨으니 우리가 이로써 사랑을 알고 우리도 형제들을 위하여 목숨을 버리는 것이 마땅하니라 누가 이 세상의 재물을 가지고 형제의 궁핍함을 보고도 도와 줄 마음을 닫으면 하나님의 사랑이 어찌 그 속에 거하겠느냐 자녀들아 우리가 말과 혀로만 사랑하지 말고 행함과 진실함으로 하자.(요일 3:16-18)

이런 사랑의 교훈은 요한일서 4장에서 다시 강조 반복됩니다. **"사랑하지 아니하는 자는 하나님을 알지 못하나니 이는 하나님은 사랑이심이라."**(요일 4:8) 그런데 요한일서 4장의 마지막 구절인 20-21절은 이런 사랑의 교훈의 정점을 가르칩니다. **"...보는 바 그 형제를 사랑하지 아니하는 자는 보지 못하는 바 하나님을 사랑할 수 없느니라 우리가 이 계명을 주께 받았나니 하나님을 사랑하는 자는 또한 그 형제를 사랑할지니라."** 하나님 사랑의 완성은 내 눈에 보이는 형제들과 이웃들에 대한 구체적 사랑의 실천으로 실현되는 것입니다.

특히 소외된 이웃들에 대한 사랑, 그것이 바로 하나님 사랑의 구체적 열매인 것입니다. 저희 지구촌교회의 비전 〈3N3G〉 가운데, 특히 3N 중에 New Family가 있습니다. 교회가 고아와 과부 나그네들의 새 가족이 되어주고 그들을 새 가족으로 품을 수 있어야 한다는 것입니다. 이렇게 우리가 이웃 사랑을 실천하다보면 우리의 재정이 소모되고 우리가 손해 보는 것을 계산하지 않을 수 없습니다. 그러나 하나님이 기뻐하시면 그런 사랑의 실천으로 소외된 이웃들을 끌어안는 우리를 축복하시지 않겠습니까? 본문은 이스라엘에게 이런 소외 이웃 사랑을 가르치신 다음에 이미 그들에게 임한 축복을 암시합니다. **"애굽에 내려간 네 조상들이 겨우 칠십 인이었으나 이제는 네 하나님 여호와께서 너를 하늘의 별 같이 많게 하셨느니라."**(신 10:22) 만일 우리가 우리의 자녀들과 이런 소외된 이웃들에 대한 사랑을 실천한다면 그것은 자녀들에게 우리가 남기는 가장 행복한 유산이 될 것입니다.

　우리가 사랑을 보여주지 못하면 사랑을 알 수도 없고 사랑을 경험할 수 없는 얼마나 많은 소외된 이웃들, 그들을 우리의 자녀들과 함께 돌아보고 섬기는 행복한 기억, 그보다 더 값진 교육의 유산이 어디에 있을까요? 우리 주변의 고아들을 찾고, 독거노인들을 돌아보고, 이 땅에 다문화 가족으로, 나그네로 와 있는 이웃들을 섬기는 행복한 사랑의 실천으로 진정 행복한 Happy Family가 될 수 있으면 하는 거룩한 희망을 나누고 싶습니다.

자녀에게 유산으로
남길 레슨

¹그런즉 네 하나님 여호와를 사랑하여 그가 주신 책무와 법도와 규례와 명령을 항상 지키라 ²너희의 자녀는 알지도 못하고 보지도 못하였으나 너희가 오늘날 기억할 것은 너희의 하나님 여호와의 교훈과 그의 위엄과 그의 강한 손과 펴신 팔과 ³애굽에서 그 왕 바로와 그 전국에 행하신 이적과 기사와 ⁴또 여호와께서 애굽 군대와 그 말과 그 병거에 행하신 일 곧 그들이 너희를 뒤쫓을 때에 홍해 물로 그들을 덮어 멸하사 오늘까지 이른 것과 ⁵또 너희가 이 곳에 이르기까지 광야에서 너희에게 행하신 일과 ⁶르우벤 자손 엘리압의 아들 다단과 아비람에게 하신 일 곧 땅이 입을 벌려서 그들과 그들의 가족과 그들의 장막과 그들을 따르는 온 이스라엘의 한가운데에서 모든 것을 삼키게 하신 일이라 ⁷너희가 여호와께서 행하신 이 모든 큰 일을 너희의 눈으로 보았느니라 ⁸그러므로 너희는 내가 오늘 너희에게 명하는 모든 명령을 지키라 그리하면 너희가 강성할 것이요 너희가 건너가 차지할 땅에 들어가서 그것을 차지할 것이며 ⁹또 여호와께서 너희의 조상들에게 맹세하여 그들과 그들의 후손에게 주리라고 하신 땅 곧 젖과 꿀이 흐르는 땅에서 너희의 날이 장구하리라 ¹⁰네가 들어가 차지하려 하는 땅은 네가 나온 애굽 땅과 같지 아니하니 거기에서는 너희가 파종한 후에 발로 물 대기를 채소밭에 댐과 같이 하였거니와 ¹¹너희가 건너가서 차지할 땅은 산과 골짜기가 있어서 하늘에서 내리는 비를 흡수하는 땅이요 ¹²네 하나님 여호와께서 돌보아 주시는 땅이라 연초부터 연말까지 네 하나님 여호와의 눈이 항상 그 위에 있느니라

CHAPTER 12
자녀에게 유산으로 남길 레슨

19세기 초에 프러시아 제국(독일)에 유대인으로 중산층의 삶을 살던 사람이 있었습니다. 그의 이름은 유대인 이름으로 헤셸(Herschel)이었지만 당시의 사회에서 더 나은 출세와 성공의 기회를 갖기 위해서는 유대인 이름을 포기하는 것이 좋다고 생각되어 독일식 이름 하인리히(Heinrich)로 바꾸기로 합니다. 그리고 전통적 가족의 종교인 유대교를 떠나 독일의 국교라고 할 수 있는 루터교(기독교)로 바꾸기로 합니다. 그리고 자기의 아들에게 칼(Karl)이란 이름을 지어주면서 종교는 중요한 것이 아니고 경제적 성공이 무엇보다 중요하다고 말했다고 합니다. 아들 칼(Karl)은 영국 런던으로 공부하러 떠나면서 아버지가 중요하지 않게 생각했던 유대인의 정체성도 루터교라는 종교도 다 떠나고 아버지가 강조했던 경제 연구에만 매달리다가 《Das Kapital(자본론)》이란 책을 출판하고 이 책에서 '종교는 인민의 아편'이란 정의를 내립니다. 그가 바로 무신론적 계급투쟁을 가르친 공산주의 철학자 칼 하인리히 막스(Karl Heinrich Marx)입니다. 그는 1844년 엥겔스라는 친구와 함께 유명한 《공산주의 선언(Communist Manifesto)》을 발표합니다. 그리고 그들이 가르친 이념으로 인류 역사는 그로부터 200년 이상 지금까지 자본주의와 공산주의의 갈등으로 몸살을 앓게 됩니다. 그의 아버지가 만일 유대인의 하나님 경외 사상을 유산으로 잘 가르칠 수 있었다면 그리고 그의 아버지의 종교인 루터교(기독교)를 따라 예수 그리스도의 십자가 정신과 평화를 유산으로 배울 수 있었더라면 인류 역사는 어떻게 변화될 수 있었을 것인가를 생각하지 않을 수 없습니다.

본문은 모세의 계속되는 유언적 설교의 한 대목입니다. 본문에서 특히 모세는 이스라엘 백성들이 그들의 자녀에게 가르쳐야 할 레슨을 상기시켜 주고 있습니다. 지금 약속의 땅에 들어가 새로운 삶을 살아내야 할 광야에서 태어난 이스라엘 제2세대는 직접적으로 하나님을 경험하지 못한 사람들이 대부분이었습니다. 그들에게 약속의 땅을 정복하는 것 이상으로 중요한 것은 그 땅에 걸맞은 새로운 라이프 스타일이었습니다. 자, 이제 모세는 이스라엘 백성들이 그들의 자녀들에게 유산으로 남겨야 할 레슨을 가르치고자 한 것입니다. 그 유산으로 남겨져야 할 레슨은 무엇입니까?

1. 하나님께서 행하신 일을 기억하게 하라는 것입니다.

너희의 자녀는 알지도 못하고 보지도 못하였으나 너희가 오늘날 기억할 것은 너희의 하나님 여호와의 교훈과 그의 위엄과 그의 강한 손과 펴신 팔과 애굽에서 그 왕 바로와 그 전국에 행하신 이적과 기사와 또 여호와께서 애굽 군대와 그 말과 그 병거에 행하신 일 곧 그들이 너희를 뒤쫓을 때에 홍해 물로 그들을 덮어 멸하사 오늘까

지 이른 것과 또 너희가 이 곳에 이르기까지 광야에서 너희에게 행하신 일과.(신 11:2-5)

너희가 여호와께서 행하신 이 모든 큰 일을 너희의 눈으로 보았느니라.(신 11:7)

무슨 말씀입니까? 부모들은 보고 경험한 일, 그러나 자녀들은 경험 못한 하나님이 행하신 일들을 자녀들로 기억하게 하라는 것입니다. 기억은 과거의 유산을 미래의 자원으로 사용하게 하는 능력입니다. 그런 의미에서 지나온 역사의 자원을 발굴하고 보존하고 기억하는 것은 중요한 일입니다. 그러나 인간은 너무나 쉽게 기억해야 할 것을 망각하는 존재입니다. 그래서 시편 기자는 **"내 영혼아 여호와를 송축하며 그의 모든 은택을 잊지 말지어다"**(시 103:2)라고 말합니다.

이스라엘의 역사에서 그들이 바로에게 노예된 땅에서 자유하도록 하나님이 도우신 출애굽의 기적, 홍해를 가르시고 바다를 건너게 하신 기적, 광야의 배고픈 백성들을 위해 허락하신 만나의 기적, 반석에서 강수가 쏟아져 나온 생수의 기적을 잊지 않는다면 이스라엘은 하나님을 향한 감사와 찬송을 잊을 수 없는 백성이었습니다.

예수님은 당신의 제자들이 다른 것은 다 잊을지라도 그들을 새로운 존재로 만들 수 있었던 복음의 본질만은 기억하기를 원하셨습니다. 그래서 제자들과 마지막 만찬을 나누실 때 그들에게 떡을 건네시며 말씀하십니다. **"또 떡을 가져 감사 기도 하시고 떼어 그들에게 주시며 이르시되 이것은 너희를 위하여 주는 내 몸이라 너희가 이를 행하여 나를 기념하라**(기억하라) **하시고."**(눅 22:19) 바울 사도는 이렇게 말씀하십니다. **"너희가 이 떡을 먹으며 이 잔을 마실 때마다 주의 죽으심을 그가 오실 때까지 전하는 것이니라."**(고전 11:26) 성만찬(주의 만찬)은 예수님의 십자가의 죽으심의 의미를 잊지 않고 주의 백성들에게 전달하기 위해서 주님이 친히 교회에 남긴 의식이라고 할 수 있습니다. 오늘의 주의 백성들이 예수님의 십자가의 죽으심의 의미를 망각하는 그 날, 기독교는 그 순간 복음을 포기하고 존재의 의미를 상실한 껍데기만의 종교로 전락하는 것입니다. 예수님이 행하신 가장 위대한 일은 바로 그가 우리를 위해 자신의 목숨을 버려주신 사건이기 때문입니다.

우리 민족은 일제의 강점기 억압의 통치 중에서도 우리에게 복음과 자유를 주신 하나님의 은혜, 한반도에서의 북의 남침을 통해 폐허가 된 이 땅을 다시 신속하게 재건하게 하사 선진국의 문턱에 도달시켜 주신 하나님의 은혜, 그리고 짧은 선교 역사에서 이제 복음을 받은 민족에서 복음을 주는 민족으로 쓰임 받게 하신 하나님의 은혜의 역사를 기억하고 우리의 자녀들에게 얼마나 그것을 전하고 있을까요? 국경일을 단순한 휴일로 쉬는 대신 자녀들과 민족의 성지를 순례하며 하나님의 은혜를 가르치는 부모들은 얼마나 될까요? 아니 좁게는 우리 가정에서 우리 부모, 조부모를 통해 하나님이 우리 가정에 베푸신 하나님의 은혜를 우리는 우리의 자녀들에게 얼마나 기억하게 하고 있을까요?

2. 하나님의 모든 명령을 지키게 하라는 것입니다.

그런즉 네 하나님 여호와를 사랑하여 그가 주신 책무와 법도와 규례와 명령을 항상 지키라.(신 11:1)

그러므로 너희는 내가 오늘 너희에게 명하는 모든 명령을 지키라 그리하면 너희가 강성할 것이요 너희가 건너가 차지할 땅에 들어가서 그것을 차지할 것이며 또 여호와께서 너희의 조상들에게 맹세하여 그들과 그들의 후손에게 주리라고 하신 땅 곧 젖과 꿀이 흐르는 땅에서 너희의 날이 장구하리라.(신 11:8-9)

곧 하나님의 모든 명령을 지켜 행함이 약속의 땅에서의 성공과 행복의 길임을 가르치라는 것입니다. 그런데 그냥 가르치라는 데서 그치지 않고 지키게 하라고 말씀합니다. 여기 '지키라'는 단어는 히브리어에 '샤마르(shamar)'라는 단어로 누군가의 행동을 잘 주목하고 관찰하여 그것이 자기의 행동이 되도록 하라는 말입니다. 우리가 우리의 자녀들에게 어떤 교훈을 가르칠 때 그것이 부모의 삶으로 보여주는 가르침이어야 한다는 것입니다. 자녀들은 부모의 입술로 표현되는 말을 배우는 것이 아니라 그들의 행동을 본받는 것입니다.

그래서 신약에서 사도 바울도 자신을 따르는 제자들에게 단순히 그가 가르치는 바를 행하라고 하지 않습니다. "너희는 내게 배우고 받고 듣고 본 바를 행하라 그리하면 평강의 하나님이 너희와 함께 계시리라"(빌 4:9)라고 말씀합니다. 고린도전서 11장 1절에서의 바울의 말씀을 또한 기억해 보십시오. "내가 그리스도를 본받는 자가 된 것 같이 너희는 나를 본받는 자가 되라." 바울은 언제나 부모의 심정으로 본을 보이며 그의 제자들을 가르치고 있었던 것입니다. 여기 모세의 설교에서도 약속의 땅에 들어갈 세대들에게 그들이 부모의 교훈을 받는 자녀의 심정으로 모든 하나님의 명령을 지킬 것을 기대한 것입니다. 이것은 또한 우리 주 예수님의 마지막 명령의 정신과도 그대로 일치하지 않습니까? 마태복음 28장 20절의 말씀을 기억합시다. "내가 너희에게 분부한 모든 것을 가르쳐 지키게 하라 볼지어다 내가 세상 끝날까지 너희와 항상 함께 있으리라 하시니라."

3. 하나님의 눈을 주목하고 의지하게 하라는 것입니다.

본문 10-11절에 보면 모세는 이스라엘 백성들이 약속의 땅에 들어갈 때 과거 애굽과 다른 스타일의 삶을 살게 될 것을 말하고 있습니다. "네가 들어가 차지하려 하는 땅은 네가 나온 애굽 땅과 같지 아니하니 거기에서는 너희가 파종한 후에 발로 물 대기를 채소밭에 댐과 같이 하였거니와 너희가 건너가서 차지할 땅은 산과 골짜기가 있어서 하늘에서 내리는 비를 흡수하는 땅이요." 애굽 땅은 나일강을 중심으로 농업이 발달된 땅이어서 인간적인 부지런한 관개 관수의 노력에 의해 농사의 결과가 좌우되곤 했습니다. 그러나 지금 이스라엘이 들어가려는 약속의 땅은 산과 골짜기가 많아 하늘에서 내리는 비를 위시한 자연의 도움이 없이는 농사가 불가능한 땅이었던 것입니다. 그 말을 바꾸어 말하자면 하늘을 주관하시는 하나님의 도움을 의지 않고 살 수가 없던 땅이었고 그래서 훨씬 더 초자연적인 도움이 필요했던 땅이었던 것입니다. 그래서 매 순간 매 순간마다 하나님을 의지하지 않고는 그 땅의 농사가 불가능했던 것입니다.

이제 본문 12절에서 결정적으로 그 약속의 땅에서의 삶의 방식을 가르치고 있습니다. **"네 하나님 여호와께서 돌보아 주시는 땅이라 연초부터 연말까지 네 하나님 여호와의 눈이 항상 그 위에 있느니라."** 하나님께서 그 땅에서의 삶을 책임져 주실 것을 약속하시면서 그러나 그 백성들이 연초부터 연말까지, 다시 말하면 한 해의 삶이 다하도록 날마다 그들을 주목하시는 여호와 하나님에게 시선을 맞추고 살 수가 있겠느냐고 말씀하시는 것입니다.

한국인으로 한국 성도가 가장 좋아하는 복음 성가(찬미예수 1500)를 가장 다수 작곡한 이가 있다면 지금 충북 대청호반에서 농촌 살이 시험장을 하며 찬양 사역자들을 길러내는 최용덕 간사님일 것입니다. 그분은 과거 류마티스 관절염을 앓고 제대로 걷지도 못한 상황에서, 그리고 성대 결절로 목소리가 나오지 않은 수년의 세월을 지나면서도 로마서 8장 28절의 말씀을 붙들었다고 간증합니다. "우리가 알거니와 하나님을 사랑하는 자 곧 그의 **뜻대로 부르심을 입은 자들에게는 모든 것이 합력하여 선을 이루느니 라.**" 그랬더니 문자 그대로 그는 모든 것을 합력하여 선을 이루게 하시는 삶을 경험하게 되었다고 말합니다. 그분은 음악을 전공하신 분도 아니고 다만 하나님을 찬양하고픈 마음의 갈망이 찬양을 만들게 했다고 합니다. 그래서 그의 평생의 삶을 대표하는 간증 찬양 〈오 신실하신 주〉를 우리도 좋아하지 않습니까?

> 하나님 한 번도 나를 실망시킨 적 없으시고
> 언제나 공평과 은혜로 나를 지키셨네
> 오 신실하신 주 오 신실하신 주
> 내 너를 떠나지도 않으리라 내 너를 버리지도 않으리라
> 약속하셨던 주님 그 약속을 지키사
> 이후로도 영원토록 나를 지키시리라 확신하네
>
> 지나온 모든 세월들 돌아보아도
> 그 어느 것 하나 주의 손길 안 미친 것 전혀 없네
> …

그러나 제 인생의 가장 어두운 밤 그가 지은 찬양 중에 저에게 다가와 저를 일으켜준 찬송은 〈나의 등 뒤에서〉였습니다. 이 찬양은 몇 번이나 목회의 길에서 지쳐 모든 것을 포기하고 싶을 때마다 저를 다시 일으켜 세웠습니다.

> 나의 등 뒤에서 나를 도우시는 주
> 나의 인생길에서 지치고 곤하여
> 매일처럼 주저앉고 싶을 땐

나를 밀어주시네

일어나 걸어라 내가 새 힘을 주리니
일어나 너 걸어라 내 너를 도우리

어느 날 새벽 고민과 좌절 속에 최용덕 간사님이 밤을 새우며 "하나님, 저를 버리시나이까"하고 울부짖을 때 "네가 나를 등지고 떠나갈 때에도 나는 너에게서 눈길을 뗀 적이 없다"는 말씀을 듣고 이 찬송을 작곡하게 되었다고 합니다. 본문의 말씀의 약속처럼 그는 연초부터 연말까지 우리를 주목하시는 여호와이십니다. 그의 눈에 여러분의 시선을 맞추어 보십시오. 그리고 잔잔히 미소 짓는 그분의 미소를 보고 일어나십시오. 이 하나님의 눈을 주목하고 그 눈을 바라보는 한 우리 인생에 절망은 없습니다. 우리 자녀들도 이 하나님의 시선이 머무는 인생을 살게 하십시오.

CHAPTER 13
오늘 여기에서
내일 거기로 가는 사람들

● **신명기 12장 8-14절**

⁸우리가 오늘 여기에서는 각기 소견대로 하였거니와 너희가 거기에서는 그렇게 하지 말지니라 ⁹너희가 너희 하나님 여호와께서 주시는 안식과 기업에 아직은 이르지 못하였거니와 ¹⁰너희가 요단을 건너 너희 하나님 여호와께서 너희에게 기업으로 주시는 땅에 거주하게 될 때 또는 여호와께서 너희에게 너희 주위의 모든 대적을 이기게 하시고 너희에게 안식을 주사 너희를 평안히 거주하게 하실 때에 ¹¹너희는 너희의 하나님 여호와께서 자기 이름을 두시려고 택하실 그 곳으로 내가 명령하는 것을 모두 가지고 갈지니 곧 너희의 번제와 너희의 희생과 너희의 십일조와 너희 손의 거제와 너희가 여호와께 서원하는 모든 아름다운 서원물을 가져가고 ¹²너희와 너희의 자녀와 노비와 함께 너희의 하나님 여호와 앞에서 즐거워할 것이요 네 성중에 있는 레위인과도 그리할지니 레위인은 너희 중에 분깃이나 기업이 없음이니라 ¹³너는 삼가서 네게 보이는 아무 곳에서나 번제를 드리지 말고 ¹⁴오직 너희의 한 지파 중에 여호와께서 택하실 그 곳에서 번제를 드리고 또 내가 네게 명령하는 모든 것을 거기서 행할지니라

CHAPTER 13
오늘 여기에서
내일 거기로 가는 사람들

본문 8절에 보면 '여기에서'와 '거기에서' 두 개의 단어의 비교로 시작되고 있습니다. **"우리가 오늘 여기에서는 각기 소견대로 하였거니와 너희가 거기에서는 그렇게 하지 말지니라."** 여기가 어디입니까? 광야입니다. 지금 이스라엘 백성들은 모압 광야에서 약속의 땅 가나안을 바라보고 있습니다. 지금까지 이스라엘은 애굽 땅을 떠난 후 수르 광야, 시내 광야, 신 광야, 에돔 광야를 거쳐 모압 광야에 와 있게 된 것입니다. 거기는 모압 건너편, 요단 건너편에 펼쳐지고 있는 약속의 땅입니다. 광야 생활을 하면서 이스라엘은 끊임없이 이동하는 유목민의 삶을 살아왔습니다. 그들은 하나님의 임재를 상징하는 성막의 부속물을 마차에 싣고 이동하다가 구름이 머물면 하나님의 행진 중지의 신호로 알아듣고 성막을 중심으로 이스라엘 12지파가 진을 치고 사방으로 펼쳐져 한동안을 머물러 살다가 다시 구름이 떠오르면 광야를 행진하는 삶을 살아왔던 것입니다. 그런 그들이 이제 약속의 땅에 들어가면 하나님의 임재를 상징하는 성막이 아닌 성전을 짓고 안정된 성전 중심의 삶을 살게 될 것이었습니다.

광야를 행진할 때나 약속의 땅에 정착하여 살아갈 때나 주의 백성들이 주님을 중심으로 살아야 한다는 것은 동일했지만 광야에서 지속적인 이동의 삶을 살아가면서 하나님은 어느 정도 백성들이 자유롭게 행동하는 삶, 본문 8절의 '여기에서는 각기 소견대로' 사는 삶을 허용하신 듯합니다. 그러나 이제 정착의 삶을 시작하려는 즈음 하나님은 조금은 다른 스타일의 성숙한 삶을 요구하시고 계신 듯합니다. 거기에서는 그렇게 하지 말라고 말씀하십니다. 저는 지구촌교회를 개척하며 우리가 지나온 광야 생활을 회상하지 않을 수 없습니다. 수지 동천동 선경 스매트 건물에서의 일 년여 반의 개척 생활, 그러다가 일 년 반 후 분당 정자동 KFC 건물 지하에서의 몇 년의 지하 카타콤 시대, 그러다가 강남에서 오는 교인들의 예배의 편의를 위해 강남 YMCA와 정신여고 강당에서의 예배의 추억, 그러다가 다시 수지 현재 건물 신봉동에서의 건축 도상의 신학교를 교회로 바꾸고 수지 성전 시대를 열던 추억, 그러다가 마침내 분당 킴스클럽과 뉴코아 건물에 성전을 만들어 수지와 분당 두 날개 시대를 열던 추억, 그리고 경기대 예배. 문자 그대로 그 시절 우리는 광야 교회를 경험한 것이었습니다. 그리고 이제 우리는 수지를 재건축하는 느헤미야 프로젝트를 앞두고 있습니다. 나는 이런 시점의 지구촌교회 성도들의 자아상을 본문의 표현을 빌린다면 '오늘 여기에서 내일 저기로 가는 사람들'이라고 칭할 수 있을 것입니다.

그렇다면 저기 약속의 땅을 앞둔 우리를 향해 주께서 주시는 음성은 무엇일까요?

1. 안식과 기업을 약속한 주님의 계획을 신뢰하십시오.

약속의 땅은 어떤 곳일까요? 한마디로 안식과 기업의 땅입니다. **"너희가 너희 하나님 여호와께서 주시는 안식과 기업에 아직은 이르지 못하였거니와."**(신 12:9) 약속의 땅에 들어가면 그동안 광야에서 누리지 못한 안식을 누리게 될 것이고 약속의 땅에 들어가면 광야에서 얻지 못하던 기업의 분배를 받게 될 것을 말씀하고 있는 것입니다. 계속되는 10절의 말씀을 보겠습니다. **"너희가 요단을 건너 너희 하나님 여호와께서 너희에게 기업으로 주시는 땅에 거주하게 될 때 또는 여호와께서 너희에게 너희 주위의 모든 대적을 이기게 하시고 너희에게 안식을 주사 너희를 평안히 거주하게 하실 때에."** 주의 백성들이 마침내 안식과 평안을 누릴 때가 가까이 오고 있다는 것입니다. 그러나 이 말씀 속에는 그때까지 얼마간의 전쟁을 치르게 될 것과 거기에서 마침내 승리를 얻게 하실 것도 약속하고 계신 것입니다. 그러므로 지금까지의 광야의 행진은 마침내 누리게 될 안식과 마침내 누리게 될 평안을 위한 행진이었다는 것을 상기시켜 주시며 미래에 펼쳐질 그 비전의 약속을 신뢰하고 믿어야 할 것을 촉구하시고 있는 것입니다.

1960년대 우리나라에 처음으로 YFC, CCC, Navigator,

Joy 같은 학생운동이 소개되면서 이 땅의 젊은이들에게 복음을 설명하는 전도 메시지가 소책자로 소개 되었습니다. 아마도 가장 대표적인 것이 《하나님과의 평화》나 CCC의 《사영리》같은 것이었습니다. 제가 청년 시절 사영리 전도지 제1원리를 읽었을 때 가슴이 뛰었습니다. "전능하시며 살아계신 하나님은 당신을 사랑하십니다. 그분은 당신을 위하여 놀라운 계획을 갖고 계십니다." 그동안 사랑받지 못한 인생을 살아왔다고 생각한 나를 하나님이 사랑하신다고, 그리고 내 인생에서 변변치 못한 계획을 갖지 못하고 살아온 나를 위해 그가 놀라운 계획을 갖고 있다는 메시지 그 자체가 복음이었습니다. '하나님이 나를 사랑하시고 나를 위한 놀라운 계획을 갖고 계시다는 것,' 문자 그대로 굳 뉴스(Good News)였습니다. 애굽 땅에서 노예된 삶을 살고 있는 이스라엘 백성들에게 모세가 전한 메시지도 그런 것이었다고 생각합니다. 하나님이 약속의 땅에서 안식과 평화, 기업의 땅을 준비하고 계시다는 말씀이 복음이 아니었겠습니까? 그래서 그들은 애굽을 떠나 광야의 시련을 견디며 약속의 땅이 보이는 지점까지 걸어온 것입니다.

저는 지구촌교회를 개척하며 1993년 말 예수 그리스도의 원색적 복음을 전하는 교회, 그 복음으로 민족을 치유하고 세상을 변화시키는 교회의 비전을 선포하고 그동안 수지와 분당의 광야를 전전하며 우리 앞에 펼쳐질 복음의 약속, 참된 안식과 평화로 사람들을 치유하고 가정을 치유하고 민족과 세상을 치유하는 교회를 꿈꾸었습니다. 우리는 모두 꿈꾸는 사람들이었고 복음이 제공하는 부분적 안식과 평화를 체험하며 장차 우리에게 궁극적으로 허락하실 하나님 나라의 안식과 평화, 그 기업의 영광을 바라보며 걸어왔습니다. 그리고 우리는 이제 우리의 다음 세대들이 경험할 그 안식과 평화, 기업의 영광을 또한 함께 바라보는 지점에서 다시 한 번 우리의 미래를 인도하실 주님의 놀라우신 계획을 신뢰할 수 있느냐 묻고 있습니다.

2. 변치 않는 헌신과 서원의 삶을 사십시오.

"너희는 너희의 하나님 여호와께서 자기 이름을 두시려고 택하실 그 곳으로 내가 명령하는 것을 모두 가지고 갈지니 곧 너희의 번제와 너희의 희생과 너희의 십일조와 너희 손의 거제와 너희가 여호와께 서원하는 모든 아름다운 서원물을 가져가고."(신 12:11) 이제 이스라엘 백성들이 약속의 땅에 들어가면 보다 영구한 한 성전을 짓고 거기서 주께 헌신하고 주를 예배하는 삶을 살라는 것입니다. 물론 그동안 광야 생활을 하면서도 그들은 머무는 곳마다 성막을 세우고 예배의 삶을 살아왔습니다. 그러나 보다 영구하고 완벽한 성전을 짓게 되는 역사적 전환의 시대에 하나님은 보다 성숙한 헌신과 서원의 삶을 요구하시고 있는 것입니다. 그들이 안식할 만하고 편안한 시대가 되었다고 해서 헌신이 중단되어서는 안 된다는 것입니다. 공동체의 헌신이 중단되는 순간이야말로 공동체의 존재 의미를 상실하게 되기 때문입니다. 거기서 그들은 보다 아름다운 미래의 사명을 발견하고 아름다운 서원을 해야 하기 때문입니다.

그들이 그런 서원물을 성전으로 가지고 가서 해야 할 일에 대하여는 신명기 12장 28절에서 말씀하고 계십니다. **"내가 네게 명령하는 이 모든 말을 너는 듣고 지키라 네 하나님 여호와의 목전에 '선과 의를 행하면' 너와 네 후손에게 영구히 복이 있으리라."** 그렇습니다. 하나님이 이제 이 약속의 땅에서 맡겨주실 선한 일과 의로운 일이 있다는 것입니다. 그 사명의 수행을 위해 약속의 땅에 하나님이 주실 성전에서 지속적인 헌신과 서원을 드려야 한다는 것입니다. 본문에는 이 서원을 아름다운 서원이라고 말하고 있습니다. 우리가 성경에서 서원에 대한 말씀을 보면 성도들이 언제나 두 가지 극단적 반응을 하는 것을 볼 수 있습니다. 하나는 성경에 헛된 서원을 경고하는 말씀을 보면서 평생 한 번도 서원을 못해보고 신앙생활을 하는 이들이 있습니다. 그런가하면 성령이 우리 마음을 감동하실 때 하나님 일에 대한 아름다운 서원을 하고 그런 서원을 통해 아름다운 인생을 사는 이들이 있습니다.

저는 서원을 말할 때마다 생각나는 한 여 집사님이 계십니다. 제가 미국에서 이민 목회를 할 때 바로 이웃 교회에서 섬기던 분이십니다. 첫 번째 결혼에 실패하셨지만 밝고 명랑하게 아이들을 키우며 교회를 섬기고 계셨고 또 화가로서 그림도 열심히 그리면서 문화적 기여도 하고 계셨는데 어느 날 미국인과 재혼하신다는 소식이 들려 왔습니다. 부동산업을 하시는 분이었습니다. 워낙 혼자 고생을 하면서 사셔서 잘 되었다고 생각을 했습니다. 그런데 어느 날 남편이 주지사에 출마하겠다고 하셨다고 주변 분들에게 기도요청을 하시곤 했습니다. 일단은 남편을 말렸다고 합니다. 본래 정치하던 분도 아니고, 또 저희가 살던 메릴랜드 지역은 민주당후보가 당선되는 지역인데 공화당으로 나온다고 해서 가능성이 없다고 생각했고, 자기가 한국여자로 퍼스트레이디를 할 수 없다고 판단하신 것입니다. 그런데 남편의 뜻이 확고한 것을 보고 이 집사님이 서원을 하셨다고 합니다. 그렇다면 자기가 에스더가 되겠다고 남편이 하나님 나라를 위해 일하고 또 조국인 한국을 유익하게 하는 주지사가 된다면 기꺼이 에스더처럼 살겠다고, 그래서 그는 주지사로 당선되어 기독교적 정책을 수행하셨고 메릴랜드 한복판에 코리아타운을 만드시고 한국과의 교역을 왕성하게 여는 주지사로 두 번이나(8년) 주지사의 임무를 수행하고 금년 초에 영광스럽게 퇴임하셨습니다. 메릴랜드 래리 호건 전 지사와 김유미 집사님의 간증입니다. 나는 우리 교우 중에도 이런 담대한 서원으로 헌신하는 분들이 있기를 기도합니다.

3. 하나님 앞에 축제의 삶을 살아가십시오.

모세는 이제 광야를 떠나 약속의 땅에 들어가는 주의 백성들에게 한 가지 더 특별한 삶을 부탁합니다. "너희와 너희의 자녀와 노비와 함께 너희의 하나님 여호와 앞에서 즐거워할 것이요 네 성중에 있는 레위인과도 그리할지니 레위인은 너희 중에 분깃이나 기업이 없음이니라."(신 12:12) 이스라엘 모든 계층의 백성들(노비까지) 특히 기업을 분배받지 못하는 영적 지도자들도 즐겁게 함께 축제의 삶을 살아가도록 배려하라는 것입니다. 그들이 즐겁게 하나님의 일을 하면 그런 축제의 기쁨은 모든 백성들이 누리는 삶의 에너지가 될 것이라는 말씀입니다. 이런 정신은 신약에 와서도 변치 않는 주님의 부탁인 것을 아십니까? 히브리서 13장 17절의 말씀을 기억하십니까? "너희를 인도하는 자들에게 순종하고 복종하라 그들은 너희 영혼을 위하여 경성하기를 자신들이 청산할 자인 것 같이 하느니라 그들로 하여금 즐거움으로 이것을 하게 하고 근심으로 하게 하지 말라 그렇지 않으면 너희에게 유익이 없느니라."

　　제가 과거의 담임목회 시절을 추억하며 감사한 것은 목회의 모든 순간순간이 축제요 즐거움이었다는 것입니다. 저에게는 모든 성도들이 아름다운 추억의 대상일 뿐입니다. 우리는 함께 기뻐했고 함께 축제를 즐겼고 함께 꿈을 이루어 갔습니다. 주차할 공간이 없어 셔틀 버스로 성도들을 운반하면서도, 수지 성전의 초기 시절 진흙탕에 빠지며 교회를 오가면서도 우리는 찬양했고 감사했고 기뻐했습니다. 왜냐하면 우리에게 약속의 땅에 대한 기대가 있었기 때문입니다. 교회가 매년 천 명 이상의 영혼들을 구원하고 인도하던 눈부신 부흥의 계절, 우리는 청교도들의 모토를 되뇌곤 했습니다. "The best is yet to come!(최고의 순간은 아직 오지 않았다!)" 과거 미국인들은 월남 전쟁의 파도를 넘으며 스콜피온스(Scorpions)의 락으로 이 노래를 부르며 미래를 바라보았습니다.

The best is yet to come	최고의 순간은 아직 오지 않았어
I know, you know	너와 나 둘 다 알지
That we've only just begun	우리는 이제 시작뿐이라는 것을
Through the highs and lows	높은 곳 낮은 곳을 함께 겪어왔지
And how can I live without you	너 없이 내가 어떻게 살 수 있겠어
You're such a part of me	넌 나의 분신이야
And you've always been the one	언제나 그래 왔듯이
Keeping me forever young	넌 나를 젊게 만들어 줘
And the best is yet to come	아직 최고의 순간은 오지 않았어..
Na na na na	나 나 나 나
Don't look now, the best is yet	조금만 더 참아 최고의 순간은
to come	아직 오지 않았어
Na na na na	나 나 나 나
Take my hand, the best is yet	내 손을 잡아 줘 최고의 순간은
to come	아직 오지 않았어

우리가 다시 기도의 손을 잡고, 또 지나간 날 광야의 삶을 인도하신 그 주께서 다시 우리의 손을 잡아 주신다면 지구촌교회 최고의 순간은 아직 오지 않았음을 고백하고 바라봅시다. 그리고 주의 말씀은 우리 삶의 빛이요 등불임을 고백하십시오.

CHAPTER 14
이적과 기사, 어떻게 볼 것인가

12:32내가 너희에게 명령하는 이 모든 말을 너희는 지켜 행하고 그것에 가감하지 말지니라 13:1너희 중에 선지자나 꿈 꾸는 자가 일어나서 이적과 기사를 네게 보이고 2그가 네게 말한 그 이적과 기사가 이루어지고 너희가 알지 못하던 다른 신들을 우리가 따라 섬기자고 말할지라도 3너는 그 선지자나 꿈 꾸는 자의 말을 청종하지 말라 이는 너희의 하나님 여호와께서 너희가 마음을 다하고 뜻을 다하여 너희의 하나님 여호와를 사랑하는 여부를 알려 하사 너희를 시험하심이니라 4너희는 너희의 하나님 여호와를 따르며 그를 경외하며 그의 명령을 지키며 그의 목소리를 청종하며 그를 섬기며 그를 의지하며 5그런 선지자나 꿈 꾸는 자는 죽이라 이는 그가 너희에게 너희를 애굽 땅에서 인도하여 내시며 종 되었던 집에서 속량하신 너희의 하나님 여호와를 배반하게 하려 하며 너희의 하나님 여호와께서 네게 행하라 명령하신 도에서 너를 꾀어내려고 말하였음이라 너는 이같이 하여 너희 중에서 악을 제할지니라

CHAPTER 14
이적과 기사, 어떻게 볼 것인가

신앙생활의 여정에는 인간의 이성으로 설명이 불가능한 초자연적 현상들이 존재합니다. 이런 현상들을 신앙의 핵심처럼 추구하는 행태를 가르쳐 신비주의(Mysticism)라고 합니다. 기독교 신앙에는 많은 신비적이고 체험적 요소들이 있습니다. 이것들은 나름대로 중요성을 갖고 우리의 신앙에 도움을 제공합니다. 그러나 그럼에도 불구하고 소위 역사적 정통 기독교 신앙은 신비주의를 지양하고 계시된 말씀에 근거한 신앙을 추구해 왔습니다. 만일 우리가 우리의 신앙을 우리의 신비적인 체험에만 근거시킨다면 체험의 주관성에 따라 신앙은 흔들리고 신앙의 객관적 토대를 갖기 어려울 것입니다. 그래서 복음주의 신학자들은 기독교는 신비적 요소를 분명 내포하고 있어 신비적 종교라고 할 수 있지만 기독교가 신비주의는 아니라고 말합니다. 즉 우리가 경험한 신비한 현상보다 하나님께서 객관적으로 말씀하신 것이 더 중요하다고 말합니다. 그러므로 기독교는 신비주의 종교가 아닌 하나님의 말씀에 근거한 계시적 말씀의 교리를 믿는 종교라고 말합니다.

모세는 이스라엘 백성들이 약속의 땅 가나안에 들어갈 때에 그들이 다원주의적 우상숭배의 도전을 받게 될 것을 알고 이제 하나님의 경고의 말씀을 미리 전달하고자 하는 것입니다. 그리고 이런 도전은 소위 선지자들의 이름으로 혹은 꿈꾸는 자들의 이름으로 그들에게 다가와 이적과 기사를 보여주며 주의 백성들을 미혹할 것을 아신 것입니다. 여기 본문 13장 1절에 '이적과 기사'를 가리켜 영어로 'signs and wonders'라고 합니다. 성경 전체를 보면 이 단어는 때로는 긍정적으로 사용되기도 하고 때로는 부정적으로 사용되기도 합니다. 우리 시대에도 한때 오순절 성령운동을 사모하는 그리스도인들 중에 〈제3의 물결, The third wave〉이란 이름으로 표적과 기사를 통한 복음 전도를 'Power Evangelism(능력 전도)'라고 부르고, 이런 초자연적 현상을 사모하는 것이 바로 성령을 사모하는 것으로 주장하는 분들이 있었고 지금도 있습니다. 그렇다면 오늘 이 시대를 살아가는 그리스도인으로서 우리는 소위 이적과 기사를 어떻게 보는 것이 합당한 태도이겠습니까?

1. 이적과 기사를 너무 중시하지 말아야 합니다.

이미 말씀드린 것처럼 이적과 기사는 성경에 때로는 긍정적으로 때로는 부정적으로 증언되고 있습니다. 왜냐하면 이적과 기사는 하나님이 행하시는 일일 수도 있지만 마귀가 행하는 일일 수도 있기 때문입니다. 사실 마귀는 때로 적그리스도로 묘사되는데 그는 그리스도가 하는 일을 모방하려 합니다. 그래서 그리스도가 행하는 이적과 기사를 똑같이 모방합니다. 그러므로 어떤 집회에 혹은 어떤 교회에 이적과 기사가 많이 일어난다고 해서 그 집회 그 교회가 성령이 함께 하는 곳이라고 너무 쉽게 결론을 내려서는 안 된다는 것입니다. 사도행전 8장 7-8절에 보면 흥미로운 사건 하나가 소개됩니다. 전도자 빌립을 통해 사마리아 땅에 큰 부흥이 일어납니다. **"많은 사람에게 붙었던 더러운 귀신들이 크게 소리를 지르며 나가고 또 많은 중풍병자와 못 걷는 사람이 나으니 그 성에 큰 기쁨이 있더라"**라고 기록합니다. 그런데 바로 그다음 구절에 성경은 한 사람을 소개합니다. **"그 성에 시몬이라 하는 사람이 전부터 있어 마술을 행하여 사마리아 백성을 놀라게 하며 자칭 큰 자라 하니."**(행 8:9) 이어서 13절을 보시겠습니다. **"시몬도 믿고 세례(침례)를 받은 후에 전심으로 빌립을 따라다니며 그 나타나는 표적과 큰 능력을 보고 놀라니라."** 그래서 어떻게 합니까? **"시몬이 사도들의 안수로 성령 받는 것을 보고 돈을 드려 이르되 이 권능을 내게도 주어 누구든지 내가 안수하는 사람은 성령을 받게 하여 주소서 하니."**(행 8:18-19) 이런 시몬의 태도에서 영어의 'simony'라는 말이 생겨납니다. 돈으로 거룩한 것을 사려는 일종의 성직 매매를 일컫는 것입니다. 이런 시몬에 대하여 사도행전 8장을 계속 읽어 내려 가다 보면 베드로가 시몬을 엄중하게 꾸짖는 것을 볼 수 있습니다. 사도행전 8장 20절을 기억합시다. **"베드로가 이르되 네가 하나님의 선물을 돈 주고 살 줄로 생각하였으니 네 은과 네가 함께 망할지어다."** 왜 시몬이 그렇게 돈으로 하나님의 능력을 사려는 일을 시도했습니까? 눈으로 볼 수 있는 기적의 나타남이 이 마술사에게는 가장 큰 관심사였던 것입니다. 예수님이 산상수훈의 결론 부분인 마태복음 7장 22-23절에서 주신 경고가 기억나지 않으십니까?

> 그 날에 많은 사람이 나더러 이르되 주여 주여 우리가 주의 이름으로 선지자 노릇 하며 주의 이름으로 귀신을 쫓아 내며 주의 이름으로 많은 권능을 행하지 아니하였나이까 하리니 그 때에 내가 그들에게 밝히 말하되 내가 너희를 도무지 알지 못하니 불법을 행하는 자들아 내게서 떠나가라 하리라.

그러므로 이적과 기사를 중시함은 성경적 신앙이 아닙니다. 그런 맥락에서 신명기 13장 1-3절을 다시 읽어 보십시오. "너희 중에 선지자나 꿈 꾸는 자가 일어나서 이적과 기사를 네게 보이고 그가 네게 말한 그 이적과 기사가 이루어지고 너희가 알지 못하던 다른 신들을 우리가 따라 섬기자고 말할지라도 너는 그 선지자나 꿈 꾸는 자의 말을 청종하지 말라..." 그래서 이적과 기사를 너무 중시하지 말라는 것입니다. 이적과 기사 중심으로 신앙을 형성하려는 사람들이 소위 이단에 빠지고 거짓 신앙에 쉽게 미혹되는 것입니다. 하나님은 모세를 통하여 혹시 이스라엘 백성들이 가나안 땅에 들어가 이런 거짓 신앙에 미혹될 것을 미리 경고하시는 것입니다. 그래서 결론은 무엇입니까? 이적과 기사를 너무 중시하지 말라는 것입니다. 그러면 무엇을 더 중시해야 할까요?

2. 하나님 여호와를 사랑하는 것이 중요합니다.

왜, 무엇 때문에 우리 신앙의 길에 때로 이적과 기사 같은 것이 등장하여 우리 신앙을 혼란하게 하는 것일까요? 본문 3절이 그것을 가르치지 않습니까? **"너는 그 선지자나 꿈 꾸는 자의 말을 청종하지 말라 이는 너희의 하나님 여호와께서 너희가 마음을 다하고 뜻을 다하여 너희의 하나님 여호와를 사랑하는 여부를 알려 하사 너희를 시험하심이니라."** 많은 경우 이적과 기사는 시험일 수가 있다는 것입니다. 자, 내 눈앞에서 놀라운 기적이 일어났다고 합시다. 그것이 내게 무슨 의미 있는 영향을 끼칠 수 있단 말입니까? 우리도 이적과 기사를 행하는 마술사가 되란 말입니까? 아닙니다. 중요한 것은 우리의 삶의 구원자요 주인 되신 하나님을 사랑하는 일입니다. 그래서 다시 우리에게 명합니다. **"너희는 너희의 하나님 여호와를 따르며 그를 경외하며 그의 명령을 지키며 그의 목소리를 청종하며 그를 섬기며 그를 의지하며."**(신 13:4) 우리는 기적을 따라가는 사람들이 아니라 여호와 하나님을 사랑하고 따라가는 사람들이어야 한다는 것입니다.

모세가 이런 말씀을 설교하던 당시 약속의 땅 가나안에서는 바알 등의 우상숭배가 유행하고 있었고 바알을 섬기던 많은 선지자들이 있었는데 그들도 이적과 기사를 행하며 사람들의 마음을 훔치고 있었던 것입니다. 이스라엘 백성들이 영적 준비 없이 가나안 땅에 들어갔다가 그런 기적에 대한 호기심에 속아 하나님을 떠날 것을 경계할 필요가 있었던 것입니다.

그런 선지자나 꿈 꾸는 자는 죽이라 이는 그가 너희에게 너희를 애굽 땅에서 인도하여 내시며 종 되었던 집에서 속량하신 너희의 하나님 여호와를 배반하게 하려 하며 너희의 하나님 여호와께서 네게 행하라 명령하신 도에서 너를 꾀어내려고 말하였음이라 너는 이같이 하여 너희 중에서 악을 제할지니라.(신 13:5)

이스라엘 백성이 그들의 역사에서 경험한 기적 중에 가장 위대하고 놀라운 일이 있었다면 애굽 땅의 바로에게 노예 되었던 자리에서 구원받은 일입니다. 그런데 그렇게 그들이 구원을 경험하게 하신 하나님을 가나안 땅의 선지자들의 마술 같은 기적을 보고 떠난다면 말도 안 되는 악이 될 것입니다. 그런데 오늘날도 우리를 죄에서 구원하신 십자가의 기적보다 더 놀라운 기적이 있겠습니까? 그런데 병을 고치는 등의 작은 기적이 일어난다고 해서 복음의 하나님, 구원의 하나님을 떠나는 성도들이 없지 않아 존재하고 있지 않습니까?

우리 신앙에서 가장 중요한 일은 우리를 구원하신 하나님을 지속적으로 사랑하는 일입니다. 그러므로 이적과 기사보다 더 중시할 것은 무엇입니까?

3. 하나님을 사랑하게 하는 말씀을 중시하십시오.

본문은 신명기 13장입니다. 그런데 12장에서 마지막으로 주신 신명기 12장 32절이야말로 13장의 말씀의 중요한 전제가 되는 것입니다. **"내가 너희에게 명령하는 이 모든 말을 너희는 지켜 행하고 그것에 가감하지 말지니라."** 이미 주신 말씀만으로도 주의 백성들에게는 신앙생활을 영위할만한 충분한 계시의 말씀이라는 것입니다. 그 말씀을 붙들고 살면 되는 것이지 다른 선지자들을 통한 또 다른 계시의 말씀이 필요했던 것은 아닙니다. 물론 새 언약의 필요를 아는 오늘의 성도들의 관점에서는 옛 언약이 기다리던 구속자 예수 그리스도에 대한 증언은 유일하게 더해져야 할 말씀이었습니다. 히브리서 10장 1절을 보십시오. **"율법은 장차 올 좋은 일의 그림자일 뿐이요 참 형상이 아니므로 해마다 늘 드리는 같은 제사로는 나아오는 자들을 언제나 온전하게 할 수 없느니라."** 이제 새 언약의 절정인 히브리서 10장 12절과 14절의 말씀을 보십시오. **"오직 그리스도는 죄를 위하여 한 영원한 제사를 드리시고 하나님 우편에 앉으사, 그가 거룩하게 된 자들을 한 번의 제사로 영원히 온전하게 하셨느니라."** 이제 십자가의 그리스도의 구속의 제사로 모든 옛 언약은 완성된 것이고 우리에게 더 이상의 계시는 불필요하게 된 것입니다.

신약의 마지막 예언 요한계시록 22장 18-19절을 보겠습니다.

내가 이 두루마리의 예언의 말씀을 듣는 모든 사람에게 증언하노니 만일 누구든지 이것들 외에 더하면 하나님이 이 두루마리에 기록된 재앙들을 그에게 더하실 것이요 만일 누구든지 이 두루마리의 예언의 말씀에서 제하여 버리면 하나님이 이 두루마리에 기록된

생명나무와 및 거룩한 성에 참여함을 제하여 버리시리라.

이제 정말 더할 수도 제할 수도 없는 이 말씀만 붙들고 충분히 우리는 믿음의 길을 갈 수 있게 된 것입니다. 이제 다른 기적적 계시가 없어도 구약과 신약, 말씀만으로 우리는 하나님을 사랑하고 하나님을 섬길 수 있게 된 것입니다. 종교개혁 당시 가톨릭 신학자들 중에 개혁자들에게 당신들의 개혁이 참이라면 당신들이 하는 일을 증명하는 기적이 따라 주어야 하는 것이 아니냐고 질문한 이가 있었습니다. 그때 칼빈은 이런 대답을 했다고 합니다. "우리는 새로운 복음을 말하는 것이 아니라 이미 사도들이 전한 처음 복음을 전하는 것뿐이고, 처음 복음이 전해질 때 필요한 기적들은 충분하게 있었습니다. 우리는 이 복음과 이 말씀만으로 충분합니다"라고 말한 것으로 전해집니다.

최근 미국과 전 세계 복음주의자들에게 존경받던 팀 켈러 목사님이 세상을 떠나셨습니다. 그런데 또 다른 복음주의 지도자 존 파이퍼 목사님이 팀 켈러 목사님과 마지막으로 나눈 이메일 인사를 공개하셨습니다. 팀 켈러는 존 파이퍼 목사님에게 자신의 죽음을 앞두고 가장 자신에게 위로가 된 말씀은 예수님이 제자들을 둘씩 짝을 지어 전도하러 내보내시고 이제 그들이 돌아와 전도 보고를 하는 장면의 말씀이었다고 하셨다고 합니다. 누가복음 10장에 보면 어떤 제자들은 전도할 때 주의 이름으로 귀신들도 항복한 것을 특히 보고했습니다. 다시 말하면 전도하다가 병자를 위해 기도할 때 병자가 치유 받고 귀신들린 자들이 쫓겨나는 소위 이적들과 기사를 언급한 것입니다. 그런데 그때 20절에서 예수께서 하신 말씀이 특히 임종을 앞둔 팀 켈러 목사님에게 위로가 되었다는 것입니다. 예수께서 뭐라고 하셨나요? **"그러나 귀신들이 너희에게 항복하는 것으로 기뻐하지 말고 너희 이름이 하늘에 기록된 것으로 기뻐하라 하시니라."** 표적과 기사가 위로가 된 것이 아니라, 하나님이 내 이름을 아시고 내 이름을 하늘나라에 기록하셨다는 사실이 위로가 된 것입니다. 죽음 앞에서 누구나 기적을 바랍니다. 그러나 이 위대한 영혼 팀 켈러는 하나님이 자신을 기억하시고 자신의 이름을 생명책에 기록하셨다는 놀라운 하나님의 사랑을 기억하고 그 말씀으로 위로를 받았다는 것입니다. 그러므로 우리가 그 무엇보다 중시할 것은 하나님의 말씀입니다. 이 말씀만으로 충분합니다. 우리 모두 그렇게 고백할 수 있기를 축복합니다. 이적과 기사를 중심으로 신앙을 형성하려는 미혹에 빠지지 말고 오직 말씀을 붙듭시다. 개혁자들이 오직 성경(Sola Scriptura)! 이라고 한 것처럼, 하나님만을 높이고 하나님만을 사랑하는 하나님의 백성이 될 수 있기를 구합시다.

CHAPTER 15
신약 성도의
십일조 정신과 실천

²²너는 마땅히 매 년 토지 소산의 십일조를 드릴 것이며 ²³네 하나님 여호와 앞 곧 여호와께서 그의 이름을 두시려고 택하신 곳에서 네 곡식과 포도주와 기름의 십일조를 먹으며 또 네 소와 양의 처음 난 것을 먹고 네 하나님 여호와 경외하기를 항상 배울 것이니라 ²⁴그러나 네 하나님 여호와께서 자기의 이름을 두시려고 택하신 곳이 네게서 너무 멀고 행로가 어려워서 네 하나님 여호와께서 그 풍부히 주신 것을 가지고 갈 수 없거든 ²⁵그것을 돈으로 바꾸어 그 돈을 싸 가지고 네 하나님 여호와께서 택하신 곳으로 가서 ²⁶네 마음에 원하는 모든 것을 그 돈으로 사되 소나 양이나 포도주나 독주 등 네 마음에 원하는 모든 것을 구하고 거기 네 하나님 여호와 앞에서 너와 네 권속이 함께 먹고 즐거워할 것이며 ²⁷네 성읍에 거주하는 레위인은 너희 중에 분깃이나 기업이 없는 자이니 또한 저버리지 말지니라 ²⁸매 삼 년 끝에 그 해 소산의 십분의 일을 다 내어 네 성읍에 저축하여 ²⁹너희 중에 분깃이나 기업이 없는 레위인과 네 성중에 거류하는 객과 및 고아와 과부들이 와서 먹고 배부르게 하라 그리하면 네 하나님 여호와께서 네 손으로 하는 범사에 네게 복을 주시리라

CHAPTER 15
신약 성도의 십일조 정신과 실천

십일조란 말은 오늘날 신앙생활을 하는 성도들에게 두 가지 매우 상반된 반응을 불러일으키고 있는 듯합니다. 우선 십일조를 구약이나 신약을 막론하고 변함없는 헌금의 대표적 양식으로 이해하고 묵묵히 실천하는 성도들이 적지 않게 있다는 사실입니다. 이들이 한국 교회를 떠받치고 있는 보석과 같은 존재들입니다. 2017년에 발표된 〈한국 교회 재정분석〉에 나타난 통계에 의하면 한국 교회 교우들의 전체 헌금에서 십일조 헌금은 약 52%로 한국 교회 성도들의 약 절반이 십일조 명목으로 헌금을 드리고 있는 것으로 보입니다. 그러므로 십일조 헌금을 드리지 않는 성도들의 경우에는 아마도 신약 시대를 사는 이들에게 구약의 십일조는 반드시 그대로 적용되거나 실천될 필요가 없는 것으로 판단하고 있는 것으로 보입니다. 그러나 그렇더라도 교회에 성도로 등록하고 믿음 생활을 하는 이들은 각자 나름대로의 헌금관을 가지고 헌금 생활을 하고 있는 것이 사실입니다.

그리고 같은 통계에 교회 헌금이 사용된 내역을 살펴보면 교회 공동체 유지 운영비에 가장 많은 38%, 다음이 인건비(교역

자와 사역자 사례비 등)에 30%, 이 상위 두 가지를 합하면 약 68%, 거의 70%가 공동체 유지와 사례비로 사용되고 있었습니다. 그리고 그 나머지 30%에서 선교 교육비, 장학 구제비 등이 쓰이고 있는 것으로 나타나 있습니다. 그러나 이 비율은 각각의 교회의 목회 철학에 따라 큰 편차를 나타내고 있었습니다. 교회의 사명을 강조하고 밖으로의 영향을 강조하는 교회일수록 교회 예산의 절반에 가까운 재정이 선교, 교육과 구제에 사용되는 경향을 보이고 있었습니다. 그리고 이런 통계에서 우리가 최근에 유념해야 할 한 가지는 개신교인 10명 중 3명 그러니까 약 30%는 과거 교회 생활을 하다가 지금은 소위 가나안 교인으로 교회 출석을 하지 않고 있는 것으로 나타납니다.

이런 시대를 살아가고 있는 개신교 신약 시대 그리스도인으로서 우리는 본문의 모세가 설교하는 십일조를 어떻게 이해하고 어떻게 실천하는 것이 올바른 일일까요?

1. 구약 성도의 십일조 정신과 실천

이번 장의 제목은 신약 성도의 십일조 정신과 실천입니다. 그러나 이 주제의 답을 찾기 위해서는 먼저 구약 성도의 십일조 정신과 실천을 알아야 할 것입니다. 본문에서 모세가 약속의 땅 입성을 앞두고 있는 주의 백성들에게 그것을 가르치고 있는 것입니다. 우선 결론적으로 말씀을 먼저 드리자면 구약 시대에 십일조는 율법을 따른 하나님의 백성들의 의무였다는 사실입니다. 본문이 시작되는 신명기 14장 22절을 먼저 보겠습니다. **"너는 마땅히 매 년 토지 소산의 십일조를 드릴 것이며."** 여기 '마땅히'라는 단어가 구약 시대에는 십일조가 토론의 여지가 없는 주의 백성들의 의무임을 시사하고 있지 않습니까? 그런데 이제 본문에 이어지는 교훈을 따라가 보면 구약 시대에는 세 가지 유형의 다른 십일조들이 드려지고 있었음을 알게 됩니다. 그래서 실제로는 구약의 백성들이 수입의 십분의 일만이 아닌 그보다 훨씬 더 많은 헌금을 드린 것입니다.

1) 교제의 십일조 혹은 축제의 십일조(회식의 십일조)

"네 하나님 여호와 앞 곧 여호와께서 그의 이름을 두시려고 택하신 곳에서 네 곡식과 포도주와 기름의 십일조를 먹으며 또 네 소와 양의 처음 난 것을 먹고 네 하나님 여호와 경외하기를 항상 배울 것이니라."(신 14:23) 성전에서 성도의 코이노니아, 곧 교제를 위해 십일조를 사용하며 여호와 경외하기를 힘써야 한다고 말합니다. 성전에서의 백성들의 교제와 교육을 위해 사용되어야 한다는 것입니다. 그런데 곡식 같은 것을 가지고, 그 십일조를 성전까지 가지고 가는 것의 불편을 느끼게 되자 돈으로 바꾸어 가게 됩니다. 그것이 24-25절의 말씀입니다. **"그러나 네 하나님 여호와께서 자기의 이름을 두시려고 택하신 곳이 네게서 너무 멀고 행로가 어려워서 네 하나님 여호와께서 그 풍부히 주신 것을 가지고 갈 수 없거**

든 그것을 돈으로 바꾸어 그 돈을 싸 가지고 네 하나님 여호와께서 택하신 곳으로 가서." 다음 이어지는 26절에 보면 성전에 도착하는 대로 그 돈으로 헌금할 제물과 식구들이 교제할 음식을 구하여 **"거기 네 하나님 여호와 앞에서 너와 네 권속이 함께 먹고 즐거워할 것이며"**라고 했습니다.

그래서 이 첫째 십일조로 구약 성도들은 성전에서 함께 회식하고 교제하는 데 사용한 것입니다. 물론 먹기만 한 것이 아니라, 성전에서 혹은 성전 근처에서 축제의 기간을 머물며 말씀으로 교육받는 일에도 그 십일조를 사용한 것입니다. 그래서 이 십일조는 축제의 십일조 혹은 교제의 십일조로 부른 것입니다. 이것은 신약 시대 사도행전에서 그 정신이 그대로 유지되고 있음을 보게 됩니다. 사도행전에 나타난 초대교회 교제의 방식을 보십시오. **"그들이 사도의 가르침을 받아 서로 교제하고 떡을 떼며 오로지 기도하기를 힘쓰니라."**(행 2:42) 어디에서 그렇게 했습니까? 성전과 집에서 했다고 했습니다. 그런 비용을 어떻게 감당했을까요? 당연하게 그들은 드려진 헌금으로 감당한 것입니다. 이런 경우를 신약 시대에 적용된 십일조 정신이라고 할 것입니다.

2) 레위인 지원 십일조

"네 성읍에 거주하는 레위인은 너희 중에 분깃이나 기업이 없는 자

이니 또한 저버리지 말지니라."(신 14:27) 민수기 18장 21절의 말씀을 상기합시다. "내가 이스라엘의 십일조를 레위 자손에게 기업으로 다 주어서 그들이 하는 일 곧 회막에서 하는 일을 갚나니." 그들이 하나님께 제사하고 예배하는 일을 풀타임으로 섬기는 레위인들에게 이 십일조가 사용되도록 하신 것을 볼 수 있습니다. 어떤 학자들은 이 십일조가 본래 십일조에 포함되어 있었다고 보기도 하고 어떤 학자들은 별도의 십일조로 이것을 둘째 십일조로 부르기도 합니다. 여하튼 하나님의 사역을 풀타임으로 섬기는 사람들이 경제생활을 걱정 않고 사역에 전념하게 한 것이 하나님의 의도임을 알 수가 있습니다. 그런데 이런 십일조 정신은 신약에도 이어지지 않습니까? "성전의 일을 하는 이들은 성전에서 나는 것을 먹으며 제단에서 섬기는 이들은 제단과 함께 나누는 것을 너희가 알지 못하느냐 이와 같이 주께서도 복음 전하는 자들이 복음으로 말미암아 살리라 명하셨느니라."(고전 9:13-14) 바울 사도도 헌금이 풀타임으로 복음을 전하는 사역자들을 위해 사용되는 것을 당연하게 가르친 것입니다.

3) 구제의 십일조

"매 삼 년 끝에 그 해 소산의 십분의 일을 다 내어 네 성읍에 저축하여 너희 중에 분깃이나 기업이 없는 레위인과 네 성중에 거류하는 객과 및 고아와 과부들이 와서 먹고 배부르게 하라 그리하면 네 하나님 여호와께서 네 손으로 하는 범사에 네게 복을 주시리라."(신 14:28-29)

성경학자들은 이 십일조는 별도로 드려지거나 사용된 것이 아니라, 레위인을 위한 십일조에서 사용되었다는 견해를 주장하고 있기도 하지만, 본문 28절에 매 삼 년 끝에 드린 것으로 보아 적지 않은 성경학자들은 추가적 십일조로 보는 견해를 보다 타당하게 주장하고 있습니다. 그리고 이 세 번째 십일조는 소위 사회적 약자들을 돌보기 위한 하나님의 마음을 보여주는 헌금이라고 할 수 있습니다. 그리고 이런 구제의 정신은 신약 시대의 헌금 정신으로 이어지게 됩니다. 사도행전 6장에 보면 예루살렘 교회가 구제 문제로 교회 내 갈등이 생길 정도로 이를 교회의 의무로 이행하고 있었음을 알 수 있습니다. 바울 사도는 갈라디아서 2장에서 그가 회심한 후 예루살렘에 올라가 야고보, 베드로(게바)와 요한, 바나바와 선교를 위한 협력을 의논한 후에 이런 고백을 남깁니다. **"다만 우리에게 가난한 자들을 기억하도록 부탁하였으니 이것은 나도 본래부터 힘써 행하여 왔노라."**(갈 2:10) 선교와 구제가 초대교회의 일상이었음을 알게 하는 장면입니다. 그렇다면 이제 우리는 이런 구약 성도들의 십일조 정신과 실천을 성찰하면서 오늘의 신약 성도들의 십일조 정신과 실천의 해답을 찾아야 합니다.

2. 신약 성도의 십일조 정신과 실천

구약에서 신약에로의 가장 큰 전환의 초점은 무엇입니까? 그것은 우리가 더 이상 구약의 율법 아래에 있지 않다는 것입니다. 물론 그것은 구약의 율법이 더 이상 필요 없게 되었다는 의미는 아닙니다. 구약 율법의 정신은 신약 시대에도 존중되어야 합니다. 우리는 무율법주의자들이 아니라고 고백합니다. 그러나 분명한 것은 우리는 더 이상 율법의 법적 지배 아래에 있는 것은 아니라는 것입니다. **"죄가 너희를 주장하지 못하리니 이는 너희가 법 아래에 있지 아니하고 은혜 아래에 있음이라."**(롬 6:14) 여기서 우리는 더 이상 율법 아래 있지 않고 은혜 아래 있다고 말합니다. 이것이 사실이라면 신약 성도들은 구약의 율법에 구속되지 않는 이들이며 따라서 지금 신약 시대에 사는 우리가 십일조 안 드린다고 율법에 따라 형벌을 받거나 저주받지는 않는다는 것입니다. 또 따라서 십일조 드린다고 구약 율법의 선언처럼 하늘에서 복이 쏟아져 내리는 것도 아니라는 것입니다.

그렇다면 십일조 제도를 없애면 되지 왜 지금도 십일조를 말해야 합니까? 예수님 때문입니다. 신약 시대를 여신 예수님의 증언을 들어보십시오. **"화 있을진저 외식하는 서기관들과 바리새인들이여 너희가 박하와 회향과 근채의 십일조는 드리되 율법의 더 중한 바 정의와 긍휼과 믿음은 버렸도다 그러나 이것도 행하고 저것도 버리지 말아야 할지니라."**(마 23:23) 율법의 정신을 의미 있게 취한다면 십일조를 버릴 필요가 없다는 것입니다. 그렇다면 구체적으로 신약 성도들의 십일조는 어떤 의미를 가지는 것입니까? 그것은 더 이상 우리를 구속하는 율법이 아니고 은혜 정신에 근거한 가이드라인이어야 한다는 것입니다.

여러분, 신약의 핵심 정신인 은혜의 뜻이 무엇입니까? 은혜 (Grace)는 '받을 자격이 없는 사람에게도 베풀어지는 일방적 사랑 혹은 호의'라는 의미입니다. 우리 신약 성도들은 십자가의 은혜로 값없이 구원받고 죄 사함 받은 사람들입니다. 그리고 이제 그 은혜에 빚진 자들이 된 것입니다. 우리가 고린도후서 8-9장을 읽어보면 신약적 헌금의 원리들을 배울 수가 있습니다. 우선 고린도후서 8장 1-2절을 보십시오. **"형제들아 하나님께서 마게도냐 교회들에게 주신 은혜를 우리가 너희에게 알리노니 환난의 많은 시련 가운데서 그들의 넘치는 기쁨과 극심한 가난이 그들의 풍성한 연보를 넘치도록 하게 하였느니라."** 마게도냐 성도들이 당시 예루살렘 지역 성도들이 기근으로 큰 어려움에 직면했다는 소식을 접하고 헌금을 하게 되었을 때 그들은 자신들도 경제적 어려움 가운데 있으면서도 풍성하게 연보를 드린 것을 가리켜 마게도냐 성도들의 은혜의 응답이라고 말한 것입니다. 이제 그다음 3절을 보십시오. **"내가 증언하노니 그들이 힘대로 할 뿐 아니라 힘에 지나도록 자원하여."** 물질적 헌신을 했다는 것입니다.

이제 고린도후서 8장 8절을 보십시오. **"내가 명령으로 하는 말이 아니요 오직 다른 이들의 간절함을 가지고 너희의 사랑의 진실함을 증명하고자 함이로라."** 더 이상 헌금은 율법에 근거한 명령이 아니라는 것입니다. 그리고 이제 신약적 헌금의 원리는 그리스도께서 보여주신 은혜에 근거한 것임을 다음 9절로 확인해 보십시오. **"우리 주 예수 그리스도의 은혜를 너희가 알거니와 부요하신 이**

로서 너희를 위하여 가난하게 되심은 그의 가난함으로 말미암아 너희를 부요하게 하려 하심이라." 하늘과 땅의 모든 것을 가지신 주 예수님이 저와 여러분을 구원하시고자 십자가에서 모든 것을 자신의 생명까지도 내어주시고 가난하게 되셨다면 여러분과 저는 무엇으로 이 은혜에 응답하시겠습니까? 십분의 일이 문제이겠습니까? 이 은혜를 알고 경험하고 사는 자로서 우리는 그 은혜에 응답해야 합니다. 은혜에 빚진 자로서 응답하며 사는 것, 그것이 바로 신약적 은혜를 따라 드리는 헌금의 정신인 것입니다. 이제 고린도후서 9장 7-8절을 봅시다. "각각 그 마음에 정한 대로 할 것이요 인색함으로나 억지로 하지 말지니 하나님은 즐겨 내는 자를 사랑하시느니라 하나님이 능히 모든 은혜를 너희에게 넘치게 하시나니 이는 너희로 모든 일에 항상 모든 것이 넉넉하여 모든 착한 일을 넘치게 하게 하려 하심이라." 그렇다면 결론은 명확합니다. 신약 성도의 헌금 원리는 구약의 율법을 넘어서는 감사의 헌신이어야 한다는 것입니다. 율법에 따른 의무로 과거에 주의 백성들이 십일조를 드렸다면 은혜에 빚진 우리에게 십일조는 최소한의 응답일 것입니다. 모든 것을 내어주신 주님께 우리가 드릴 최선의 헌신을 고민하는 자리, 거기에서 신약의 헌금 정신은 출발하는 것입니다.

CHAPTER 16
빛에서 자유한 자

● **신명기 15장 1-2절, 12-18절**

¹매 칠 년 끝에는 면제하라 ²면제의 규례는 이러하니라 그의 이웃에게 꾸어준 모든 채주는 그것을 면제하고 그의 이웃에게나 그 형제에게 독촉하지 말지니 이는 여호와를 위하여 면제를 선포하였음이라

¹²네 동족 히브리 남자나 히브리 여자가 네게 팔렸다 하자 만일 여섯 해 동안 너를 섬겼거든 일곱째 해에 너는 그를 놓아 자유롭게 할 것이요 ¹³그를 놓아 자유하게 할 때에는 빈 손으로 가게 하지 말고 ¹⁴네 양 무리 중에서와 타작 마당에서와 포도주 틀에서 그에게 후히 줄지니 곧 네 하나님 여호와께서 네게 복을 주신 대로 그에게 줄지니라 ¹⁵너는 애굽 땅에서 종 되었던 것과 네 하나님 여호와께서 너를 속량하셨음을 기억하라 그것으로 말미암아 내가 오늘 이같이 네게 명령하노라 ¹⁶종이 만일 너와 네 집을 사랑하므로 너와 동거하기를 좋게 여겨 네게 향하여 내가 주인을 떠나지 아니하겠노라 하거든 ¹⁷송곳을 가져다가 그의 귀를 문에 대고 뚫으라 그리하면 그가 영구히 네 종이 되리라 네 여종에게도 그같이 할지니라 ¹⁸그가 여섯 해 동안에 품꾼의 삯의 배나 받을 만큼 너를 섬겼은즉 너는 그를 놓아 자유하게 하기를 어렵게 여기지 말라 그리하면 네 하나님 여호와께서 네 범사에 네게 복을 주시리라

CHAPTER 16
빚에서 자유한 자

빚지고 고생해 보신 일이 있으십니까? 제 인생의 젊은 날에 저의 부친이 사업에 실패하고 행방불명되셔서 한동안 가정교사 하며 생존을 이어가던 일, 그리고 결혼 후에도 거의 10년까지 부친의 빚을 갚아오다가 한 지인의 도움으로 '빚잔치'라는 것을 하고 비로소 오랜 빚의 사슬에서 헤어난 기억이 있습니다. 그래 서 아무리 삶이 어려워도 빚지고는 안 살겠다는 결심을 청년 시 기부터 한 일이 있었습니다. 현대의 우리의 삶은 여러 가지로 빚을 안 지고 못 살게 하는 경제적 구조를 갖고 있습니다만 저 는 심지어 카드빚도 유의하지 않으면 안 된다는 강박 관념을 갖 고 살게 되었습니다. 빚은 인간을 노예화하고 우리에게서 삶의 자유를 빼앗아 가기 때문입니다. 갚을 수 없는 빚의 사슬 속에 있을 때 우리는 미래의 창의적 설계를 하기 어려워집니다. 하루 하루 채권자의 눈치를 보며 생존을 이어가는 꿈이 없는 비참한 인생을 살아가게 됩니다. 그런 우리를 빚에서 벗어나도록 돕는 사람이 있다면 정말 잊을 수 없는 은인이라 할 것입니다.

그래서 구약성경에 보면 이웃을 향한 최고의 사랑을 베푸는 사람을 가르쳐 '고엘(Go'el)'이라고 합니다. 우리말 번역 성경에는

'기업 무를 자'로 되어있습니다. 다른 말로 하면 누군가의 빚을 갚아주고 잃어버린 권리를 되찾아 주는 사람입니다. '기업 회복자'라고 할 수 있습니다. 그런데 이 단어가 다른 표현으로는 '구속자(Redeemer)'라고도 쓰이게 됩니다. 문자 그대로 하면 '대가를 대신 지불하고 자유하게 하는 자'라는 의미입니다. 놀랍게도 신약은 예수님이 바로 우리의 구속자라고 선포하십니다. 우리의 죄의 빚을 대신 청산하시고 우리에게 참된 자유를 주시는 분이십니다. 죄에 관한 한 예수님 외에 누구도 우리의 구속자가 되실 수 없습니다. 그러나 우리 주변에 빚을 지고 고생하는 어떤 사람들을 도울 때 우리는 이 시대의 작은 고엘, 혹은 작은 구속자의 역할을 하는 것이라고 할 수 있습니다. 이 고엘의 정신을 보다 잘 이해하기 위해서 본문으로 돌아가 생각해 보겠습니다.

본문 1-2절에는 7년이 지나 안식년이 되면 우리의 빚을 면제하는 면제년 제도가 있었음을 기록합니다. **"매 칠 년 끝에는 면제하라 면제의 규례는 이러하니라 그의 이웃에게 꾸어준 모든 채주는 그것을 면제하고 그의 이웃에게나 그 형제에게 독촉하지 말지니 이는 여호와를 위하여 면제를 선포하였음이라."** 이런 면제의 은혜는 이제 본문 12-17절에 보면 어떤 사람이 빚으로 인하여 누군가의 종이 되었을 때에도 7년이 되면 그를 종의 속박에서 놓아주어 자유하게 하는 제도로 선포됩니다. 그렇게 해야 할 이유로 하나님이 우리를 일찍이 속량하신 때문이라고 말합니다. **"너는 애굽 땅에서 종 되었던 것과 네 하나님 여호와께서 너를 속량(redeemed)**

하셨음을 기억하라 그것으로 말미암아 내가 오늘 이같이 네게 명령하노라."(신 15:15) 하나님이 구속자, 곧 고엘이심을 선포하는 것입니다. 그렇다면 이 제도를 통해 우리가 누군가를 빚에서 자유하게 한다는 의미는 도대체 무엇입니까?

한 사람이 빚에서 자유하게 된다는 의미는 무엇입니까?

1. 마음의 안식을 누리고 살게 된다는 것입니다.

본문 1-2절에 면제의 규례를 말씀하시며 하나님은 이제 채무자들에게 **"독촉하지 말지니 이는 여호와를 위하여 면제를 선포하였음이라"**라고 하십니다. 이제 그들이 그 빚으로 마음의 부담을 더 이상 느끼지 않고 마음의 안식을 선물해야 한다는 것입니다. 빚을 떠안고 사는 사람들에게 가장 큰 고통은 마음의 평화를 잃고 산다는 것입니다. 그들의 마음이 쉬지 못합니다. 우리는 이런 면제 제도가 안식년 제도의 한 원칙으로 실시되고 있었음을 잊지 말아야 합니다. 안식년에는 모든 사람, 모든 이웃(종들도 포함), 그리고 심지어 땅까지도 안식을 누릴 수 있어야 합니다. 실로 안식의 축복은 모든 사람, 모든 피조물에 다 나누어져야 한다고 말합니다. 그런 의미에서 인간과 피조물은 모두 안식의 은혜를 공유해야 할 공동체라고 할 수 있습니다.

이천 년 전 하나님의 아들 예수님이 이 땅에 오셨을 때 이 땅에 안식이 필요한 사람들을 당신에게로 초대하셨습니다. **"수고하고 무거운 짐 진 자들아 다 내게로 오라 내가 너희를 쉬게 하리라."**(마 11:28) 이 초대를 하실 때 사람들이 지고 있었던 수고하고 무거운 짐의 정체는 무엇이었을까요? 저는 그 짐이 율법의 요구에 응하지 못하고 있었던, 혹은 율법을 깨뜨린 죄책감의 무거운 짐이었을 것으로 생각합니다. 바울은 예수 그리스도의 죽음이 바로 율법의 저주를 대신 짊어지신 죽으심이었다고 말합니다. **"그리스도께서 우리를 위하여 저주를 받은 바 되사 율법의 저주에서 우리를 속량**(redeemed)**하셨으니 기록된 바 나무에 달린 자마다 저주 아래에 있는 자라 하였음이라."**(갈 3:13) 다시 예수님의 말씀을 보십시오. **"나는 마음이 온유하고 겸손하니 나의 멍에를 메고 내게 배우라 그리하면 너희 마음이 쉼을 얻으리니."**(마 11:29) 율법을 깨뜨리고 죄책감에 시달린 인생들이 하나님의 구속자 예수님에게 나아올 때 약속된 은혜가 바로 마음의 안식이었던 것입니다.

이스라엘 백성들이 광야 생활을 통해 기대할 수 있었던 궁극적 희망은 바로 안식이었습니다. 히브리서 3장 8절의 경고의 말씀을 기억하십니까? **"광야에서 시험하던 날에 거역하던 것 같이 너희 마음을 완고하게 하지 말라."** 이어지는 11절입니다. **"내가 노하여 맹세한 바와 같이 그들은 내 안식에 들어오지 못하리라."** 그러나 이어지는 히브리서 4장 3절의 복음의 외침을 기억하십니까? **"이미 믿는 우리들은 저 안식에 들어가는도다."** 히브리서 4장 10절을 보십시오. **"이미 그의 안식에 들어간 자는 하나님이 자기의 일을**

쉬심과 같이 그도 자기의 일을 쉬느니라." 우리가 십자가에서 죽으시고 부활하신 그리스도를 믿고 영접할 때 우리는 성경이 약속한 참된 안식 속에 들어가는 것입니다. 우리의 모든 죄짐과 죄책에서 우리는 자유해졌습니다. 우리의 구속자이신 그리스도의 평안과 은혜를 경험한 까닭입니다. 할렐루야, 이제 우리는 참된 마음의 안식 속에 들어가 살게 된 것입니다.

2. 자립할 수 있도록 도움을 누리고 산다는 것입니다.

한 사람을 빚에서 자유하게 한다는 또 하나의 의미는 자립의 도움을 베풀어야 한다는 것입니다. 본문 13-14절에서 6년 동안 주인을 위해 일한 종이 안식년이 되어 자유하게 되었을 때의 주인의 처사를 어떻게 가르치고 있습니까? **"그를 놓아 자유하게 할 때에는 빈 손으로 가게 하지 말고 네 양 무리 중에서와 타작 마당에서와 포도주 틀에서 그에게 후히 줄지니 곧 네 하나님 여호와께서 네게 복을 주신 대로 그에게 줄지니라."** 여기 중요한 강조점은 '후히' 라는 단어입니다. 유진 피터슨의 메시지 번역에 보면 "듬뿍 떼어 내어 줄지니라"고 번역하고 있습니다. 그래야 다시 빚지지 않고 자립하며 살 수 있었기 때문입니다. 성경의 하나님은 후히 주시는 하나님이십니다. 로마서 8장 32절에서 바울이 증언하는 구속의 하나님의 정체를 보십시오. **"자기 아들을 아끼지 아니하시고 우리 모든 사람을 위하여 내주신 이가 어찌 그 아들과 함께 모든 것을 우리에게 주시지 아니하겠느냐."**

여기서 우리는 구속자 예수님이 우리를 구속하신다는 참 의미를 알게 됩니다. 우리가 예수님에게 나아와 구속함을 받을 때, 우리는 죄만 용서함을 받고 가까스로 저주를 면하는 자들이 되는 것이 아닙니다. 구속자의 은혜로 우리는 이제 다시는 사단의 종이 되지 아니하고 자립하여, 사단을 대적하고 믿음의 길을 갈만한 인생들이 된다는 것입니다. 둘째 아들이 회개하고 아버지의 집에 돌아올 때, 그는 아버지가 자신을 용서하고 다시 종으로만 자기 집에 고용해 주어도 만족하리란 마음으로 돌아오지 않았습니까? 그는 아버지에게 **"나를 품꾼의 하나로 보소서"**(눅 15:19)라고 요청하지 않았습니까? 그런데 아버지는 그를 어떻게 대우하십니까? 제일 좋은 옷을 입히라고, 손에 가락지를 끼우라고, 발에 신을 신기라고, 그리고 송아지 잡고 잔치를 열어 내 아들 죽었다가 다시 살았다고... 잃었다가 다시 얻은 내 아들이라고 선언하지 않으십니까? 완벽한 복권의 선언이 아닙니까?

구속의 은혜를 바울 사도가 로마서 8장에서 설명하는 방식을 묵상해 보십시오. **"이는 그리스도 예수 안에 있는 생명의 성령의 법이 죄와 사망의 법에서 너를 해방하였음이라."**(롬 8:2) 그 결과 예수 안에 있는 우리에게 어떤 일이 일어났습니까? **"너희는 다시 무서워하는 종의 영을 받지 아니하고 양자의 영을 받았으므로 우리가 아빠 아버지라고 부르짖느니라."**(롬 8:15) 우리는 이제 빚진 종이 아니라는 선언입니다. 아버지의 자녀로 복권된 것입니다. **"성령이 친히 우리의 영과 더불어 우리가 하나님의 자녀인 것을 증언하시나니."**(롬

8:16) 이제 17절의 약속을 보십시오. **"자녀이면 또한 상속자 곧 하나님의 상속자요 그리스도와 함께 한 상속자니..."** 이제 자연스럽게 빚에서 자유하게 된다는 마지막 의미를 성찰해 보고자 합니다.

3. 자유하게 섬기는 자로 살아가야 한다는 것입니다.

여기 안식년에 자유를 얻은 종에 대한 아주 특별한 규례를 만나게 됩니다. **"종이 만일 너와 네 집을 사랑하므로 너와 동거하기를 좋게 여겨 네게 향하여 내가 주인을 떠나지 아니하겠노라 하거든 송곳을 가져다가 그의 귀를 문에 대고 뚫으라 그리하면 그가 영구히 네 종이 되리라 네 여종에게도 그같이 할지니라."**(신 15:16-17) 이 종에 대하여는 일단 자유가 주어진 것을 잊지 마십시오. 그런데 다른 동기가 아니라 주인에 대한 사랑 때문에 그는 스스로 자유를 포기한 것입니다. 그는 이제 송곳으로 귀에 구멍을 뚫어 일종의 주인과의 새로운 약속을 하는 것입니다. 이제 종이지만 영원한 자유의 종이 된 것입니다. 그때부터 주인은 그를 종이 아니라 자녀처럼 돌보고 사랑해야 합니다. 그런데 여러분, 그것이 바로 오늘을 살아가는 새 언약의 성도들에게 일어난 사건인 것을 아십니까?

바울은 갈라디아서 5장 1절에서 이렇게 선언합니다. **"그리스도께서 우리를 자유롭게 하려고 자유를 주셨으니 그러므로 굳건하게 서서 다시는 종의 멍에를 메지 말라."** 이 구절을 신학자들은 그리스도인들의 자유의 대헌장, '마그나 카르타(Magna Carta)'라고 부릅니다. 바울은 우리가 예수를 참으로 만나고, 참으로 믿는 순간, 죄에서 자유한 자가 되었다고 선언합니다. 그리고 율법의 속박에서도 율법의 정죄에서도 자유한, 종이 아닌 자유인이 된 것이라고 선언합니다. 그런 바울이 로마서 1장 1절에서 다시 이렇게 고백합니다. **"예수 그리스도의 종 바울은 사도로 부르심을 받아 하나님의 복음을 위하여 택정함을 입었으니."** 여기 바울 사도가 사용한 '종'이라는 단어는 헬라어로 'dulos'인데, 영어로는 'slave'로 번역되는 단어입니다. 그렇게 종이란 단어를 안 좋아하고 우리는 더 이상 종이 아니라고 선언한 그가 자신을 다시 종이라고 선언하는 이유가 어디에 있습니까? 구속자이신 예수님을 너무 사랑했기 때문입니다. 그래서 예수님이 주신 자유를 내려놓고 다시 예수님의 종, 복음의 종이 되겠다고 고백하는 것입니다.

이 역설적 고백의 의미를 바울은 갈라디아서 5장 13절에서 우리에게 다시 설명합니다. **"형제들아 너희가 자유를 위하여 부르심을 입었으나 그러나 그 자유로 육체의 기회를 삼지 말고 오직 사랑으로 서로 종 노릇 하라."** 그리스도 예수 안에 하나님의 구속을 체험한 모든 사람들은 자유인입니다. 그러나 이제 우리는 오직 한 가지 이유 때문이라면 자유를 다시 내려놓아야 합니다. 본문에 자유를 얻은 종이 '사랑하므로' 자유를 반납한 것과 같은 이유입니다. 우리가 우리 삶의 주인이라고 고백하는 예수님을 사랑하기 때문에 우리는 영원히 예수님의 종이기를 소원합니다. 그리고 그 예수님이 구속자 되신 사실을 증거하는 복음을 사랑하기 때문에 우리는 또한 복음의 종이 되기를 소원합니다. 그리고 이 복음을 듣고 새로운 삶을 살아야 할 이웃들을 섬기기 위해 우리는 기꺼이 우리 이웃들의 종으로 살고자 합니다. 구약 히브리어로 종을 '에베드(ebed)'라고 합니다. 신약 희랍어로 종을 '둘로스(dulos)'라고 합니다. 우리는 이제 스스로 자유를 내려놓고, 자유하게 '에베드'로, '둘로스'로 살기로 결단한 그리스도의 종들입니다. 우리가 선교하는 이유, 봉사하는 이유, 한가지입니다. 사랑하기 때문입니다. 사랑으로 종노릇 하시기를 축복합니다.

CHAPTER 17
고난의 떡을 먹으며
기억하라

¹아빕월을 지켜 네 하나님 여호와께 유월절을 행하라 이는 아빕월에 네 하나님 여호와께서 밤에 너를 애굽에서 인도하여 내셨음이라 ²여호와께서 자기의 이름을 두시려고 택하신 곳에서 소와 양으로 네 하나님 여호와께 유월절 제사를 드리되 ³유교병을 그것과 함께 먹지 말고 이레 동안은 무교병 곧 고난의 떡을 그것과 함께 먹으라 이는 네가 애굽 땅에서 급히 나왔음이니 이같이 행하여 네 평생에 항상 네가 애굽 땅에서 나온 날을 기억할 것이니라 ⁴그 이레 동안에는 네 모든 지경 가운데에 누룩이 보이지 않게 할 것이요 또 네가 첫날 해 질 때에 제사 드린 고기를 밤을 지내 아침까지 두지 말 것이며 ⁵유월절 제사를 네 하나님 여호와께서 네게 주신 각 성에서 드리지 말고 ⁶오직 네 하나님 여호와께서 자기의 이름을 두시려고 택하신 곳에서 네가 애굽에서 나오던 시각 곧 초저녁 해 질 때에 유월절 제물을 드리고 ⁷네 하나님 여호와께서 택하신 곳에서 그 고기를 구워 먹고 아침에 네 장막으로 돌아갈 것이니라 ⁸너는 엿새 동안은 무교병을 먹고 일곱째 날에 네 하나님 여호와 앞에 성회로 모이고 일하지 말지니라

CHAPTER 17
고난의 떡을 먹으며 기억하라

본문 신명기 16장 1절은 아빕월을 지키라는 말씀으로 시작됩니다. 이스라엘 도시 중 과거 수도였던 텔아비브란 도시가 있습니다. '텔'은 '언덕'이나 '산'을 뜻하고 '아비브'는 '봄'을 의미합니다. '봄의 언덕'이란 뜻을 가진 이스라엘에서 가장 번화한 현대적 도시입니다. 그러니까 아빕월은 봄에 지키는 절기를 뜻합니다. 우리 달력으로 보통 4월을 뜻한다고 생각하시면 됩니다. 그런데 이 아빕월에 지키는 두 개의 절기를 본문은 함께 언급하고 있습니다. 물론 본문에서 핵심적으로 언급하는 것은 유월절입니다. 본래 유월절은 하루만 지키지만 바로 다음 날부터 7일간 지속되는 무교절과 연결되어 있습니다. 성경에 이 유월절이 정월로 표기됩니다. 그런데 유대인 월력을 우리식으로 계산하려면 3을 더하면 됩니다. 그러니까 4월경입니다. 유월절은 정월 14일 저녁이라고 말합니다. 그러니까 4월 14일로 생각하시면 됩니다. 그리고 바로 다음 날부터 무교절이 따라 옵니다. 4월 15일이지요. 4월 15일부터 한 주간 지키는 것입니다. 이 두 절기를 따로 생각할 수도 있지만 유월절에 포함시켜 생각하기도 합니다. 모두 이스라엘 백성이 애굽 땅의 노예 되었던 자리에서 해방된 것을 기억하는 절기입니다.

"아빕월을 지켜 네 하나님 여호와께 유월절을 행하라 이는 아빕월에 네 하나님 여호와께서 밤에 너를 애굽에서 인도하여 내셨음이라."(신 16:1) 그런데 이 절기를 지키는 행사 중에 가장 중요한 것은 무교병, 곧 누룩이 없는 떡을 먹는 일입니다. 이스라엘이 애굽을 나올 때 누룩이 발효되기를 기다릴 여유가 없이 급하게 출애굽 하느라 그들은 무교병, 곧 발효되지 않은 맛없는 빵을 먹어야 했습니다. 그래서 이 빵에 별명이 붙습니다. '고난의 떡/빵(레헴 오니, Lechem Oni)'이라고 부릅니다. "유교병을 그것과 함께 먹지 말고 이레 동안은 무교병 곧 고난의 떡을 그것과 함께 먹으라 이는 네가 애굽 땅에서 급히 나왔음이니 이같이 행하여 네 평생에 항상 네가 애굽 땅에서 나온 날을 기억할 것이니라."(신 16:3) 그래서 유월절이나 무교절을 생각할 때 이스라엘 백성들에게 그 절기는 고난의 떡/빵을 먹는 절기로 기억되었던 것입니다. 그러나 한 걸음 더 나아가 이 고난의 떡을 먹는다는 것이 당시의 주의 백성들에게 영적으로 무엇을 가르치고 있었을까요?

우리 한국인에게 이런 고난의 떡을 먹어야 했던 역사의 사건은 6.25 전쟁이었습니다. 저도 5-6살 먹은 어린 소년으로 부모를 따라 대구로 피난을 가서 피난살이하며 피난민 천막촌에서 개떡을 먹어야 했던 기억이 아직도 생생합니다.

그렇다면 다시 이스라엘의 역사로 돌아가 그들이 고난의 떡을 먹고 잊지 말고 기억해야 했던 것은 무엇이었습니까? 결국 그것은 두 가지로 요약할 수 있겠습니다.

1. 죄로 말미암은 백성들의 고난입니다.

우선 이스라엘 백성들은 이 절기에 누룩이 없는 떡을 먹어야 했는데 이 누룩은 인간의 죄를 상징하는 것이었습니다. 누가복음 12장 1절을 보시겠습니다. **"그 동안에 무리 수만 명이 모여 서로 밟힐 만큼 되었더니 예수께서 먼저 제자들에게 말씀하여 이르시되 바리새인들의 누룩 곧 외식을 주의하라."** 여기 예수님이 누룩의 부풀림을 통해 당시의 대표적 종교인들인 바리새인들의 외식의 죄를 비유하고 계셨음을 보십시오. 이제는 바울이 고린도 교인들을 책망하는 장면을 보십시오. **"너희가 자랑하는 것이 옳지 아니하도다 적은 누룩이 온 덩어리에 퍼지는 것을 알지 못하느냐."**(고전 5:6) 죄악의 빠른 전염성을 누룩의 발효에 비교하여 말씀하십니다. 이어지는 7절을 보십시오. **"너희는 누룩 없는 자인데 새 덩어리가 되기 위하여 묵은 누룩을 내버리라 우리의 유월절 양 곧 그리스도께서 희생되셨느니라."** 그래서 이 절기에 명해진 관습에 대하여 본문 4절을 보겠습니다. **"그 이레 동안에는 네 모든 지경 가운데에 누룩이 보이지 않게 할 것이요 또 네가 첫날 해 질 때에 제사 드린 고기를 밤을 지내 아침까지 두지 말 것이며."** 누룩은 죄의 상징이었고 고기를 그 이튿날까지 두지 못하게 하신 것은 부패의 경고였던 것입니다. 결국 인생이 겪는 모든 고난의 뿌리 깊은 원인은 죄와 부패에 있기 때문입니다.

바울 사도는 로마서 3장 9절에서 이런 인생의 죄악을 철저하고 처절하게 고발합니다. **"그러면 어떠하냐 우리는 나으냐 결코 아니라 유대인이나 헬라인이나 다 죄 아래에 있다고 우리가 이미 선언하였느니라."** 다음 이어지는 10-15절을 보십시오.

기록된 바 의인은 없나니 하나도 없으며 깨닫는 자도 없고 하나님을 찾는 자도 없고 다 치우쳐 함께 무익하게 되고 선을 행하는 자는 없나니 하나도 없도다 그들의 목구멍은 열린 무덤이요 그 혀로는 속임을 일삼으며 그 입술에는 독사의 독이 있고 그 입에는 저주와 악독이 가득하고 그 발은 피 흘리는 데 빠른지라.

그러나 거기에서 끝나지 않습니다. 이런 인생의 죄악이 초래한 결과에 대한 증언을 다음 16-18절에서 보십시오. **"파멸과 고생이 그 길에 있어 평강의 길을 알지 못하였고 그들의 눈 앞에 하나님을 두려워함이 없느니라..."** 인생 도처에서 일어나는 모든 고난, 모든 비극은 한마디로 인생의 죄악 때문입니다. 우리가 자초한 죄악의 현장이 바로 이 세상입니다. **"모든 사람이 죄를 범하였으매 하나님의 영광에 이르지 못하더니."**(롬 3:23)

이것은 먼저 택함을 받은 이스라엘 백성도 예외가 아니었습니다. 죄의 노예된 비참함을 경험하기 위하여 그들은 애굽에서 바로의 노예가 되어 고난을 겪어야 했습니다. 이스라엘은 바로를 위하여 무거운 짐을 지고 흙 이기기와 벽돌 굽기를 하며 인간 이하의 학대를 경험하며 생존을 이어갔고 아들은 낳는 즉시 나일 강에 던져야 하는 비극을 경험했습니다. 그런 그들에게 애굽을 떠나는 날의 고난은 차라리 행복한 고난이었을지 모릅니다. 그들은 이제 주의 종 모세의 명을 따라 밤중에 급히 일어나 누룩 없는 떡을 먹고 쓴 나물을 먹고 애굽을 떠납니다. 그래서 지금도 유대인들은 유월절을 지키기 위해 누룩 없는 빵과 쓴 나물을 먹고 차로셋(Charoseth)을 먹습니다. 차로셋은 포도주에 무화과, 아몬드, 대추, 건포도와 향신료를 섞어 만든 크림으로 그들이 애굽에서 종살이할 때 진흙을 반죽하던 고통의 기억을 떠올리게 하는 음식입니다. 고난을 잊지 말자는 것입니다. 요즈음은 거의 부르지 않는 듯하지만, 과거 우리가 6.25 전쟁 기념일이 되면 부르던 〈6.25의 노래〉처럼 말입니다.

아아 잊으랴 어찌 우리 이 날을
조국을 원수들이 짓밟아 오던 날을
맨 주먹 붉은 피로 원수를 막아내어
발을 굴러 땅을 치며 의분에 떤 날을
…

우리도 이런 날을 잊지 말아야 합니다. 그러나 한 가지만 더 기억할 것이 있다면 물론 북의 남침으로 초래된 전쟁의 죄과를 북이 솔직하게 인정하고 책임지도록 촉구해야 마땅하지만, 더욱 거시적 안목에서는 남이나 북이나 우리가 다 하나님 앞에서 모두 죄인들이고 우리의 탐욕, 우리의 거짓, 우리의 불의함이 결국 우리 강토를 전쟁의 마당으로 만든 것을 기억하고 민족적으로 회개하는 운동이 일어나야 할 것입니다. 그리고 더 중요한 것은 우리의 이런 죄악 때문에 이천 년 전 예수님께서 어린 양으로 오셔서 십자가에 가신 것을 잊지 않는 우리가 되어야 합니다. 그래서 본문 2절은 우리에게 명합니다. **"여호와께서 자기의 이름을 두시려고 택하신 곳에서 소와 양으로 네 하나님 여호와께 유월절 제사를 드리되."** 다시 5-6절에 보면 그 유월절 제사는 각 성에서 드리지 말고 성전에 나아가 드리라고 하십니다. 이 사건은 개인적으로만 기억될 사건이 아니기 때문입니다. 중앙 성소에서 드림으로 이 사건이 이스라엘의 중심적 사건으로 기억될 것을 명하신 것입니다. 예수님의 십자가 사건은 기독교 신앙의 중심적 사건입니다. 우리가 십자가를 잊지 않는 한 우리의 십자가 복음은 세상의 소망이 될 것입니다.

2. 죄인들에게 베푸신 하나님의 은혜입니다.

고난의 떡을 먹고 기억할 두 번째는 죄인들에게 베푸시는 하나님의 은혜입니다. 사실은 유월절이란 절기 이름 자체가 이런 하나님의 은혜를 기억하게 하지 않습니까? 이스라엘 백성들이 애굽을 떠나던 날 죽음의 천사, 심판의 천사가 애굽 땅 집집마다 다니며 처음 난 것들과 장남들의 생명을 가져가실 때 이스라엘 백성이라고 애굽 사람들보다 나을 것이 없는 죄인들이었지만 하나님의 구원의 처방을 믿음으로 수용하는 백성들에게 은혜를 베푸시지 않았습니까? 하나님의 말씀을 믿고 어린양의 피를 문 인방과 좌우 문설주에 뿌린 사람들의 집에 재앙을 내리시지 않고 넘어 가신 것, 그것이 바로 '유월의 은혜(Pass-over Grace)'

가 아닙니까? 그리하여 이 유월절을 지키고 무교절을 지킴으로 그 은혜를 기리고 그 은혜를 전하는 사람으로 살게 하시려는 의도가 아닙니까?

우리는 늘 구원의 은혜를 묵상할 때마다 에베소서 2장 8-9절의 말씀을 기억합니다. **"너희는 그 은혜에 의하여 믿음으로 말미암아 구원을 받았으니 이것은 너희에게서 난 것이 아니요 하나님의 선물이라 행위에서 난 것이 아니니 이는 누구든지 자랑하지 못하게 함이라."** 그런데 이런 은혜를 입은 사람은 이제 어떻게 살아야 합니까? 이제 주목할 것이 다음 절입니다. **"우리는 그가 만드신 바라 그리스도 예수 안에서 선한 일을 위하여 지으심을 받은 자니 이 일은 하나님이 전에 예비하사 우리로 그 가운데서 행하게 하심이니라."**(엡 2:10) 그렇습니다. 고난의 떡을 먹고 구원받은 사람들이 잊지 말아야 할 또 한 가지는 구원의 은혜를 잊지 않고 은혜에 보답하는 선한 인생을 살아가는 일입니다. 그것을 위해 우리를 지어주신, 그리고 새롭게 지어주신 그 선한 목적을 실현하는 인생을 살아야 한다는 것입니다.

6.25 전쟁과 연관된 고난의 빵 이야기를 아십니까? 6.25 전쟁이 일어나던 해, 기적 같은 인천 상륙작전으로 압록강까지 국군과 유엔군이 진출했지만, 다시 중공군의 참전으로 대거 파도처럼 중공군이 밀려오자 북한 흥남에 살던 임씨 가족은 피난을 결심합니다. 자기와 함께 믿음 생활을 하던 200여 명과 함께

흥남 부두로 향했다고 합니다. 하지만 모래알처럼 많은 인파 속에서 배를 탈 가능성이 없어 보였다고 합니다. 그때 함께 한 한 리더의 아이디어로 하얀 천에 빨간 십자가를 그린 깃발을 흔들며 부둣가에 서 있었다고 합니다. 이 깃발을 본 미군이 손짓하며 배에 오르도록 했다고 합니다. 이 배가 흥남부두에서 성탄절에 거제도로 내려온 메러디스 빅토리호였습니다. 1945년에 건조된 이 배는 승선 정원 60명이었지만 모든 화물을 버리고 피난민 1만 4천5백 명을 태워 기네스북에 등재됩니다. 임씨 가족도 그 중의 한 사람이 되어 거제도에 도착하여 6개월간 거제도 사람들의 자선으로 연명하다가, 음식 만드는 솜씨가 있었던 임씨는 서울로 가서 음식 장사를 하려고 통일호 열차를 탔다고 합니다. 그러나 한 다섯 시간 달리던 기차는 대전역에서 멈춰 섰다고 합니다. 대전역에서 내린 그는 가톨릭 신자였기 때문에 성당에 찾아가 딱한 사정을 호소하자 밀가루 두 포대를 주었다고 합니다. 이 밀가루 두 포대로 눈물의 빵을 만들어 먹고 찐빵을 만들어 대전역 앞에서 팔기 시작했다고 합니다.

조금 자리를 잡기 시작하자 기도하며 '예수님의 마음으로 빵을 만들고 빵을 판다는 뜻'을 담아 〈성심당〉이란 빵집 간판을 세웁니다. 이 성심당은 창업자 임씨가 1997년 작고한 후, 그 아들이 2대째 운영하고 있다고 합니다. 이제는 연간 매출 630억에 달하고 직원 698명과 함께 500여 가지의 빵을 만들고 있다고 합니다. 대전 지역 맛집 순위 1위이고 이웃들과 나눔을 갖는 기업 1위라고 합니다. 초기 사업 시절부터 하루에 찐빵 300개를 만들면 100개(3분의 1)는 사랑의 나눔으로 써왔다고 합니다. 이런 예수님의 나눔의 마음을 지금도 실천하는 기업이라고 합니다. 고난의 계절을 지나던 주의 백성들 이스라엘에게 무교병, 고난의 빵을 먹게 하신 하나님은 이제 지난한 고난의 시간을 지난 한반도의 주의 백성들에게 말씀하십니다. 고난의 빵을 잊지 말라고! 십자가의 고난을 잊지 말라고! 그리고 십자가의 사랑을 나누며 살라고! 그리고 그 예수님의 사랑을 전하며 살라고! 이런 고난의 빵을 잊지 않는 사람들을 위해 주께서는 제2, 제3, 제4의 성심당의 드라마를 준비하고 계십니다.

CHAPTER 18
칠칠절을 기억하라

⁹일곱 주를 셀지니 곡식에 낫을 대는 첫 날부터 일곱 주를 세어 ¹⁰네 하나님 여호와 앞에 칠칠절을 지키되 네 하나님 여호와께서 네게 복을 주신 대로 네 힘을 헤아려 자원하는 예물을 드리고 ¹¹너와 네 자녀와 노비와 네 성중에 있는 레위인과 및 너희 중에 있는 객과 고아와 과부가 함께 네 하나님 여호와께서 자기의 이름을 두시려고 택하신 곳에서 네 하나님 여호와 앞에서 즐거워할지니라 ¹²너는 애굽에서 종 되었던 것을 기억하고 이 규례를 지켜 행할지니라

CHAPTER 18
칠칠절을 기억하라

칠칠절은 많은 별명을 가진 절기입니다. 추수의 시작을 기념하는 의미에서 맥추절이라고 부르기도 하고, 곡식의 첫 열매를 드린다는 의미에서 초실절이라고도 합니다. 칠칠절이란 이름은 추수가 시작되고 나서 정확하게 7주가 지난 후에 하나님에게 풍성한 수확에 대한 감사를 드리는 절기이기도 합니다. 그러나 구속사적이고 예언적인 의미에서는 성령의 추수를 상징하는 절기이기도 합니다. 그래서 성령강림절을 뜻하는 오순절이라고도 부릅니다. 이스라엘 백성은 유월절을 지키고 무교절 한 주간이 끝나자마자 봄 추수의 시작을 기념하며 하나님에게 첫 곡식의 단을 흔들어 바쳤습니다. 이렇게 한 다음 햇곡식을 먹을 수 있었는데 칠칠절은 이때로부터 정확하게 7 곱하기 7인 49일 되는 날이고 그리고 그다음 날을 합하여 오순절(Pentecost)이라고 부른 것입니다. 고대 이스라엘에서는 수확이 시작되고 7주가 지난 후에야 추수의 성공을 말할 수 있었습니다. 이스라엘에서는 밀 수확이 보리 수확보다 늦습니다. 칠칠절은 밀 수확을 마무리하면서 지키는 절기였습니다.

칠칠절 혹은 오순절은 이스라엘 3대 절기중의 하나입니다.

유월절, 오순절 그리고 초막절을 3대 절기라 부릅니다. 이 3대 절기가 되면 이스라엘 백성들은 흩어진 곳에서 적어도 남자 가장이라도 이 절기를 지키려 예루살렘 성전을 향하여 나아오곤 했습니다. 심지어 흩어진 디아스포라들은 이스라엘 나라 밖에서도 이 절기를 지키고자 한 것입니다. 이런 절기를 명절 혹은 축제(hag, feast)라고 합니다. 이스라엘은 축제의 백성이었고 이스라엘의 하나님은 축제의 하나님이셨습니다. 그러나 이런 축제는 단순한 놀이가 아니라, 즐겁게 하나님의 교훈을 배우는 절기이기도 했습니다. 칠칠절에 오늘날의 유대인들은 룻기를 읽는다고 합니다. 그 이유는 두 가지입니다. 1) 룻기에 이 절기가 나옵니다. **"나오미가 모압 지방에서 그의 며느리 모압 여인 룻과 함께 돌아왔는데 그들이 보리 추수 시작할 때에 베들레헴에 이르렀더라."**(룻 1:22) 2) 룻기의 마지막 절에 오실 그리스도를 증거하고 있기 때문이라고 합니다. **"오벳은 이새를 낳고 이새는 다윗을 낳았더라."**(룻 4:22) 다윗의 후손으로 오실 그리스도를 향한 기다림을 이 말씀으로 고백할 수 있었기 때문이라고 합니다.

그렇다면 오늘을 사는 신약 시대의 성도들이 이 구약의 칠칠절을 통해 받아야 할 영적 교훈은 무엇입니까?

1. 주께서 복을 주시는 대로 감사하라는 레슨입니다.

사실 가슴이 열리는 진정한 감사는 수확기에 수확이 끝나고 거둬들인 풍성한 열매를 보았을 때 드리는 것이 더 실감이 날수가 있습니다. 그러나 하나님은 이스라엘 백성들에게 수확이 시작되면서 벌써 감사하게 하신 것입니다. 본문이 시작되는 9절을 보겠습니다. **"일곱 주를 셀지니 곡식에 낫을 대는 첫 날부터 일곱 주를 세어."** 그래서 칠칠절이라고 부른 것입니다. 그런데 이 절기를 맞이하며 제일 먼저 할 일은 무엇입니까? **"네 하나님 여호와 앞에 칠칠절을 지키되 네 하나님 여호와께서 네게 복을 주신 대로 네 힘을 헤아려 자원하는 예물을 드리고."**(신 16:10) 하나의 과업이 내가 기대한 대로 완성된 다음에만 감사를 드릴 수 있는 것이 아닙니다. 그 과업을 시작하면서 혹은 그 과업의 중간에도 하나님이 함께 하신다는 것을 깨닫고, 하나님의 축복이 분명 이 일과 함께 하심을 확신할 때마다 감사할 수 있는 것입니다.

《탈무드》에는 가장 행복한 사람을 범사에 감사하는 사람이라고 말합니다. "세상에서 가장 강한 사람은 자기를 이기는 자, 가장 부유한 사람은 항상 만족할 줄 아는 자, 가장 지혜로운 사람은 끝없이 배우는 자, 가장 행복한 사람은 범사에 감사하는 자이다." 일을 시작하며 감사할 수 있다면 그는 그 일을 감사로 이끌어 갈 수 있는 평화를 소유할 것입니다. 그가 일의 한복판에 감사할 수 있다면 일에 빠지지 않고 일을 객관화시킬 수 있는 전망을 얻게 될 것입니다. 만일 일이 잘못되었을 때 감사할 수 있다면 그는 더 큰 실수를 예방하고 일을 바로잡는 은혜를 경험하게 될 것입니다. 이런 사람이야말로 그 일을 마쳤을 때 그 일이 하나님에게서 주어진 미션임을 감사하게 될 것입니다. 본문에서 모세는 주께서 우리에게 복을 주시는 대로 자원하는 감사의 예물을 드리라고 말합니다. 우리가 자주 불러온 찬송 중에 〈세상 모든 풍파 너를 흔들어〉^(찬429장)라는 찬송이 있습니다.

> 세상 모든 풍파 너를 흔들어 약한 마음 낙심하게 될 때에
> 내려주신 주의 복을 세어라 주의 크신 복을 네가 알리라
> 받은 복을 세어 보아라 크신 복을 네가 알리라
> 받은 복을 세어 보아라 주의 크신 복을 네가 알리라
>
> 세상 근심 걱정 너를 누르고 십자가를 등에 지고 나갈 때
> 주가 네게 주신 복을 세어라 두렴없이 항상 찬송하리라
> …

복을 세어보는 자가 됩시다. 그리고 복이 세어지는 대로 감사하는 자가 됩시다.

2. 섬겨야 할 사람들을 인해 즐거워하라는 레슨입니다.

칠칠절을 축하하는 또 하나의 방법을 본문 11절에서 읽을 수가 있습니다. **"너와 네 자녀와 노비와 네 성중에 있는 레위인과 및 너희 중에 있는 객과 고아와 과부가 함께 네 하나님 여호와께서 자기의 이름을 두시려고 택하신 곳에서 네 하나님 여호와 앞에서 즐거워할지니라."** 여기 등장하는 인물들의 공통점이 무엇일까요? 우리들, 특히 하나님의 백성들이 섬겨야 할 사람들이라는 것입니다. 자

녀와 노비는 고대 사회에서 가족이었습니다. 주인 된 부모가 자녀와 노비를 잘 거느리고 섬기면 그들이 또한 주인을 주인으로 잘 섬기게 될 것입니다. 레위인은 성막 혹은 성전에서 봉사하며 우리가 온전하게 하나님을 바라보도록 돕는 영적 코치들이었습니다. 그들을 잘 섬기고 그들이 기쁨으로 사역하게 되면 자신의 영적 생활이 유쾌하고 신바람 나는 은혜를 누리게 됩니다. 객과 고아와 과부는 구약 시대에 가장 불편한 삶을 살아가던 사회적 약자들이었습니다. 그들이 한 사회에서 버림받지 않고 잘 돌봄을 받을 수 있을 때 한 사회가 건강한 공동체가 되어 더불어 살아갈 수 있었던 것입니다. 우리가 성전에 가서 축제를 가질 때 그들을 소외시키지 않을 것을 하나님이 친히 당부하고 계십니다.

고대 사회로부터 우리가 인간을 바라보는 두 가지 시선이 존재해 왔습니다. 우리가 부리는 사람들 그리고 우리가 섬기는 사람들입니다. 일반적으로 권세가 있는 높은 지위의 사람들이 가정에서든 일터에서든 낮은 자리에 있는 사람들을 통제하고 다스리는 것이 보편적이고 당연한 삶의 방식이 되어 왔습니다. 그러나 성경은 창세기의 처음 장에서부터 인간은 모두 하나님의 형상을 따라 지음 받은 사람들이라고 선언합니다. 그리고 이런 인간은 서로가 서로에게 복이 되어 주기 위하여 지음 받은 존재라고 말합니다. 본래 '봉사한다, 일한다'는 단어의 히브리어는 '아바드(abad)'라고 합니다. 이 단어가 제일 먼저 등장하는 것이 하나님이 아담을 에덴동산으로 이끌어 오시고 그 동산의 땅을 경작하게 하셨다(창 2:15)고 할 때 쓰인 말입니다. 아담이 그 땅을 잘 섬겨 경작하면 그는 대가로 땅에서 풍성한 열매를 거둘 수 있습니다. 나중에 이 단어 아바드는 레위인이나 제사장들이 하나님을 섬긴다고 할 때도 쓰입니다. 이 단어는 섬김을 베푸는 사람과 섬김을 받는 사람에게 교환적으로 쓰일 수 있는 단어입니다. 인간은 하나님을 섬기고 하나님은 인간을 섬겨 주십니다. 인간은 땅을 섬기고 땅은 인간을 섬기는 것입니다.

우리는 후일 하나님의 아들 예수님이 이 땅에 오셔서 선언하신 놀라운 말씀을 접하게 됩니다. **"인자가 온 것은 섬김을 받으려 함이 아니라 도리어 섬기려 하고 자기 목숨을 많은 사람의 대속물로 주려 함이니라."**(막 10:45) 바울 사도도 빌립보서 2장 6-7절에서 예수는 하나님과 동등이시나 동등 됨을 취할 것으로 여기지 아니하시고 자기를 비워 사람이 되시고 사람 중에 종이 되셔서 오셨다고 말합니다. 그래서 빌립보서 2장 5절에서 **"너희 안에 이 마음**(태도, attitude)**을 품으라 곧 그리스도 예수의 마음이니"**라고 말합니다. 그런데 이미 오늘의 구약의 토라, 모세의 설교에서 칠칠절을 지킬 때에 소외되는 사람들이 없어야 한다고, 노비도 자녀처럼, 성소를 섬기는 레위인도 기가 죽지 않도록 격려하라고, 무엇보다 사회적 돌봄에서 객과 고아와 과부가 소외되지 않고 성전에 모여 축제를 할 때에 그들과 함께 즐거워해야 한다고 말씀하신 것입니다. 구약의 '아바드(abad)'가 신약에서는 이제 '서비스(service)'가 됩니다. 우리는 수직적으로 하나님을 예배해야 하지만 또한 수평적으로 이웃들을 섬겨야 합니다. 예배와 섬김은 동일하게 'service'라고 표현된다는 것을 잊지 마십시오.

우리는 이런 섬김의 기회를 갖게 된 것을 감사하고, 섬길 수 있는 사람들과 어울려 함께 즐거워하는 섬김의 인생을 살아야 합니다. 이것이 오늘의 칠칠절의 레슨입니다.

3. 성령께서 주시는 자유를 인해 감사하라는 레슨입니다.

이미 출애굽기, 레위기, 민수기를 강해할 때부터 말씀을 드려 왔습니다만 구약의 명절들은 모두 구속사적으로 예언적 의미를 갖고 그리스도 사건을 보여주고 있습니다. 예컨대 유월절과 무교절은 그리스도의 죽음과 장사지내심을 그리고 초실절은 부활의 첫 열매되신 그리스도의 부활을 가리킵니다. 그러면 다음에 따라오는 절기 칠칠절 혹은 오순절은 무엇을 가리키는 것일까요? 자연스럽게 오순절(샤부옷, Shavuot)의 성령 강림이겠지요. 신약의 성령 강림의 장인 사도행전 2장 1절은 이렇게 시작됩니다. **"오순절 날이 이미 이르매 그들이 다같이 한 곳에 모였더니."** 그리고 4절에 보면 그들이 다 성령의 충만함을 받았다고 기록하고 있습니다. 오순절은 곡식 추수가 시작된 절기입니다. 그런데 역사적으로 인류와 이방인들에게 광범하게 복음이 전파되고, 그들이 유대인과 함께 동일한 성령으로 충만함을 입기 시작한 때가 바로 오순절인 것입니다. 칠칠절 혹은 오순절 축하 행사 중에는 두 개의 떡을 한 오븐에 넣고 불에 익히는 관습이 있습니다. **"너희의 처소에서 십분의 이 에바로 만든 떡 두 개를 가져다가 흔들지니 이는 고운 가루에 누룩을 넣어서 구운 것이요 이는 첫 요제로 여호와께 드리는 것이며."**(레 23:17) 메시아닉 유대인 학자들은 이 떡 두 개를 이방인과 유대인으로 해석합니다. 오순절에 비로소 그들이 성령 안에서 하나가 된 사건을 의미한다고 봅니다. 그들이 한 몸이 되어 세계 선교와 복음화에 헌신하게 된 것이라고 말입니다.

그런데 실제로 오순절에 성령을 체험한 유대인들에게 일어난 가장 큰 변화는 무엇일까요? 첫 유대인 그리스도인들은 이제 율법 아래 있지 않은 그리스도인이 되었지만 그래도 상당한 삶의 영역에서 율법의 영향 혹은 지배를 아직도 경험하고 있던 것입니다. 그런데 성령을 체험하고 나서 그들은 비로소 온전하게 자유를 누리기 시작한 것입니다. 바울 사도는 자신이 유대인으로서 이 경험을 어떻게 간증하는지 보십시오. **"오늘까지 모세의 글을 읽을 때에 수건이 그 마음을 덮었도다 그러나 언제든지 주께로 돌아가면 그 수건이 벗겨지리라 주는 영이시니 주의 영이 계신 곳에는 자유가 있느니라."**(고후 3:15-17) 할렐루야! 이제 율법의 정죄에서 온전하게 자유를 누리게 된 것입니다. 그리고 성령을 통한 놀라운 삶의 변화, 곧 성화가 촉진될 수 있었습니다. **"우리가 다**

수건을 벗은 얼굴로 거울을 보는 것 같이 주의 영광을 보매 그와 같은 형상으로 변화하여 영광에서 영광에 이르니 곧 주의 영으로 말미암음이니라."(고후 3:18)

그래서 칠칠절 혹은 오순절을 기억하며 우리가 받을 가장 중요한 레슨은 무엇입니까? 성령의 충만을 사모하는 것입니다. 성령에 충만하면 우리는 율법의 정죄나 억압에서 벗어나 자유할 것입니다. 그리고 기쁘게 성령의 인도를 따라 살 것입니다. 그리고 모든 사람을 끌어안고 사랑하고 연합할 것입니다. 그리스도 안에 참으로 거하는 사람들에게는 가진 자와 갖지 못한 자의 벽이 사라질 것입니다. 배운 자와 배우지 못한 자의 벽도 사라질 것입니다. 유대인과 이방인의 벽도 사라질 것입니다. 인종의 벽도 사라질 것입니다. 남자와 여자의 벽도 사라질 것입니다. 교파의 벽도 사라질 것입니다. 우리는 하나 되어 춤추며 주를 높이고 주를 찬양하며 주를 증거할 것입니다. 우리는 우리의 모든 예배에서 성령을 경험할 것입니다. 그것이 오늘의 우리의 오순절 체험이요, 오순절의 축제인 것입니다. 이 은혜를 모두 누리시길 축복합니다.

감사의 타이밍과 방법

¹³너희 타작 마당과 포도주 틀의 소출을 거두어 들인 후에 이레 동안 초막절을 지킬 것이요 ¹⁴절기를 지킬 때에는 너와 네 자녀와 노비와 네 성중에 거주하는 레위인과 객과 고아와 과부가 함께 즐거워하되 ¹⁵네 하나님 여호와께서 택하신 곳에서 너는 이레 동안 네 하나님 여호와 앞에서 절기를 지키고 네 하나님 여호와께서 네 모든 소출과 네 손으로 행한 모든 일에 복 주실 것이니 너는 온전히 즐거워할지니라 ¹⁶너의 가운데 모든 남자는 일 년에 세 번 곧 무교절과 칠칠절과 초막절에 네 하나님 여호와께서 택하신 곳에서 여호와를 뵈옵되 빈손으로 여호와를 뵈옵지 말고 ¹⁷각 사람이 네 하나님 여호와께서 주신 복을 따라 그 힘대로 드릴지니라

CHAPTER 19
감사의 타이밍과 방법

　쉼표(,)와 마침표(.)는 비슷하게 생겼지만, 의미적으로 큰 차이가 있습니다. 마침표는 문자 그대로 한 문장, 한 문단, 한 문제를 마치려 함이 그 존재의 이유입니다. 그러나 쉼표는 문자 그대로 잠시 쉬어 가며 생각하는 것입니다. 어떻게 쉬느냐에 따라 다음 문장이 결정되고 다음 행동이 결정됩니다. 우리말 한글은 쉼표를 어떻게 찍느냐에 따라 문장의 다음 의미를 아주 다르게 만드는 묘미가 있습니다. 한때 사랑하는 커플과 혼자 사는 싱글의 차이를 쉼표로 비유하는 글이 인터넷에 회자된 적이 있었습니다. 커플은 '사랑해, 보고 싶다'로 표현되는데 싱글은 '사랑, 해보고 싶다'로 표기합니다. 큰 차이이지요? 그럼 대체 누가 맨 먼저 쉬어가는 쉼표의 창조자이실까요? 그것은 말할 것도 없이 창조자 하나님이십니다. 그는 엿새 동안 만물을 창조하신 후 제 칠일에 쉬어 가는 날, 안식일을 만드신 분이십니다. 매주 안식일을 만드신 그분은 7년마다 안식년을 만드시고 7 곱하기 7인 49년 후 50년째를 희년(Jubilee, Yobel)으로 안식을 선물하신 분이십니다.

　그러나 그것이 전부가 아닙니다. 처음 이 땅에서 하나님의 백성으로 선택된 이스라엘 백성들에게 특별히 그들이 약속의 땅에서 지켜야 할 명절(Festival, Hag)을 허락하십니다. 매년 7대 명절 절기가 있습니다. 그 중에서도 특히 3대 명절에 대하여 신명기 16장에 기록됩니다. 유월절(무교절), 칠칠절(오순절) 그리고 초막절입니다. 이런 절기들은 대부분 한 주간에 걸쳐 흩어진 이스라엘 남자들이 할 수 있으면 가족을 거느리고 예루살렘에 모여 와서 함께 즐거워하며 축제의 시간을 갖습니다. 그들이 이런 축제의 시간을 갖는 동안 해야 할 여러 종교적 의무들이 있지만 결국은 두 가지로 요약됩니다. 그 절기의 의미에 맞추어 감사의 제사를 드리는 것입니다. 그리고 그런 감사의 정신을 사회적 약자들과 더불어 나누는 것입니다. 여기 우리 신약의 성도들도 구약의 절기를 공부하며 동시에 감사의 타이밍을 놓치지 말아야 할 것과 감사의 방법의 교훈을 배울 수가 있어야 합니다.

그렇다면 본문이 증언하는 초막절에서 배우는 감사의 타이밍과 그 방법은 무엇일까요?

1. 감사의 타이밍입니다.

초막절이 가르치는 감사의 타이밍은 무엇입니까? 한마디로 추수가 끝난 후입니다. **"너희 타작 마당과 포도주 틀의 소출을 거두어 들인 후에 이레 동안 초막절을 지킬 것이요."**(신 16:13) 모든 추수가 끝난 후에 이 모든 것을 거두어들인 후에 드리는 감사입니다. 그래서 수장절이라고도 합니다. 이 절기를 축하하는 방편으로 집집마다 혹은 공동체마다 그 곁에 작은 초막(sukkot)을 만들어 서로 이 초막을 방문하며 과거 이스라엘 민족이 광야 생활을 하면서도 모든 고난을 이겨내고 그 황량한 광야에서도 천막 생활을 하며 하나님의 은혜의 공급을 받았던 것을 감사를 드리는 절기여서 장막절이라고도 합니다. 이미 초실절을 설명하며 말씀을 드렸습니다만, 그들은 추수를 시작하면서도 감사를 드렸습니다. 이제는 추수를 마치며 또한 감사를 드리는 것입니다. 그런데 기억할 중요한 일은 추수가 변변치 않은 때에도 그들은 여전히 이 절기를 지켰고 감사를 잊지 않았다는 것입니다. '이것이라도 거둘 수 있음을 감사합니다'라고 고백한 것입니다. 우리는 식사를 시작하며 감사기도를 드립니다만 혹시 식사를 마치며 감사기도를 드린 적은 있었나요? 보편적으로 사업을 시작하며 개업 감사기도를 드리는 모습들을 봅니다만 사업이 뜻대로 안되어 사업을 접으면서 감사하는 성도들을 보신 일이 있나요? 저는 저의 목회 중에 꼭 한 번, 사업을 접는 성도 한 분이 폐업 감사 예배를 드린다고 해서 초청받은 기억이 있습니다. 도대체 이런 경우 무엇이라고 설교해야 하나 제가 난감한 마음으로 주저하고 망설이고 갔습니다만 주인 사장께서 먼저 인사하면서 그동안 사업하면서 먹고 살 수 있었던 것 감사하고 직원들 월급 밀리지 않고 지급할 수 있었던 것 감사하고, 그리고 폐업하며 적지만 직원들과 정리한 것들 중에서 나눌 수 있어 감사하다고 말씀하자 직원들이 모두 눈물을 훔치는 모습을 보는 순간 저에게 은혜가 임했습니다. 순간적으로 위로부터 주시는 말씀으로 감격하며 설교할 수 있었습니다.

저는 그날 다니엘서 3장 16-18절의 말씀으로 은혜를 나누었습니다. 왕의 신상에 절을 아니 했다는 이유 때문에 바벨론에 포로로 잡혀온 다니엘의 세 친구 사드락, 메삭, 아벳느고가 그 신상에 참배를 안 한다면 맹렬하게 타오르는 풀무불 속에 던진다는 위협을 왕으로부터 받았을 때, 세 청년의 대답을 기억하십니까? **"사드락과 메삭과 아벳느고가 왕에게 대답하여 이르되 느부갓네살이여 우리가 이 일에 대하여 왕에게 대답할 필요가 없나이다."**(단 3:16) 우리가 하나님이 아닌 우상 신에게 절할 수 없다는 것은 하나님의 백성으로 하나님의 자녀로 너무나 당연한 것이 아니겠습니까? 이어지는 17절의 말씀을 보십시오. **"왕이여 우리가 섬기는 하나님이 계시다면 우리를 맹렬히 타는 풀무불 가운데에서 능히 건져내시겠고 왕의 손에서도 건져내시리이다."** 하나님의 전능하신 능력을 믿는다는 고백이 아닙니까? 그런데 이 세 청년의 절정의 고백은 그다음 절에서 만납니다. **"그렇게 하지 아니하실지라도 (Even If) 왕이여 우리가 왕의 신들을 섬기지도 아니하고 왕이 세우신 금신상에게 절하지도 아니할 줄을 아옵소서."** 우리가 기대한 그런 축복을 주시지 아니하실지라도 감사하겠다는 고백이 아닙니까?

오늘을 사는 성도들의 보편적 감사의 태도는 "'만일 하나님이 우리의 기도를 들으시고 우리를 축복하신다면,' 감사하겠습니다"입니다. 그리고 우리는 기도의 응답 혹은 하나님의 축복을 경험하면서 '그 축복 때문에(because of)' 감사를 드리기도 합니다. 그러나 오늘날 얼마나 많은 성도들이 다니엘의 세 친구처럼 '그리 아니하실지라도(Even If, In Spite Of)' 감사하며 살아갈 수가 있겠습니까? 이 세 친구의 풀무불 사건은 어떻게 귀결됩니까? 왕은 이 세 사람을 불 속에 던졌습니다만, 불 속에는 네 사람이 다니고 있었습니다. 이 네 번째 사람은 도대체 누구입니까? 성경학자들은 그분이 바로 고난 중에 우리와 함께 하시는 임마누엘, 우리와 함께 하시는 하나님의 아들, 그리스도라고 증언하지 않습니까? 그분은 오늘도 우리에게 이렇게 말씀하십니다. **"이것을 너희에게 이르는 것은 너희로 내 안에서 평안을 누리게 하려 함이라 세상에서는 너희가 환난을 당하나 담대하라 내가 세상을 이기었노라."**(요 16:33) 마태복음에서의 예수 그리스도의 마지막 약속을 기억하십니까? **"...볼지어다 내가 세상 끝날까지 너희와 항상 함께 있으리라."**(마 28:20) 그는 세상의 풀무불 속에서도 우리와 함께 하십니다. 그는 세상의 거친 풍랑 파도 속에서도 우리와 함께 하십니다. 그는 세상의 메마른 광야, 뱀과 전갈의 위험, 온갖 전염병의 바이러스가 횡행하는 그곳에도 함께 하십니다. 그는 세상의 전쟁의 포연이 가득한 참호 속에서도 우리와 함께 하시는 임마누엘이십니다. 그러므로 우리는 어디에서나 어떤 상황에서도 감사할 수 있습니다.

그래서 우리는 우리가 잘 부르는 찬송의 가사처럼 "높은 산이 거친 들이 초막이나 궁궐이나 내 주 예수 모신 곳이 그 어디나 하늘나라"^(찬438장)라고 고백할 수 있습니다. 그때 우리는 언제 어디서나 초막절의 감사를 우리 주님께 드릴 수가 있습니다. 그리고 우리는 그런 감사의 타이밍을 놓치지 말아야 합니다. 그래야 범사에 감사하는 성도, 범사에 승리하는 성도가 될 줄로 믿습니다.

2. 감사의 방법입니다.

우리는 이제 감사의 방법을 이스라엘이 초막절을 축하하는 방식에서 배우고자 합니다. **"절기를 지킬 때에는 너와 네 자녀와 노비와 네 성중에 거주하는 레위인과 객과 고아와 과부가 함께 즐거워하되."**^(신 16:14) 15절 마지막에도 **"너는 온전히 즐거워할지니라"**라고 즐거워할 것을 강조합니다. 초막절은 즐거움의 축제였던 것입니다. 그런데 이 축제는 소수의 하나님의 백성들의 리더들만의 축제가 아니었습니다. 그들 사회에서 가장 소외되고 있던 소위 사회적 약자들이 이 축제의 주인공이 되게 하라고 말씀하십니다. 아이들이 인간 대접을 받지 못하던 시절, 자녀들도 이 축제에서 예외이어서는 안 된다고 말씀하시고, 노비들도 이 축제의 즐거움에서 예외가 되어서는 안 된다고 말씀하십니다. 문자 그대로 모두가 함께 즐거워할 수 있는 '나눔의 축제'가 되어야 한다는 것입니다.

진정한 하나님의 백성들의 감사는 나눔으로 나타날 수 있어야 하고, 그래서 인간이 만든 모든 차별의 벽이 허물어지고 우리 모두가 함께 나누고 함께 먹고 함께 감사하고 함께 즐거워할 수 있어야 한다는 것입니다. 저는 이번 장을 쉼표의 발견으로 시작했습니다. 우리의 마음이 참으로 하나님의 안식에 거하게 되면 발견되는 이웃들이 있어야 한다는 것입니다. 우리의 미래를 계승할 우리의 자녀들 그리고 우리를 돕는 헌신적 노비들(여러 형태의 삶의 도우미들)도 새롭게 발견해야 합니다. 그리고 우리를 대신하여 하나님의 성전을 지키고 우리를 대신하여 기도하던 영적 헌신자들, 오늘의 레위인도 잊지 말아야 할 것입니다. 그리고 우리의 집 울타리 밖에서 소외되고 있던 나그네인 난민들, 해외 유학생들, 외국 노동자들, 고아와 과부들, 독거노인들... 그들을 소중한 이웃으로 발견하고 함께 즐거워하는 날, 그날이 바로 초막절의 존재 이유였던 것입니다.

저는 선교도 본질적으로 나눔이라고 믿습니다. 먼저 은혜를 받고 먼저 축복을 경험한 주의 백성들이 마음을 열고 지갑을 열고 시간을 내고 몸과 영혼으로 하나님의 사랑을 필요로 하는 이웃들을 찾아가 그들의 발을 씻어주고 영혼을 씻어주는 일이라고 믿습니다. 이번 여름 한 주 동안 우리는 전주 일대로 내려가 〈블레싱 전주〉 사역을 시작합니다. 70여 개 교회들로 흩어져 필요한 섬김으로 미자립교회들을 섬길 것입니다. 우리 교회의 동역 교회들도 자리를 함께 할 것입니다. 그리고 특히 수,

목, 금, 사흘 저녁에 걸쳐 전주 실내체육관에서 복음화 대회를 갖고자 합니다. 아마 5천여 성도들이 전주에서 한 주간 말씀의 나눔, 사랑의 나눔, 은혜의 나눔, 축복의 나눔을 갖게 될 것입니다. 저는 지구촌 교우들이 하루 이틀이라도 모두 다녀갈 것을 기대합니다. 전주를 중심으로 한 호남지역은 초기 한국을 찾은 선교사들의 피와 눈물과 땀이 적셔진 지역입니다.

한국에 최초 선교사의 타이틀을 갖고 이 땅에 온 언더우드 선교사님이 그의 첫 안식년을 맞이하여 미국에 갔을 때, 그는 미국 남부 지역을 순회하며 서울과 평양에는 약간의 선교사들이 있지만 한국 충청도와 전라도에는 한 명의 선교사도 없다고 복음을 애타게 기다리는 한국 땅에 선교사를 파송해 달라고 호소합니다. 이 호소에 응답하여 소위 호남 선교 개척자 7인이 한국에 오게 됩니다. 3명의 남자 선교사(윌리엄 레이놀즈, 루이스 테이트, 윌리엄 전킨)와 4명의 여선교사들이 와서 전주를 중심으로 선교를 시작합니다. 그 중 전킨 선교사는 군산에서 영명학교를 설립하고 전주 인근에 6개 교회를 개척하고 포사이드 선교사와 함께 고아원을 건립하고 선교본부의 휴식 명령을 거스르고 전도에 헌신하다가 43세를 일기로 폐렴과 장티푸스에 걸려 사망합니다. 그러나 그의 부인은 남편의 자리를 지키며 남편을 기념하는 교회 종을 남편이 사역하던 서문교회에 매달고 복음의 종소리가 그 땅에 크게 울리기를 기도합니다. 전킨은 군산과 전주의 청년들에게 처음 야구와 축구를 가르치기도 했습니다. 그는 마지막 순간에 가쁜 숨을 쉬며 "나의 삶은 값진 인생이었습니다. 나는 행복합니다"라는 말을 남겼습니다.

그런가 하면 우리는 전주에서 전주 최초의 병원인 예수 병원을 만나게 될 것입니다. 1897년 30세의 푸른 눈을 가진 한강 이남의 최초의 여의사라고 불린 마티 잉골드는 이 병원을 세워 1925년 58세의 나이로 은퇴할 때까지 자신의 몸을 돌보지 않고 호남의 모든 병든 자들의 어머니로 살았고 그녀의 나이 96세까지 한국을 위한 중보기도를 하루도 빠지지 않고 했다고 합니다. 그녀가 남긴 일상의 기도가 있습니다. "저를 이기적이지 않게 도우시고 제가 거저 받았으니 거저 주게 하소서." 그녀의 기도가 우리의 기도가 되었으면 합니다.

CHAPTER 20
공의를 따라 살라

● 신명기 16장 18-22절

¹⁸네 하나님 여호와께서 네게 주시는 각 성에서 네 지파를 따라 재판장들과 지도자들을 둘 것이요 그들은 공의로 백성을 재판할 것이니라 ¹⁹너는 재판을 굽게 하지 말며 사람을 외모로 보지 말며 또 뇌물을 받지 말라 뇌물은 지혜자의 눈을 어둡게 하고 의인의 말을 굽게 하느니라 ²⁰너는 마땅히 공의만을 따르라 그리하면 네가 살겠고 네 하나님 여호와께서 네게 주시는 땅을 차지하리라 ²¹네 하나님 여호와를 위하여 쌓은 제단 곁에 어떤 나무로든지 아세라 상을 세우지 말며 ²²자기를 위하여 주상을 세우지 말라 네 하나님 여호와께서 미워하시느니라

CHAPTER 20
공의를 따라 살라

최근 서구 사회에 정치 사상적 토론의 화두를 던진 중요한 책이 있다면 하버드 대학의 정치철학자 마이클 샌델이 쓴 《*정의란 무엇인가*》(와이즈베리 역간)라는 책일 것입니다. 이 책은 정의에 대한 해답을 제공하는 책은 아닙니다. 정의를 고민하게 하는 책이라는 말이 정답일 것입니다. 그는 이 책에서 우리가 취할 수 있는 크게 세 가지 접근 방법을 설명합니다. 첫째는 공리주의의 길입니다. 이 접근에 따르면 정의는 최대 다수의 최대 행복을 모색하는 것이라고 할 것입니다. 둘째는 자유 지상주의의 길입니다. 이 접근에 따르면 정의는 각자의 선택의 자유를 존중하는 것이라고 할 수 있습니다. 그런데 이 두 가지 입장은 각각의 한계를 지니고 있다고 지적합니다. 그리고 세 번째는 마이클 샌델 교수가 선호하는 공공선의 길입니다. 정의란 공공선을 함께 고민하고 공공의 미덕을 추구하는 것이라는 입장입니다. 그는 도덕을 회피하기보다 도덕에 기초한 정의의 추구가 훨씬 더 바람직한 사회를 만들어 갈 수가 있다고 주장합니다. 그러나 마이클 샌델은 이런 도덕의 근원이 무엇인지는 말하지 않습니다.

본문에는 재판관과 지도자들이 등장합니다. 재판관은 오늘의 법정의 판사들과 유사한 기능을 하는 것으로 보이고 지도자들은 재판관을 보좌하는 행정 관리들을 의미하는 것으로 보입니다. 본문 18절을 보겠습니다. **"네 하나님 여호와께서 네게 주시는 각 성에서 네 지파를 따라 재판장들과 지도자들을 둘 것이요 그들은 공의로 백성을 재판할 것이니라."** 이 사회 지도자들의 가장 중요한 책임이 공의로 재판하는 것이라고 역설합니다. 이 강조는 20절에서 다시 반복됩니다. **"너는 마땅히 공의만을 따르라 그리하면 네가 살겠고 네 하나님 여호와께서 네게 주시는 땅을 차지하리라."** 여기 등장하는 히브리어 '체데크/쩨데크(tsedeq)'는 굽은 것이 없는 곧고 공정한 하나님의 성품을 의미하는 단어입니다. 우리가 공의를 추구해야 할 이유는 바로 우리가 믿고 따르는 하나님이 공의로우신 하나님이시기 때문입니다. 모세는 이스라엘 백성들이 약속의 땅에 들어가 만들어갈 새로운 사회가 이런 하나님의 성품을 반영하는 공의로운 사회가 될 것을 기대했습니다. 하나님의 나라는 궁극적으로 공의로운 나라여야 하기 때문입니다.

모세는 이제 이 공의로운 판단의 걸림돌이 될 세 가지 요소를 경계하라고 본문에서 가르칩니다. 공의로운 판단의 장애물 세 가지는 무엇일까요?

1. 외향적 편견입니다.

"너는 재판을 굽게 하지 말며 사람을 외모로 보지 말며..."(신 16:19)

우선 재판에 있어 외향적 판단은 금물입니다. 그중에서도 제일 금할 것은 사람을 외모로 판단하는 것입니다. 외모는 우리가 한 사람을 만날 때 제일 먼저 보이는 것입니다. 그래서 우리는 외모로 사람을 판단하고 싶은 유혹을 받습니다. 그러나 인간을 성경이 말할 때 겉사람과 속사람으로 말하는데 겉사람이 속사람을 결정하지 않는다는 것입니다. 그리고 인간의 진실성은 사실 속사람에 의해 결정되는 것이지 겉사람에 의해 결정되지 않는다는 것입니다. 사무엘 선지자가 이새의 아들 중에서 미래의 지도자를 선택하고자 할 때 하나님이 사무엘에게 주신 주의 사항이 용모와 키를 보지 말라는 것이었습니다. 그 대목을 사무엘상 16장 7절에서 보시겠습니다. **"여호와께서 사무엘에게 이르시되 그의 용모와 키를 보지 말라 내가 이미 그를 버렸노라 내가 보는 것은 사람과 같지 아니하니 사람은 외모를 보거니와 나 여호와는 중심을 보느니라."**

사실, 하나님이 인간을 선택할 때 외모를 따라 선택하신다면 어떤 일이 벌어질까요? 바울 사도가 하나님이 쓰시는 사람들의 선택의 준거를 어떻게 말씀하십니까?

> **그러나 하나님께서 세상의 미련한 것들을 택하사 지혜 있는 자들을 부끄럽게 하려 하시고 세상의 약한 것들을 택하사 강한 것들을 부끄럽게 하려 하시며 하나님께서 세상의 천한 것들과 멸시 받는 것들과 없는 것들을 택하사 있는 것들을 폐하려 하시나니.**(고전 1:27-28)

이렇게 하나님은 오히려 세상에서 미련한 것, 약한 것, 천한 것, 멸시 받을 만한 것, 없어 보이는 것들을 선택하셔서 사용하신다는 것입니다. 왜 그렇게 하실까요? 고린도전서 1장 29절이 대답을 들려줍니다. **"이는 아무 육체도 하나님 앞에서 자랑하지 못하게 하려 하심이라."** 우리는 예수님을 생각할 때 멋있고 준수한 외모를 항상 연상합니다. 모든 성화가 그렇게 상상하여 그리고 있습니다. 그러나 어쩌면 예수님의 외모도 우리가 연상하는 그런 외모는 아닐 수 있습니다.

　　이사야 선지자는 메시아 되신 그리스도의 오심을 예언하며 그분의 모습을 어떻게 증거합니까? **"그는… 마른 땅에서 나온 뿌리 같아서 고운 모양도 없고 풍채도 없은즉 우리가 보기에 흠모할 만한 아름다운 것이 없도다."**(사 53:2) 미남 예수님만을 연상하신 분들은 실제 예수님을 뵙고 실망하실지도 모릅니다. 하나님은 외모를 따라 선택하시지 않는다고 말하고 있는 바울 사도의 외모는 어떨 것이라고 상상하십니까? 성경은 아니지만 외경 《*바울과 테크라 행전*(Acts of Paul and Thecla)》에 보면 바울의 외모를 '키는 작고 머리는 대머리였고 다리는 안창 다리이며 눈썹은 굵고 매부리코였다'고 기록하고 있습니다. 사람을 외모로 보지 마십시다. 재판의 가장 큰 왜곡은 사람을 외모로 판단하는 데서 시작된다고 성경은 경고합니다. 외모를 보지 않고 사람을 중심으로 판단하는 것이 공의 실현의 중요한 잣대입니다.

2. 뇌물의 영향입니다.

"...또 뇌물을 받지 말라 뇌물은 지혜자의 눈을 어둡게 하고 의인의 말을 굽게 하느니라."(신 16:19) 여기서 뇌물을 받지 말라고 하며 모세는 뇌물이 눈을 어둡게 한다고 말합니다. 그리고 의인의 말을 굽게 한다, 곧 왜곡하게 한다는 것입니다. 출애굽기 23장 8절에서는 **"뇌물은 밝은 자의 눈을 어둡게 하고"**라고 했습니다. 일단 뇌물을 받고 나면 밝은 눈이 어두워진다는 것입니다. 전도서 7장 7절에 보면 **"뇌물이 사람의 명철을 망하게 하느니라"**라고 했습니다. 사무엘상 8장 3절에는 사무엘의 아들들이 아버지의 뒤를 이어 이스라엘의 사사(재판관, Judge)가 되었을 때 **"그의 아들들이 자기 아버지의 행위를 따르지 아니하고 이익을 따라 뇌물을 받고 판결을 굽게 하니라"**라고 고발하고 있습니다.

한 나라의 부패지수를 따질 때 가장 중요하게 보는 것이 뇌물의 통용 여부를 봅니다. 우리나라는 수년 전까지만 해도 세계에서 중간 이하로 비교적 부패한 국가였지만, 지난 몇 년간의 사회적 노력으로 현저하게 개선되어 이제는 세계 22위 국가로 뇌물이 통하지 않는 비교적 청렴한 국가로 분류되기 시작한 것은 우리 모두 기뻐할 일입니다. 그런데 흥미로운 것은 세계에서 가장 부패한 국가로 북한이 지적되고 있다는 것입니다. 세계 180개 국가 중에 170위로 세계 최하위에 속하고 있는 것으로 나타나고 있습니다. 북한은 뇌물 없이는 사회에서 진급도 출세도 불

가능한 사회로 인지되고 있다는 것입니다. 북한 관리들의 사회적 약자들에 대한 무분별한 체포 등은 뇌물 강요의 보편적 수단이 되고 있다는 것입니다. 잠언서를 읽어 보면 뇌물과 비슷한 선물은 꼭 나쁘게 보지 않고 긍정적인 특성도 있다고 말합니다. 그러면서도 뇌물은 하나님의 백성들이 경계해야 할 것으로 경고합니다. **"이익을 탐하는 자는 자기 집을 해롭게 하나 뇌물을 싫어하는 자는 살게 되느니라"**(잠 15:27)라고 말합니다. 뇌물을 멀리하는 것이 한 집안, 한 국가를 살리는 길이라고 말합니다.

유다 왕 여호사밧은 나라를 개혁하며 제일 먼저 사법 개혁을 합니다. 그리고 재판관들에게 그들이 재판하는 동기가 사람들을 위한 재판이 아니라 하나님을 위한 재판이 되어야 한다고 역설합니다. **"또 유다 온 나라의 견고한 성읍에 재판관을 세우되 성읍마다 있게 하고 재판관들에게 이르되 너희가 재판하는 것이 사람을 위하여 할 것인지 여호와를 위하여 할 것인지를 잘 살피라 너희가 재판할 때에 여호와께서 너희와 함께 하심이니라."**(대하 19:5-6) 그러면 여호와 하나님이 함께 하시는 재판의 성격은 어떤 것일까요? **"그런즉 너희는 여호와를 두려워하는 마음으로 삼가 행하라 우리의 하나님 여호와께서는 불의함도 없으시고 치우침도 없으시고 뇌물을 받는 일도 없으시니라 하니라."**(대하 19:7) 뇌물을 받는 일이 없으신 하나님, 그 하나님을 섬기는 사람들이라면 마땅히 뇌물을 멀리하는 사람들이 되어야 할 줄로 믿습니다. 그것이 하나님의 공의를 실현하는 길이기 때문입니다.

3. 탐욕의 우상입니다.

마지막으로 본문이 가르치는 하나님의 공의 실현의 장애물은 탐욕의 우상입니다. **"네 하나님 여호와를 위하여 쌓은 제단 곁에 어떤 나무로든지 아세라 상을 세우지 말며 자기를 위하여 주상을 세우지 말라 네 하나님 여호와께서 미워하시느니라."**(신 16:21-22) 여기서 하나님의 공의의 실현을 말하다가 모세는 갑자기 이스라엘 백성들이 약속의 땅에 들어가 만나게 될 우상을 언급합니다. 약속의 땅의 대표적 우상이 바알과 아세라 상이었습니다. 바알은 주인이란 뜻으로 풍요와 농사의 비를 주관하는 신으로 이스라엘 백성들은 그들의 약속의 땅의 번영을 위해 쉽게 그 신을 섬기고자 하는 미혹을 받게 되었습니다. 아세라는 가나안 약속의 땅의 여신으로 생식을 주관하는데, 바알과 아세라의 축복 없이는 미래 세대의 생식도 번영도 기대할 수 없다고 쉽게 믿게 된 것입니다. 이스라엘 백성 중에는 여호와 하나님을 믿으면서도 가나안 주민들이 오랫동안 믿어 온 바알과 아세라의 신을 함께 믿고자 하는 사람들이 일어날 것을 하나님이 아시고 한편에 여호와의 제단을 그리고 그 옆에는 바알과 아세라의 목상을 함께 섬길 세대가 일어날 것을 경고하신 것입니다.

모든 우상은 자기 탐욕의 발현인 것입니다. 그래서 **"탐심은 우상 숭배니라"**(골 3:5)라고 하지 않았습니까? 우리 시대의 사람들은 다를까요? 하나님도 믿고 섬기지만 돈도 함께 섬기려는 유혹이 없나요? 사실 우리 시대의 가장 강력한 우상은 맘몬 신의 우상이 아닙니까? 그래서 예수님은 어떻게 경고하십니까? 마태복음 6장 24절 말씀을 기억합시다. **"한 사람이 두 주인을 섬기지 못할 것이니 혹 이를 미워하고 저를 사랑하거나 혹 이를 중히 여기고 저를 경히 여김이라 너희가 하나님과 재물을 겸하여 섬기지 못하느니라."** 맘몬교의 신앙고백을 들어보셨습니까? "나는 전능하신 맘몬을 믿사오며 그 외아들 탐심을 믿사오니 이는 악령으로 잉태하사 내 욕망에서 나시고 내 경건의 십자가에 못 박히셨으나 장사한 지 사흘 만에 다시 살아나시어 하나님 우편에 계시다가 이 땅의 산 자들과 죽은 자들을 지배하러 오시리라." 재물에 빠지다 보면 재물을 신으로 믿고 섬기는 미혹에 결국 굴복할 것입니다. 정당하게 재물을 얻는 것은 칭찬받을 일입니다. 그러나 그 재물을 우상의 수준에서 섬기다 보면 재물에 마음이 빼앗기고 재물을 신으로 섬길 수도 있는 것을 예수님이 경계하신 것입니다.

우리 시대의 또 하나의 우상 신은 성공입니다. 우리는 하나님도 믿고 성공도 믿고자 합니다. 그래서 성공을 자기의 우상으로 받들고 성공하기 위해서는 모든 것을 포기할 수도 있습니다. 이제 성공이 자기 신이 된 것입니다. 성실한 노력은 칭찬받아 마땅한 일입니다. 그러나 성실을 넘어서서 성공의 제단 위에 자기 인생을 제물로 바치고, 성공하기 위해서는 신앙도 양심도 포기할 각오가 되어 있다면, 그는 이미 성공의 우상 신을 섬기는 성공교의 신자가 된 것입니다. 우리는 성공을 종으로 부리는 사람이 되어야지 결코 성공을 주인으로 섬길 수는 없는 것입니다.

내 마음과 사랑과 관심을 받아 마땅한 유일하신 분은 오직 창조자 하나님, 그리고 구속자 예수님, 그리고 우리 안에 계신 거룩한 성령님이심을 믿고 그분을 높이고 그분을 경배하시기 위해서만 살고자 하십니까? 그들은 탐욕의 우상에서 자유한 하나님의 백성으로 살 것입니다. 오직 공의로우신 하나님 한 분만을 높이는 공의로운 주의 백성 되시기를 축복합니다.

CHAPTER 21
하나님이 기뻐하시는
리더십

¹⁴네가 네 하나님 여호와께서 네게 주시는 땅에 이르러 그 땅을 차지하고 거주할 때에 만일 우리도 우리 주위의 모든 민족들 같이 우리 위에 왕을 세워야겠다는 생각이 나거든 ¹⁵반드시 네 하나님 여호와께서 택하신 자를 네 위에 왕으로 세울 것이며 네 위에 왕을 세우려면 네 형제 중에서 한 사람을 할 것이요 네 형제 아닌 타국인을 네 위에 세우지 말 것이며 ¹⁶그는 병마를 많이 두지 말 것이요 병마를 많이 얻으려고 그 백성을 애굽으로 돌아가게 하지 말 것이니 이는 여호와께서 너희에게 이르시기를 너희가 이 후에는 그 길로 다시 돌아가지 말 것이라 하셨음이며 ¹⁷그에게 아내를 많이 두어 그의 마음이 미혹되게 하지 말 것이며 자기를 위하여 은금을 많이 쌓지 말 것이니라 ¹⁸그가 왕위에 오르거든 이 율법서의 등사본을 레위 사람 제사장 앞에서 책에 기록하여 ¹⁹평생에 자기 옆에 두고 읽어 그의 하나님 여호와 경외하기를 배우며 이 율법의 모든 말과 이 규례를 지켜 행할 것이라 ²⁰그리하면 그의 마음이 그의 형제 위에 교만하지 아니하고 이 명령에서 떠나 좌로나 우로나 치우치지 아니하리니 이스라엘 중에서 그와 그의 자손이 왕위에 있는 날이 장구하리라

CHAPTER 21
하나님이 기뻐하시는 리더십

우리나라 한국사를 공부할 때 종종 대비되는 리더십이 임진왜란 당시의 해군을 이끈 두 리더 원균과 이순신입니다. 두 사람 다 한국 수군을 통제하는 리더였고 같은 남쪽 바다에서 동일한 적인 왜군을 상대로 동일한 아군 수군을 거느리고 싸웠습니다. 그러나 결과적 차이는 정반대였습니다. 원균이 더 많은 아군 수군을 거느리고 유리한 조건에서 왜군을 상대하면서도 패배할 때, 이순신은 훨씬 불리한 여건에서 왜군을 상대하면서도 승리를 거두었습니다. 그 차이가 무엇이었습니까? 리더십의 차이였습니다. 우리나라 축구 대표 선수들이 수많은 감독을 바꾸어 가며 성적의 향상을 시도했지만 변변치 않은 성적을 거두다가, 2002년 월드컵 경기를 앞둔 한국은 히딩크 감독을 전격적으로 영입하여 4강에 드는 기록을 세웠습니다. 우리는 모두 그것이 히딩크의 리더십 때문임을 인정하고 있습니다. 동남아시아 축구 경기에서 최하위를 면하지 못하던 베트남이 히딩크 사단의 수석 코치였던 박항서 감독을 영입한 후, 베트남 축구대표팀이 기대 이상의 결과를 낳는 것을 우리는 목격했습니다. 베트남 국민들은 이런 결과가 아버지처럼 선수들을 이끈 박항서 감독의 리더십 때문인 것을 인정하고 있습니다.

영어로 리더십은 배(ship)를 이끌어가는 사람(leader), 'leadership'입니다. 배는 우리가 운명을 같이하는 공동체를 뜻하는 것입니다. 이런 배를 누가 어떻게 어디로 이끌어 가느냐가 바로 리더십인 것입니다. 배의 선장의 리더십에 따라 배에 탄 사람들의 운명이 결정되는 것입니다. 리더십은 이렇게 중요한 것입니다. 본문에는 이스라엘 백성들이 약속의 땅에 들어가 다른 나라처럼 왕을 세우고자 하는 생각이 난다면, 그때 어떤 사람을 왕으로, 리더로 세울 것인가를 모세가 백성들에게 미리 지시하는 말씀입니다. 본문의 시작을 알리는 14절 말씀을 보겠습니다. **"네가 네 하나님 여호와께서 네게 주시는 땅에 이르러 그 땅을 차지하고 거주할 때에 만일 우리도 우리 주위의 모든 민족들 같이 우리 위에 왕을 세워야겠다는 생각이 나거든."** 그때 사실 왕이 없어도 이스라엘 백성들에게는 여호와 하나님이 왕이셨습니다. "Yahweh is the King(여호와 하나님이 왕이십니다)." 이것이 그들의 고백이어야 했습니다. 이런 형태의 국가를 신정국가(Theocracy)라고 합니다. 그러나 하나님은 이스라엘 백성들이 보이지 않는 여호와 하나님을 리더로 하기보다 눈에 보이는 인간을 왕으로 요구할 것을 아신 것입니다. 그리고 미리 리더십의 원칙 혹은 처방을 모세를 통해 백성들에게 말씀하신 것입니다.

그렇다면 하나님이 기뻐하시는 리더십의 표준은 어떤 사람이어야 할까요?

1. 형제 가운데 교만하지 아니한 사람입니다.

"반드시 네 하나님 여호와께서 택하신 자를 네 위에 왕으로 세울 것이며 네 위에 왕을 세우려면 네 형제 중에서 한 사람을 할 것이요 네 형제 아닌 타국인을 네 위에 세우지 말 것이며."(신 17:15) 왜 형제 중에서 리더를 택하게 하셨을까요? 그래야 형제들의 사정을 제대로 살필 수 있는 까닭이었습니다. 그러나 형제 중 아무나 세울 것은 아니었습니다. 형제 중에 세우지 못할 대상을 경고하십니다. "그리하면 그의 마음이 그의 형제 위에 교만하지 아니하고..."(신 17:20) 교만한 형제만은 리더의 후보에서 제외해야 했습니다. 성경에서 하나님이 가장 싫어하는 인간은 교만한 인간입니다. 왜냐하면 교만은 바로 자신을 하나님의 자리에 높이려는 죄악이기 때문입니다. 베드로전서 5장 5절의 말씀을 기억하십니까? "...하나님은 교만한 자를 대적하시되 겸손한 자들에게는 은혜를 주시느니라." 교만한 자는 하나님의 음성을 들을 수 있는 귀가 없고 하나님의 은혜를 갈망하는 마음이 없습니다.

그러므로 하나님은 교만의 반대인 겸손의 성품을 가진 자를 리더로 세우고자 하십니다. 유명한 성자 어거스틴에게 한 제자가 묻습니다.

"그리스도인에게 가장 큰 덕이 무엇입니까?"

"첫째는 겸손이지요."

"둘째로 큰 덕은 무엇입니까?"

"둘째는 겸손이지요."

"셋째는요?"

"셋째도 겸손입니다."

그러자 제자가 다시 물었다고 합니다.

"겸손의 반대는 무엇입니까?"

"겸손의 반대는 교만입니다."

"어떤 사람이 교만한 사람인가요?"

"자신이 겸손하다고 착각하는 사람이지요."

참으로 겸손한 리더는 끊임없이 자신을 성찰하는 리더입니다. 그리고 주변의 충고에 마음과 귀를 열고 경청할 줄 아는 리더입니다. 그리고 함께 하는 사람들을 신뢰하고 그들의 재능과 최선을 끌어내는 협업의 사람이어야 합니다. 리더가 주변을 믿지 못하고 혼자서 독단적으로 모든 것을 처리할 때 그는 이미 리더십의 역량을 포기한 것입니다.

그래서 이번 본문에서 모세는 그의 마음이 형제 중에 교만하지 아니한 사람을 리더로 세우라고 말합니다. 이스라엘의 역사에서 이런 리더십에 가장 근접한 사람이 다윗이었습니다. 다윗이 세운 나라의 모태는 아둘람 굴이었습니다. 이스라엘 서남쪽 중앙 산악지대로 쉐펠라란 곳에 있는 이 동굴에 다윗 당시 원통하고 억울한 인생의 아픔을 가진 각양의 사람들이 다윗의 리더십을 통한 치유를 기대하고 모여들었습니다. **"환난 당한 모든 자와 빚진 모든 자와 마음이 원통한 자가 다 그에게로 모였고 그는 그들**

의 우두머리가 되었는데 그와 함께 한 자가 사백 명 가량이었더라."(삼상 22:2) 다윗은 이런 상처받은 사람들의 원통한 소리를 경청할 마음의 귀가 열려 있었던 사람이었습니다. 그리고 나단 선지자의 잘못을 지적하는 책망에 무릎을 꿇고 아랫사람의 말도 수용할 수 있는 겸손한 지도자였습니다. 그가 바로 메시아의 가계를 준비할 리더가 된 것입니다.

2. 하나님만을 의지할 수 있는 사람입니다.

"그는 병마를 많이 두지 말 것이요 병마를 많이 얻으려고 그 백성을 애굽으로 돌아가게 하지 말 것이니 이는 여호와께서 너희에게 이르시기를 너희가 이 후에는 그 길로 다시 돌아가지 말 것이라 하셨음이며."(신 17:16) 이스라엘 백성들이 이 말씀을 받고 있는 순간, 당시 세계 최대의 제국은 애굽이었습니다. 그들은 바로의 강력한 군사력을 이미 경험한 바가 있었습니다. 따라서 가나안 땅에 들어갈 때 자연스럽게 애굽처럼 강력한 군사력을 갖기를 소원하고 있었던 것입니다. 그래서 조만간 애굽과 타협하거나 애굽으로 돌아가 그런 군사력을 배워 오기를 열망하고 있었던 것입니다. 문제는 그렇게 되면 이스라엘은 여호와 하나님이 아닌 애굽을 그들의 신으로 섬기고 그들이 축적한 군사력을 신으로 섬길 가능성이 있었던 것입니다. 이어서 모세는 이스라엘의 마음이 하나님에게서 떠날 수 있는 두 가지 요소를 더 경계하였습니다.

"그에게 아내를 많이 두어 그의 마음이 미혹되게 하지 말 것이며 자기를 위하여 은금을 많이 쌓지 말 것이니라."(신 17:17) 리더가 여러 아내를 두고, 그의 생각이 이런 인간적 쾌락에 종속된다면 그의 나라를 향한 통치는 흔들릴 수밖에 없는 것을 아셨습니다. 사실 한 아내도 기쁘게 하는 일이 쉽지 않은데 어떻게 여러 여인들의 욕구를 만족시킬 수 있겠습니까? 고린도전서 7장에 보면 부부로 살다가 혼자된다든지, 독신으로 살아가는 삶에도 유익이 있다고 바울은 말합니다.

> ...장가 가지 않은 자는 주의 일을 염려하여 어찌하여야 주를 기쁘시게 할까 하되 장가 간 자는 세상 일을 염려하여 어찌하여야 아내를 기쁘게 할까 하여 마음이 갈라지며 시집 가지 않은 자와 처녀는 주의 일을 염려하여 몸과 영을 다 거룩하게 하려 하되 시집 간 자는 세상 일을 염려하여 어찌하여야 남편을 기쁘게 할까 하느니라.(고전 7:32-34)

한 공동체의 리더는 가정의 삶에도 모본이 되어야 하지만, 가정에 너무 얽매이는 것은 하나님의 뜻에 합당한 것은 아닙니다. 디모데후서 2장 4절의 말씀을 기억합시다. "병사로 복무하는 자는 자기 생활에 얽매이는 자가 하나도 없나니 이는 병사로 모집한 자를 기쁘게 하려 함이라."

마지막 주의사항은 "은금을 많이 쌓지 말 것이니라"(신 17:17)라고 말씀합니다. 재물 획득에 눈이 어두워진 리더가 공동체에 긍정적 기여를 한 사례는 존재하지 않습니다. 예로부터 나라에 유익한 관리들을 우리는 청백리라고 불러왔습니다. 유명한 맹사성, 황희 정승, 최만리, 이항복, 이율곡, 퇴계 이황, 유성룡 등은 모두 조선시대 청백리의 이름을 얻었고 그들이 자리에 있는 동안 나라는 국가의 품격을 지켜낼 수 있었습니다. 은금에 정신이 팔린 사람들에게 공의로운 리더십을 기대할 수는 없는 일입니다. 예수님은 재물에 생각이 빼앗기고 있던 민중들에게 **"너희는 먼저 그의 나라와 그의 의를 구하라 그리하면 이 모든 것을 너희에게 더하시리라"**(마 6:33)라고 말씀하십니다.

3. 말씀을 경청하고 순종할 사람입니다.

하나님을 기쁘시게 하는 리더십의 마지막 자격으로 모세는 하나님의 말씀을 경청하고 순종할 사람이라고 말합니다. **"그가 왕위에 오르거든 이 율법서의 등사본을 레위 사람 제사장 앞에서 책에 기록하여 평생에 자기 옆에 두고 읽어 그의 하나님 여호와 경외하기를 배우며 이 율법의 모든 말과 이 규례를 지켜 행할 것이라."**(신 17:18-19) 본문의 율법서는 하나님의 말씀인 토라를 의미합니다. 그 말씀을 등사하여 책으로 기록한 다음 옆에 두고 읽으라고 말합니다. 뿐만 아니라, 이 말씀으로 하나님 경외하기를 배우고 더 나아가 그 말씀대로 순종하고 행하는 삶을 살아야 한다는 것입니다. 성경을 옆에 두고 부적처럼 마음의 위로를 삼는 것이 아닌 그 말씀의 교훈이 리더의 삶이 되어야 한다는 것입니다. 20절은 그대로 행할 때의 복을 약속합니다. **"그리하면 그의 마음이 그의 형**

제 위에 교만하지 아니하고 이 명령에서 떠나 좌로나 우로나 치우치지 아니하리니 이스라엘 중에서 그와 그의 자손이 왕위에 있는 날이 장구하리라" 우선 하나님의 말씀을 가까이할 때에 그는 겸손한 리더십으로 그와 그의 자손이 오랫동안 복된 지도력을 누리며 장수할 것이라는 것입니다.

아마도 세계 지도자 중에 성경 말씀을 가까이 함으로 복을 누린 대표적인 사람은 이론의 여지없이 미국인들에게 1위로 존경을 받는 부동의 리더 아브라함 링컨(Abraham Lincoln)일 것입니다. 링컨은 공식적인 학교 교육을 일 년 남짓하게 받은 사람입니다. 그는 그 일 년간 겨우 읽기와 쓰기를 익혔을 뿐이었습니다. 그러나 그가 책을 읽을 수 있는 독서력을 익힌 것은 성경 읽기를 통해서였습니다. 그가 아홉 살이었을 때에 세상을 떠난 어머니로부터 그는 가장 위대한 유산을 받게 됩니다. 어머니는 죽음을 앞에 두고 아들 링컨에게 이렇게 말합니다. "아들아, 이 성경책은 나의 부모님께 받은 책이다. 이 책은 내가 여러 번 읽어 낡은 책이 되었다. 그러나 우리 집의 가장 값진 보배이다. 내가 너에게 100에이커(12만 평)의 땅을 물려주는 것보다 이 한 권의 성경책을 물려주는 것을 나는 더 기쁘게 생각한다. 너는 성경을 읽고 성경대로 살아가는 사람이 되어다오. 이것이 나의 마지막 유언이다." 마침내 미국의 제16대 대통령이 된 링컨은 다음과 같은 고백을 합니다. "나는 성경이 하나님께서 인간에게 주신 가장 큰 선물이라고 믿는다. 나는 하나님의 선물인 성경의 보화를 캐내기 위해 날마다 이 말씀을 묵상한다. 이 성경에는 예수 그리스도의 모든 값진 교훈이 다 들어있기 때문이다."

그는 대통령 취임식에서 이 작은 포켓 성경을 들어 올리며 "내가 대통령이 된 것은 바로 이 성경 때문이며 이 성경은 나의 어머니가 내게 주신 가장 고귀한 선물입니다. 나는 가급적 이 책의 교훈을 따라 나의 직무를 수행할 것입니다"라고 말합니다. 성경을 반대하는 한 친구에게 링컨은 이렇게 말했다고 합니다. "그대는 알지 못해 이 책을 반대하는 것입니다. 그대도 나처럼 성경을 읽는다면 믿음의 사람이 되고 행복한 삶을 살 것이고 또 영생을 얻을 것입니다." 그리고 그는 자신의 성경 읽기의 원칙을 고백합니다. "나는 이 책을 읽는 중에 이해가 되는 것은 즉각적으로 그대로 받아들이고, 이해하기 어려운 것은 믿음으로 수용하고 하나님께서 후일 깨닫게 하시기를 기도합니다. 그러면 이 책은 날마다의 삶에 한없는 유익을 제공합니다." 미국 26대 대통령 루스벨트는 링컨은 성경 한 권으로 만들어진 사람이라고 증언합니다. 그의 위대한 삶은 말씀을 경청하고 순종한 결과일 따름입니다. 이런 리더십이 부럽지 않으신가요?

CHAPTER 22
하나님이 일으키실
선지자

¹⁵네 하나님 여호와께서 너희 가운데 네 형제 중에서 너를 위하여 나와 같은 선지자 하나를 일으키시리니 너희는 그의 말을 들을지니라 ¹⁶이것이 곧 네가 총회의 날에 호렙 산에서 네 하나님 여호와께 구한 것이라 곧 네가 말하기를 내가 다시는 내 하나님 여호와의 음성을 듣지 않게 하시고 다시는 이 큰 불을 보지 않게 하소서 두렵건대 내가 죽을까 하나이다 하매 ¹⁷여호와께서 내게 이르시되 그들의 말이 옳도다 ¹⁸내가 그들의 형제 중에서 너와 같은 선지자 하나를 그들을 위하여 일으키고 내 말을 그 입에 두리니 내가 그에게 명령하는 것을 그가 무리에게 다 말하리라 ¹⁹누구든지 내 이름으로 전하는 내 말을 듣지 아니하는 자는 내게 벌을 받을 것이요 ²⁰만일 어떤 선지자가 내가 전하라고 명령하지 아니한 말을 제 마음 대로 내 이름으로 전하든지 다른 신들의 이름으로 말하면 그 선지자는 죽임을 당하리라 하셨느니라 ²¹네가 마음속으로 이르기를 그 말이 여호와께서 이르신 말씀인지 우리가 어떻게 알리요 하리라 ²²만일 선지자가 있어 여호와의 이름으로 말한 일에 증험도 없고 성취함도 없으면 이는 여호와께서 말씀하신 것이 아니요 그 선지자가 제 마음대로 한 말이니 너는 그를 두려워하지 말지니라

CHAPTER 22
하나님이 일으키실 선지자

인간 존재의 불안은 미래를 알지 못함에서 비롯됩니다. 그래서 누군가가 미래를 예언할 때 우리는 자연스럽게 호기심을 갖고 그에게 끌립니다. 그래서 어느 나라 어느 사회에서나 예언 장사는 인기 있는 비즈니스로 사용됩니다. 그리고 수많은 미신들이 여기서 파생하기도 합니다. 그래서 우리는 아주 자주 참된 건강한 하나님 신앙과 우리에게 궁극적으로 유익하지 못하고 유해한 미신의 차이를 분별하기 어려운 숙제 앞에 직면합니다. 우선 하나님의 백성들은 주술적인 신기한 행위에 미혹되어서는 안 될 것입니다. 모세는 본문에 앞선 신명기 18장 9-14절에서 이런 주술적 행위에 미혹되지 말라고 분명하게 경고하십니다. **"네 하나님 여호와께서 네게 주시는 땅에 들어가거든 너는 그 민족들의 가증한 행위를 본받지 말 것이니."**(신 18:9) 그 가증한 행위들이 무엇입니까? **"그의 아들이나 딸을 불 가운데로 지나게 하는 자나 점쟁이나 길흉을 말하는 자나 요술하는 자나 무당이나 진언자나 신접자나 박수나 초혼자를 너희 가운데에 용납하지 말라."**(신 18:10-11)

전도자 빌리 그래함(Billy Graham) 목사님이 한번은 언론 기자들과의 만남에서 앞으로 10년간 어떤 일들이 세상에 일어나겠느냐는 질문을 받은 적이 있었습니다. "나는 세상의 미래를 알지 못합니다. 그러나 나는 누가 세상의 미래를 붙들고 계신가를 알고 있습니다. 나는 그분을 신뢰할 따름입니다."라고 대답했다고 합니다. 우리가 신뢰할 그분은 바로 하나님과 하나님의 아들이신 예수 그리스도이십니다. 성경은 미래를 말하는 자를 예언자라고 하고 미래를 보고 있는 자를 선견자라고 합니다. 혹은 선지자라고 합니다. 본문은 포괄적으로 하나님이 사용하시는 모든 선지자들에 대한 말씀입니다. 그러나 초대 교부 이래로 본문은 궁극적으로 선지자 중의 선지자, 유일한 선지자(The Prophet)인 메시아, 예수 그리스도에 대한 예언으로 간주되어 왔습니다. 본문 서두에서 모세는 그를 '하나님이 일으키실 그 선지자'라고 말씀하십니다. 그렇다면 본문에서 예수 그리스도가 그 유일한 선지자 되신 증거 세 가지는 무엇입니까?

1. 이스라엘 백성 중에 한 형제로 오실 자입니다.

"네 하나님 여호와께서 너희 가운데 네 형제 중에서 너를 위하여 나와 같은 선지자 하나를 일으키시리니 너희는 그의 말을 들을지니라."(신 18:15) 이스라엘 백성은 구속사적으로 하나님의 선민이었습니다. 그런데 하나님은 다시 그 백성 중에서 이스라엘 백성들을 인도할 메시아를 보내시고자 계획하신 것입니다. 사실 구약에서, 특히 이스라엘이 애굽을 떠나 광야 생활을 통해 약속의 땅에 들어가기까지 모세는 이스라엘의 유일한 선지자, 유일한 지도자로 백성들을 인도해 왔습니다. 그런데 그가 이제 약속의 땅에 입성을 앞두고 내가 떠나도 나와 같은 선지자(실은 나를 넘어서는 선지자)가 일어나 너희를 인도하게 될 것이니 너희는 그의 음성을 들어야 한다고 말씀하는 것입니다. 그런데 그는 너희와 같은 이스라엘 형제 중에서 일어나게 될 것이라고 말씀하는 것입니다.

메시아는 우선 이스라엘 백성의 계보를 통해 오실 자로 예언된 분이십니다. 신약은 바로 그런 성취를 보여주는 것으로 시작됩니다. 마태복음 1장 1절의 말씀을 기억하십니까? **"아브라함과 다윗의 자손 예수 그리스도의 계보라."** 아브라함은 이스라엘의 실제적 언약의 조상이고 다윗은 이스라엘 민족의 존경과 사랑을 받는 최고의 지도자입니다. 메시아는 바로 그런 아브라함과 다윗의 후손으로 오셔야 했던 것입니다. 마태복음 1장 17절에 보면 아브라함에서 다윗까지 열네 대가 지나가고 이어서 다윗에서 이스라엘 백성이 바벨론 포로까지 다시 열네 대가 지나가고, 그리고 바벨론 포로에서 돌아와 예수에 이르기까지 다시 열네 대가 지나가야 했습니다. 이스라엘의 역사 그 자체가 예수 그리스도를 이 땅에 보내시기 위한 특별한 역사임을 가르치고 있는 것입니다. 그리고 이제 중요한 마태복음 1장 16절의 말씀을 보겠습니다. **"야곱은 마리아의 남편 요셉을 낳았으니 마리아에게서 그리스도라 칭하는 예수가 나시니라."** 할렐루야! 이제 드디어 이스라엘 형제 중에서 그리스도가 오신 것입니다.

이제 예수께서 요단 강에서 세례(침례) 요한에게 세례(침례)를 받으시는 순간은 그가 그리스도로 선포되는 순간이었습니다. **"하늘로부터 소리가 있어 말씀하시되 이는 내 사랑하는 아들이요 내 기뻐하는 자라 하시니라."**(마 3:17) 그런데 예수께서 사랑하는 수제자 베드로, 야고보, 요한과 더불어 유명한 변화산상에 오르사 그 얼굴이 해 같이 빛나며 영광의 존재로 변화되시는 순간, 예수님은 양쪽에 모세와 엘리야를 데리고 나타나십니다. 그리고 빛난 구름이 그들을 덮으며 하늘의 음성을 듣게 됩니다. **"...구름 속에서 소리가 나서 이르시되 이는 내 사랑하는 아들이요 내 기뻐하는 자니 너희는 그의 말을 들으라 하시는지라."**(마 17:5) 그 예수가 바로 모세와 엘리야가 증언하던 유일한 선지자 그리스도이시기에, 이제 인류는 모두 모세를 넘어서서 엘리야를 넘어서서 바로 그분의 음성을 들어야 했던 것입니다. 부활하신 주님이 엠마오 길의 두 제자에게 나타나셨을 때, 주님은 **"미련하고 선지자들이 말한 모든 것을 마음에 더디 믿는 자들이여"**(눅 24:25)라고 책망하시면서 누가복음 24장 27절의 행위를 하셨다고 기록합니다. **"이에 모세와 모든 선지자의 글로 시작하여 모든 성경에 쓴 바 자기에 관한 것을 자세히 설명하시니라."** 그가 바로 이스라엘 중에 그리스도로 오실 분이셨던 것입니다.

2. 하나님의 이름으로 말씀을 전하실 자입니다.

본문 19절 말씀을 보겠습니다. **"누구든지 내 이름으로 전하는**

내 말을 듣지 아니하는 자는 내게 벌을 받을 것이요." 그런데 직전 18절에 보면 주께서 일으켜 세우실 그 선지자에게 **"내 말을 그 입에 두리니"**라고 말씀하십니다. 주님이 친히 그 선지자의 입에 주신 말씀은 이제 주님의 이름으로 전파될 것을 예언하신 것입니다. 주님의 이름으로 전파되는 주님의 말씀은 그 말씀을 받지 아니하는 자들을 심판하실 것입니다. 그분의 말씀은 바로 그의 이름의 권세가 주어진 말씀입니다. 따라서 그 말씀을 거절하는 것은 바로 그분 자신을 거절하는 것입니다.

우리가 참 선지자와 거짓된 선지자를 구별하는 중요한 잣대는 하나님의 말씀을 가감 없이 그대로 전하고 있느냐를 보는 것입니다. 왜냐하면 성경의 계시의 말씀은 더할 필요도 없고 뺄 필요도 없이 완전하고 충족하게 허락된 말씀이기 때문입니다. 성경의 마지막 말씀인 요한계시록 22장 18-19절의 말씀을 기억하십니까?

내가 이 두루마리의 예언의 말씀을 듣는 모든 사람에게 증언하노니 만일 누구든지 이것들 외에 더하면 하나님이 이 두루마리에 기록된 재앙들을 그에게 더하실 것이요 만일 누구든지 이 두루마리의 예언의 말씀에서 제하여 버리면 하나님이 이 두루마리에 기록된 생명나무와 및 거룩한 성에 참여함을 제하여 버리시리라.

이를 〈계시의 충족성〉이라고 말합니다. 그리스도께서 이 땅에 오셔서 증거하신 모든 말씀으로 인류 구원을 위한 충분한 말씀을 주신 것입니다. 본문에서 모세가 증거한 그 선지자가 바로 예수님이셨던 것입니다. 그래서 이렇게 말씀하십니다. **"모세를 믿었더라면 또 나를 믿었으리니 이는 그가 내게 대하여 기록하였음이라."**(요 5:46)

그 예수님이 주신 말씀을 기억합시다. **"내가 진실로 진실로 너희에게 이르노니 내 말을 듣고 또 나 보내신 이를 믿는 자는 영생을 얻었고 심판에 이르지 아니하나니 사망에서 생명으로 옮겼느니라."**(요 5:24) 이어지는 말씀 또한 기억하십시오. **"진실로 진실로 너희에게 이르노니 죽은 자들이 하나님의 아들의 음성을 들을 때가 오나니 곧 이 때라 듣는 자는 살아나리라."**(요 5:25) 그렇습니다. 주님이신 그리스도는 지금도 이 말씀으로 죽은 영혼들을 살려내시고 있습니다. '듣는 자는 살아나리라!' 나사로가 주님의 말씀으로 다시 살아난 것처럼 죽은 영혼들이 주님의 말씀으로 살아나 하나님을 아버지로 부르며 새 피조물이 되어 새 생명 안에 살아갑니다. 그래서 주님은 **"사람이 떡으로만 살 것이 아니요 하나님의 입으로부터 나오는 모든 말씀으로 살 것이라"**(마 4:4)라고 하십니다. 그리고 당신의 제자들에게 아버지와 아들과 성령의 이름으로 이 말씀을 모든 민족들에게 선포하고 이 말씀을 받는 사람들을 성부와 성자와 성령, 하나님의 이름으로 세례(침례)를 주라고 말씀하십니다.

3. 그가 말한 일에 온전한 성취가 있을 자입니다.

본문 21-22절은 다시 참된 선지자의 증거를 말씀하고 있습니다.

네가 마음속으로 이르기를 그 말이 여호와께서 이르신 말씀인지 우리가 어떻게 알리요 하리라 만일 선지자가 있어 여호와의 이름으로 말한 일에 증험도 없고 성취함도 없으면 이는 여호와께서 말씀하신 것이 아니요 그 선지자가 제 마음대로 한 말이니 너는 그를 두려워하지 말지니라.

무슨 말입니까? 선지자가 말한 대로 실제로 그런 예언의 성취함이 없다면 그는 가짜라는 것입니다. 반대로 예언의 성취는 그 선지자의 진실성을 입증한다는 것입니다. 예수님이 바로 예언된 유일한 선지자요, 그리스도라는 가장 강력한 증거는 그분에 대한 혹은 그분에 의한 예언들의 온전한 성취함이라고 할 수 있습니다.

우선 본문은 모세가 앞으로 오실 유일한 그 선지자 그리스도의 오심을 예언한 것이라고 할 수 있습니다. 이제 모세 이후의 모든 선지자들이 그가 어떻게 오시고, 어떻게 죽으시고, 어떻게 부활하실 것이며, 어떻게 다시 오실 것인가를 예언합니다. 이사야 7장 14절에 보면 그는 동정녀(쳐녀)에게서 탄생하실 것이 예언됩니다. "그러므로 주께서 친히 징조를 너희에게 주실 것이라 보라 처녀가 잉태하여 아들을 낳을 것이요 그의 이름을 임마누엘이라 하리라." 미가 5장 2절에는 그가 베들레헴에서 출생하실 것이 예언됩니다. "베들레헴 에브라다야 너는 유다 족속 중에 작을지라도 이스라엘을 다스릴 자가 네게서 내게로 나올 것이라 그의 근본은 상고에, 영원에 있느니라."

특별히 그의 십자가의 죽으심과 부활은 놀라운 디테일로 예언되었습니다. 우선 그가 나귀를 타고 예루살렘에 입성하실 것이 예언됩니다. "시온의 딸아 크게 기뻐할지어다 예루살렘의 딸아 즐거이 부를지어다 보라 네 왕이 네게 임하시나니 그는 공의로우시며 구원을 베푸시며 겸손하여서 나귀를 타시나니 나귀의 작은 것 곧 나귀 새끼니라."(슥 9:9) 나귀 새끼를 타고 입성하실 것을 예언하신 것입니다. 그의 제자 중에 하나가 그를 배신할 것도 예언됩니다. "내가 신뢰하여 내 떡을 나눠 먹던 나의 가까운 친구도 나를 대적하여 그의 발꿈치를 들었나이다."(시 41:9) 마침내 그가 은 삼십 냥에 팔리실 것도 예언됩니다. "내가 그들에게 이르되 너희가 좋게 여기거든 내 품삯을 내게 주고 그렇지 아니하거든 그만두라 그들이 곧 은 삼십 개를 달아서 내 품삯을 삼은지라."(슥 11:12) 그가 심문을 당하시며 침묵하실 것도 예언됩니다. "그가 곤욕을 당하여 괴로울 때에도 그의 입을 열지 아니하였음이여 마치 도수장으로 끌려 가는 어린 양과 털 깎는 자 앞에서 잠잠한 양 같이 그의 입을 열지 아니하였도다."(사 53:7) 그가 범죄자들인 강도와 함께 죽으시며 그들을 위해 기도하실 것도 예언됩니다. "...이는 그가 자기 영혼을 버려 사망에 이르게 하며 범죄자 중 하나로 헤아림을 받았음이니라 그러나 그가 많은 사람의 죄를 담당하며 범죄자를 위하여 기도하였느니라."(사 53:12) 그가 십자가에서 받으실 조롱도 예언됩니다. "나를 보는 자는 다 나를 비웃으며 입술을 비쭉거리고 머리를 흔들며 말하되 그가 여호와께 의탁하니 구원하실 걸, 그를 기뻐하시니 건지실 걸 하나이다."(시 22:7-8) 이사야 53장 5절보다 더 명확한 십자가의 죽으심의 예언이 어디 있겠습니까? "그가 찔림은 우리의 허물 때문이요 그가 상함은 우리의 죄악 때문이라 그가 징계를 받으므로 우리는 평화를 누리고 그가 채찍에 맞으므로 우리는 나음을 받았도다." 심지어 그가 부자의 무덤에 장사지냄을 받을 것도 예언됩니다. "...그의 무덤이... 그가 죽은 후에 부자와 함께 있었도다."(사 53:9) 그러나 그가 무덤에서 썩지 않으시고 부활하실 것도 예언하시지 않습니까? "이는 주께서 내 영혼을 스올에 버리지 아니하시며 주의 거룩한 자를 멸망시키지 않으실 것임이니이다."(시 16:10) 옛 번역에는 이렇게 번역되어 있습니다. "...주의 거룩한 자로 썩지 않게 하실 것임이니이다."(개역한글) 할렐루야! 그가 바로 모세가 예언한 그 선지자, 우리의 구주와 주님이신 예수 그리스도이십니다. 그분을 찬양하고 증거하는 저와 여러분이 됩시다!

CHAPTER 23
우리가 사모하는 나라

¹⁴네 하나님 여호와께서 네게 주어 차지하게 하시는 땅 곧 네 소유가 된 기업의 땅에서 조상이 정한 네 이웃의 경계표를 옮기지 말지니라 ¹⁵사람의 모든 악에 관하여 또한 모든 죄에 관하여는 한 증인으로만 정할 것이 아니요 두 증인의 입으로나 또는 세 증인의 입으로 그 사건을 확정할 것이며 ¹⁶만일 위증하는 자가 있어 어떤 사람이 악을 행하였다고 말하면 ¹⁷그 논쟁하는 쌍방이 같이 하나님 앞에 나아가 그 당시의 제사장과 재판장 앞에 설 것이요 ¹⁸재판장은 자세히 조사하여 그 증인이 거짓 증거하여 그 형제를 거짓으로 모함한 것이 판명되면 ¹⁹그가 그의 형제에게 행하려고 꾀한 그대로 그에게 행하여 너희 중에서 악을 제하라 ²⁰그리하면 그 남은 자들이 듣고 두려워하여 다시는 그런 악을 너희 중에서 행하지 아니하리라 ²¹네 눈이 긍휼히 여기지 말라 생명에는 생명으로, 눈에는 눈으로, 이에는 이로, 손에는 손으로, 발에는 발로이니라

CHAPTER 23
우리가 사모하는 나라

8월이면 우리는 휴가철이면서도 8.15 광복절을 잊을 수 없고 우리가 살고 있는 이 땅 이 나라의 존재 의미를 묻게 됩니다. 수많은 역사의 질곡 속에서 지난 30-40년 동안 우리나라는 산업화와 민주화를 동시에 성취하고 선진국 대열에 합류하는 나라가 되었습니다. 감사하고 또 감사해야 할 일입니다. 하지만 오늘날 우리는 국제 정세의 급변과 함께 세계열강들의 불안한 합종연횡을 바라보며 그것이 우리나라에 미칠 영향을 불안한 시선으로 지켜보고 있습니다. 박태웅이란 분이 쓴 책 《*눈 떠보니 선진국*》(한빛비즈)에서 그는 한국을 세계 최고의 후발 추격국이라고 부르고 있습니다. 우리나라는 한국 전쟁의 잿더미를 디디고 일어서서 미친 속도로 앞선 나라들을 따라잡았다고 말합니다. 무엇을 왜 해야 하는지 우리는 질문할 필요가 없는 나라였습니다. 언제나 베낄 것이 있었고 선진국의 앞선 사례가 있었기 때문이었습니다. '어떻게' 베낄 것인가만 중요했습니다. 그러나 이제 베낄 것이 별로 없어지고 있는 시점에서 중요한 것은 앞으로 '무엇을' 시도하고 그것을 '왜' 해야 하는가라는 질문이라고 말합니다. 이 질문에 대한 대답이 우리의 미래를 결정할 것이라고 말합니다.

지금까지 이스라엘 백성들은 강력한 지도자 모세의 리더십을 따라 광야의 고난을 헤치며 드디어 약속의 땅이 보이는 모압 평원까지 도달했습니다. 지금까지는 어떻게 광야의 고난들을 헤쳐 갈 것인가가 중요했습니다. 그러나 지금부터는 약속의 땅에 들어가 어떤 나라를 세워야 하는가가 중요한 과제가 되었습니다. 하나님의 마음에 합한 나라는 무엇이며, 왜 그런 나라를 세워야 하는가를 질문할 때가 된 것입니다. 어쩌면 그런 나라는 지금까지 아무도 경험하지 못한 나라일 수도 있습니다. 신명기 19장은 그런 질문에 대한 해답을 보여주고 있는 장입니다. 모세는 신명기 19장에서 세 가지 중요한 처방을 세 개의 단락을 통해 제시합니다. 신명기 19장 1-13절까지는 약속의 땅에 들어가 도피성을 세울 것을 말하고 이어 14절에서 하나님이 분배한 땅에 경계표를 세워 이웃과의 공존을 가르치십니다. 그리고 마지막으로 19장 15-21절에서 위증을 경계하며 진실한 증언에 의한 재판이 이루어지는 사회가 될 것을 가르치십니다.

여기 성경의 가치를 믿고 그 가치의 실현을 추구하는 하나님의 백성들이 자신들의 조국을 위해 기도하며 그 조국이 어떤 공동체가 되어야 하는가의 레슨을 배우게 됩니다. 우리가 사모하는 미래의 나라는 무엇을 중시하는 나라가 되어야 하겠습니까?

우리가 사모하는 미래의 조국은 어떤 나라이어야 합니까?

1. 긍휼이 풍성한 나라입니다.

모세오경에 나타난 모든 도피성의 레슨을 종합해 보면 이스라엘 백성들이 약속의 땅에 들어가면 요단 강 서편에 세 곳 그리고 동편에 세 곳, 모두 여섯 개의 도피성을 구별하여 지정하라고 말합니다. 무슨 이유 때문입니까? 신명기 19장 4-5절의 말씀을 보겠습니다.

> **살인자가 그리로 도피하여 살 만한 경우는 이러하니 곧 누구든지 본래 원한이 없이 부지중에 그의 이웃을 죽인 일, 가령 사람이 그 이웃과 함께 벌목하러 삼림에 들어가서 손에 도끼를 들고 벌목하려고 찍을 때에 도끼가 자루에서 빠져 그의 이웃을 맞춰 그를 죽게 함과 같은 것이라 이런 사람은 그 성읍 중 하나로 도피하여 생명을 보존할 것이니라.**

한마디로 실수로 살인한 자는 용서하고 기회를 주어야 한다는 것입니다. 10절에서의 도피성을 주신 결론적 교훈을 주시합시다. **"네 하나님 여호와께서 네게 기업으로 주시는 땅에서 무죄한 피를 흘리지 말라 이같이 하면 그의 피가 네게로 돌아가지 아니하리라."**

살인의 동기를 살피지 아니하고 살인의 결과만 보고 그를 다시 죽이는 사회는 하나님이 원하시는 사회가 아니라는 레슨입니다. 부지중에 실수한 자, 사실은 살인의 동기가 없었던 과실치사의 사람들에게 관대한 사회가 되어야 한다는 것입니다. 이것은 한마디로 긍휼이 풍성한 사회, 긍휼이 풍성한 공동체가 되어야 한다는 것입니다. 실수가 용납되지 않는 사회는 미래가 없는 사회입니다. 얼마 전에 미국에서 새들백 교회(Saddleback Church)를 담임하시던 릭 워렌(Rick Warren) 목사님이 은퇴하셨습니다. 아마 새들백 교회는 우리 시대에 가장 진취적이고 복음적인 교회로 많은 건강한 영향을 끼친 교회라고 할 수 있으며 침례교(미 남침례교)에 속하여 있는 교회입니다. 그리고 릭 워렌 목사님은 지난번 저희 교회의 〈셀 컨퍼런스〉에서 소그룹의 중요성에 대한 좋은 영상 강의를 해주신 분이십니다. 그에게 한 기자가 새들백이 그런 영향력이 있는 교회가 된 비결을 무엇이라고 생각하느냐는 질문을 했습니다. 그때 릭 워렌은 "우리 교회는 제가 개척하여 담임하는 동안 수많은 실수를 했습니다. 그런데 우리 교회는 실수를 용납할 줄 아는 교회였습니다. 그래서 우리는 지속적으로 실수를 두려워 않는 창의적 실험을 할 수 있었습니다"라고 답변을 했습니다.

악의 없는 실수를 용납할 때, 그 사회 그 공동체는 미래 지향적일 수가 있습니다. 그러나 악의 없는 실수를 잔인하게 비판하고 정죄하는 사회에서 누가 새로운 시도를 할 수가 있겠습니까? 실수 없는 사람이 이 땅에 누가 있을까요? 실수의 가능성에도 불구하고 한 공동체의 유익한 미래를 위해서 끊임없이 고민하고 도전하는 사회, 실수를 용납하는 긍휼이 풍성한 사회가 우리가 사모하는 나라의 모습이 아니겠습니까?

2. 이웃과 공존하는 나라입니다.

저는 자유민주주의의 가치를 존중하고 우리나라가 그런 방향으로 발전되기를 원하는 사람입니다. 그러나 한 가지 우리 사회에서 시정되어야 할 오해가 있다면 자본주의가 민주주의는 아니라는 것입니다. 민주주의는 중요하게 지켜져야 할 정치 제도입니다만, 자본주의는 비판적으로 우리 사회에 적용되어야 합니다. 특히 성경적 그리스도인들은 자본 만능주의를 지지해서는 안 됩니다. 자본이 초래하는 경쟁에서 낙후되는 이웃들을 외면해서도 안 됩니다. 돈이 있고 없음으로 인간이 평가되어서도 안 되고 돈의 축적을 한 사회의 성공으로만 삼아서도 안 됩니다. 하나님의 나라는 돈이 지배하는 나라가 아니라 공정과 정의, 평화와 기쁨, 무엇보다 사랑이 다스리는 나라이어야 합니다. 무엇보다 이웃들과 함께 사랑 안에 공존하는 나라이어야 합니다. 여기 약속의 땅에 들어가 하나님의 백성들이 실천할 사회적 원칙으로 본문 14절이 가르치는 바를 주목해 보십시오. **"네 하나님 여호와께서 네게 주어 차지하게 하시는 땅 곧 네 소유가 된 기업의 땅에서 조상이 정한 네 이웃의 경계표를 옮기지 말지니라."** 경계표란 어떤 사람의 소유지가 어디에서 시작하고 어디에서 끝나는가를 보여주는 표시입니다. 주의 백성들이 약속의 땅에 들어갈 때 하나님은 각 지파, 각 족속에 따라 제비뽑기로 땅을 분배하실 것입니다. 그러면 그다음부터는 분배된 땅의 경계를 지키며 살라는 것입니다. 탐욕으로 이웃의 땅을 침범하지 말라는 것입니다. 네 이웃의 권리를 존중하고 함께 평안하게 살아가라는 것입니다. 이것이 얼마나 중요한지 신명기 27장 17절에서 한 번 더 강조됩니다. **"그의 이웃의 경계표를 옮기는 자는 저주를 받을 것이라 할 것이요 모든 백성은 아멘 할지니라."** 그것이 하나님의 공의라는 것입니다. 성경은 결코 나 혼자만 잘 사는 사회를 만들라고 하시지 않습니다. 인류가 이웃과 더불어 평화 속에 살아가는 사회, 그런 나라를 보고 싶어 하십니다.

우리는 여기서 하나님이 자신의 백성들에게 주신 가장 큰 계명을 다시 기억할 필요가 있습니다. **"예수께서 이르시되 네 마음을 다하고 목숨을 다하고 뜻을 다하여 주 너의 하나님을 사랑하라 하셨으니 이것이 크고 첫째 되는 계명이요 둘째도 그와 같으니 네 이웃을 네 자신 같이 사랑하라 하셨으니."**(마 22:37-39) 이웃과 더불어 함께 잘 사는 삶은 바로 이웃과 공존하는 삶입니다. 우리가 사모하는 나라는 이웃을 존중하는 나라입니다.

3. 진실이 다스리는 나라입니다.

진실의 반대는 거짓입니다. 본문 15-21절까지의 율법은 바로 거짓 증거로 발생하는 피해를 예방하기 위한 하나님의 토라(교훈)입니다. 지금으로 말하자면 가짜뉴스 피해 대책이라고 할 수 있습니다. 우리는 이미 십계명 중 아홉 번째가 **"네 이웃에 대하여 거짓 증거하지 말라"**(출 20:16)인 것을 기억합니다. 그리고 본문은 어떤 재판에서도 한 사람의 증언만으로 판결해서는 안 되고 적어도 두세 증인의 증언이 있어야 한다고 말합니다. 거짓 증언이 의심되는 경우에는 성소의 대법정에서 제사장들과 재판관들이 판결을 내려야 한다고 말합니다. 그래서 위증을 막아야 한다고 말합니다. 우선 15절의 말씀을 보겠습니다. **"사람의 모든 악에 관하여 또한 모든 죄에 관하여는 한 증인으로만 정할 것이 아니요 두 증인의 입으로나 또는 세 증인의 입으로 그 사건을 확정할 것이며."** 이어지는 16-17절 말씀을 보겠습니다. **"만일 위증하는 자가 있어 어떤 사람이 악을 행하였다고 말하면 그 논쟁하는 쌍방이 같이 하나님 앞에 나아가 그 당시의 제사장과 재판장 앞에 설 것이요."**

그래서 한 사회에 공의가 세워지고 진실이 다스리는 나라가 되어야 한다는 것입니다. 그러나 많은 경우 거짓과 진실의 경계선이 모호하고 거짓과 진실이 지극히 주관적일 수 있다는 문제가 있습니다. 미국 매사추세츠 대학의 한 통계에 의하면 미국인들의 한 주간의 대화에 35%는 거짓을 말하고 있다고 합니다. 한국은 훨씬 더 높은 통계가 나오리라고 생각합니다. 성경의 영향을 받은 서구 사회에 비해서 동양권은 거짓말을 심각한 죄로 생각하지 않기 때문입니다. 성경은 거짓의 원천이 마귀라고 말합니다. **"너희는 너희 아비 마귀에게서 났으니... 거짓의 아비가 되었음이라."**(요 8:44) 반대로 하나님은 진리의 원천이십니다. **"..내가 곧 길이요 진리요..."**(요 14:6) 히브리어로 진리나 진실을 '에메트'라고 하는데 이 단어는 히브리어 알파벳의 첫 자와 중간 자 그리고 마지막 단어가 결합된 말로 처음에서 중간, 그리고 마지막까지의 일관성을 뜻하는 말입니다. '아멘'이라는 말에서 파생한 단어입니다. 아멘은 '진실로 그렇습니다'라는 우리의 선언입니다.

　미국 정치계에서 거짓을 포착했을 때 언론인들은 게이트라는 말을 사용하기 시작했습니다. 대표적인 사건이 닉슨 대통령 시대에 터진 워터게이트 사건이었습니다. 닉슨 정권이 민주당 본부에 공작원들을 침투시킨 사건에 대한 진실여부가 결국은 닉슨 정권의 몰락을 가져왔습니다. 결국 닉슨은 실각하고 닉슨의 백악관 보좌관이었던 찰스 콜슨(Charles Colson)과 몇 사람이 감옥에 가게 되었습니다. 그런데 감옥에서 콜슨을 위해 기도하던 사람들의 영향으로 콜슨은 그리스도인으로 거듭나게 됩니다. 그는 마침내 자신이 개입하지 않은 정치 공작들은 부인했지만 닉슨 정권 아래서 거짓으로 덮고자 했던 모든 공작들을 정직하게 고백하기에 이르렀습니다. 그렇게 고백한 이유를 그는 형기를 줄이기 위해서가 아니고 자기가 섬겨온 나라 미합중국을 보다 나은 나라로 만들어 가는 일에 도움이 될 것이라고 확신하게 되었기 때문이라고 고백합니다. 감옥에서 나온 그가 쓴 책이 《Born Again》[1]이란 책이었고, 그는 자신의 거듭남이 자신을 더 이상 거짓말하지 않는 완벽한 인간을 만든 것은 아니었지만 적어도 정직하고 객관적이고 일관성 있게 새 인생을 사는 변화

---

1) '거듭남,' 한국어 번역은 《백악관에서 감옥까지》(홍성사)로 출간되었다.

의 시작이 되게 한 것이라고 고백합니다.

그는 출소 후 〈교도소 선교회〉를 만들어 감옥에 갇힌 사람들을 돕고 그들을 그리스도께로 인도하는 사역에 평생 몸 바쳐 일하게 되었고 1993년 9월 2일 종교 노벨상인 템플턴 상을 수상했습니다. 그는 이 상을 받는 연설을 이런 말로 시작했습니다. "나는 살아계신 하나님 예수 그리스도에 의해 변화된 사람으로서 말씀드리고자 합니다. 그분은 길이요 진리요 생명이십니다. 그는 지난 20년 동안 내 안에 살아계셨고 오늘 제가 이 상을 받게 한 유일한 이유가 되십니다." 그는 이 연설을 이런 말로 마무리하고 있습니다. "지금 그리스도의 왕국의 빛은 모든 공동체의 가장 어두운 구석, 모든 유형의 어둠의 변두리까지 비추고 있습니다. 불멸의 희망, 불굴의 미덕, 영속적인 평화의 빛으로 말입니다. 이 일은 지금도 진행되고 있으며, 이 희망은 남아있고 이 불은 꺼지지 않을 것입니다. 그리스도의 십자가의 지속적인 혁명 말입니다." 그 혁명으로 변화될 나라, 그것이 바로 우리가 사모하는 조국의 미래입니다.

전쟁을 피할 수 없거든

¹네가 나가서 적군과 싸우려 할 때에 말과 병거와 백성이 너보다 많음을 볼지라 도 그들을 두려워하지 말라 애굽 땅에서 너를 인도하여 내신 네 하나님 여호와께 서 너와 함께 하시느니라 ²너희가 싸울 곳에 가까이 가면 제사장은 백성에게 나 아가서 고하여 그들에게 ³말하여 이르기를 이스라엘아 들으라 너희가 오늘 너희 의 대적과 싸우려고 나아왔으니 마음에 겁내지 말며 두려워하지 말며 떨지 말며 그들로 말미암아 놀라지 말라 ⁴너희 하나님 여호와는 너희와 함께 행하시며 너 희를 위하여 너희 적군과 싸우시고 구원하실 것이라 할 것이며 ⁵책임자들은 백성 에게 말하여 이르기를 새 집을 건축하고 낙성식을 행하지 못한 자가 있느냐 그는 집으로 돌아갈지니 전사하면 타인이 낙성식을 행할까 하노라 ⁶포도원을 만들고 그 과실을 먹지 못한 자가 있느냐 그는 집으로 돌아갈지니 전사하면 타인이 그 과실을 먹을까 하노라 ⁷여자와 약혼하고 그와 결혼하지 못한 자가 있느냐 그는 집으로 돌아갈지니 전사하면 타인이 그를 데려갈까 하노라 하고 ⁸책임자들은 또 백성에게 말하여 이르기를 두려워서 마음이 허약한 자가 있느냐 그는 집으로 돌 아갈지니 그의 형제들의 마음도 그의 마음과 같이 낙심될까 하노라 하고 ⁹백성에 게 이르기를 마친 후에 군대의 지휘관들을 세워 무리를 거느리게 할지니라 ¹⁰네 가 어떤 성읍으로 나아가서 치려 할 때에는 그 성읍에 먼저 화평을 선언하라

CHAPTER 24
전쟁을 피할 수 없거든

1945년 8월 15일은 공식적으로 제2차 세계대전이 종료된 날입니다. 동시에 우리 한민족에게는 일본 제국주의 식민 억압에서 해방을 얻은 날이었습니다. 얼마나 기다리던 날이었습니까? 상록수의 시인 심훈은 그 해방의 날을 기다리며 〈그날이 오면〉이란 시를 남겼습니다.

> 그날이 오면 그날이 오며는
> 삼각산이 일어나 더덩실 춤이라도 추고
> 한강물이 뒤집혀 용솟음칠 그날이
> 이 목숨이 끊기기 전에 와 주기만 하량이면
> 나는 밤하늘에 날으는 까마귀와 같이
> 종로의 인경을 머리로 들이받아 울리오리다.
> 두개골은 깨어져 산산조각이 나도
> 기뻐서 죽사오매 오히려 무슨 한이 남으오리까.
> ...

그러나 그 해방의 감격이 식기도 전에 우리나라는 다시 남북 이데올로기의 대립으로 국가 분열의 비극을 초래하였고 해방 5년 만에 북에 의한 또 하나의 전쟁, 6.25 남침을 겪게 되었습니다.

우리가 살고 있는 한반도는 세계열강의 피비린내 나는 전쟁 놀음 끝에 나라 전체가 잿더미로 폐허화 되었습니다. 그러나 우리는 절망하지 않고 남반부만이라도 피눈물을 흘리면서 땀 흘려 곡괭이를 들고 일어나 노래를 부르기 시작했습니다. "새벽 종이 울렸네 새 아침이 밝았네 너도 나도 일어나 새 마을을 가꾸세." 소위 새마을운동을 통해 새 나라 건설의 구슬땀을 흘리며 다시 이 잿더미에서 일어나 선진국에로의 부활이라는 눈부신 한강의 기적을 실현했습니다. 그러면 다시 선진국으로 발돋움한 오늘날, 우리는 전쟁의 공포에서 완전히 해방된 국가가 되었습니까? 아니지요. 오히려 허리 잘린 조국의 절반인 북한으로부터 걸핏하면 시시때때로 핵무기 공격의 위협을 받아야 하는 나라가 되었습니다. 그리고 어느 날 갑자기 들려온 안방 뉴스를 통해 러시아의 우크라이나 침입으로 일어난 우리 시대의 또 한 번의 전쟁을 지켜보며 다시 우리나라도 전쟁의 위협에서 안심할 수 없다는 불안을 가지게 되었습니다. 그러면 어쩌면 우리에게도 현실일 수 있는 전쟁의 공포에서 어떻게 우리의 미래를 준비해가야 하겠습니까?

본문은 약속의 땅으로의 입성을 앞에 두고 지도자 모세가 그 땅에 들어갈 다음 세대들에게 전쟁을 준비시키는 대목입니다. 본문은 이렇게 시작됩니다. **"네가 나가서 적군과 싸우려 할 때에 말과 병거와 백성이 너보다 많음을 볼지라도 그들을 두려워하지 말라..."**(신 20:1) 그리고 이어지는 말씀으로 전쟁을 피할 수 없거든 우리의 다음 세대를 미래의 전쟁 불안과 공포로부터 어떻게 준비시켜야 하겠는가를 배울 수 있습니다.

결코 안심할 수 없는 미래의 전쟁 가능성에서 우리는 다음 세대를 어떤 세대로 준비시켜야 마땅할까요?

1. 두려움이 없는 세대를 준비해야 합니다.

본문 1절을 다시 보면 우리가 적군과 싸울 때에 적의 말, 병거와 백성(군인)이 나보다 많아도 **"두려워하지 말라"**고 말합니다. 3절에도 **"마음에 겁내지 말며 두려워하지 말며 떨지 말며 그들로 말미암아 놀라지 말라"**고 하십니다. 지금 우리 식으로 말하면 북에 핵무기가 있어 더 많은 숫자의 군대들이 남을 위협하고 있어도 두려워 말라는 말이 될 것입니다. 두려움은 언제나 싸움도 하기 전에 우리의 전의를 상실하게 하고 우리의 전력을 마비시키는 것입니다. 그래서 두려워할 상황이 전개될 때 우리는 먼저 심리적인 두려움을 대비하는 준비가 필요한 것입니다. 미국에 경제 대공황이 갑자기 닥쳤을 때 당시 미국 대통령이 된 루스벨트는 유명한 대국민 연설에서 우리가 잘 아는 유명한 이런 메시지를 전달합니다. "우리가 두려워할 것은 두려움 자체뿐이다." 두려워하는 마음을 극복할 때 우리는 냉철하게 다음 스텝을 준비할 수 있기 때문입니다. 우리는 특별히 이 땅에서 자라나는 다음 세대들을 어떤 상황에서도 두려워하지 않을 수 있는 용기 있는 세대로 준비시켜야 합니다.

그러면 무엇을 준비시켜야 할까요? 오늘날 우리가 살고 있는 시대가 두려움에 대한 대비책으로 발전시킨 산업이 있습니다. 소위 보험업은 모두 우리의 심리적인 두려움에 대한 동기에서 발전된 것이 아닙니까? 자동차 사고에 대한 두려움으로 우리는 자동차 종합보험을 들고 건강 상실에 대한 두려움으로 의료보험 또는 생명보험에 가입합니다. 우리가 살고 있는 주택이 파손되거나 화재에 대비하여 주택보험, 화재 보험에 가입합니다. 여행자들이 증가하면서 여행 중 일어나는 사고에 대한 두려움 때문에 여행자 보험이 늘고 있다고 합니다. 최근에는 늙어가는 사람들이 치매에 대한 두려움으로 치매 보험에 가입하기도 합니다. 세계적인 축구 선수들은 발 보험에 든다는 기사를 읽은 적도 있고, 세계적인 피아니스트들은 손가락 보험에 든다고 합니다. 그들에게 발 건강, 손가락 상해에 대한 두려움은 인생의 상실 같은 것이기 때문입니다. 저 같은 설교자들은 무슨 보험을 들어야 하나 생각하다가 주둥이 보험을 들어야 하지 않겠는가 라는 생각을 했습니다.

그런데 보험을 든다고 두려움의 모든 문제가 해결되는 것은 아닙니다. 본문에서 모세는 두려움의 대비책으로 '하나님의 임재의 확신'을 말합니다. **"...그들을 두려워하지 말라 애굽 땅에서 너를 인도하여 내신 네 하나님 여호와께서 너와 함께 하시느니라."**(신

20:1) 그렇습니다. 전능자이신 하나님이 함께 하심을 믿는다면 무엇이 두렵겠습니까? 이사야 43장 1절에 보면 믿음의 백성들에게 **"너는 두려워하지 말라"**고 하시면서 이어지는 2절의 약속을 주십니다. **"네가 물 가운데로 지날 때에 내가 너와 함께 할 것이라 강을 건널 때에 물이 너를 침몰하지 못할 것이며 네가 불 가운데로 지날 때에 타지도 아니할 것이요 불꽃이 너를 사르지도 못하리니."** 5절에 다시 말씀하십니다. **"두려워하지 말라 내가 너와 함께 하여 네 자손을 동쪽에서부터 오게 하며 서쪽에서부터 너를 모을 것이며."** 이것이 분명한 하나님의 약속이라면 이런 약속의 말씀을 굳게 믿는 믿음의 세대를 일으켜야 합니다. 그러면 그들이 두려움이 없는 다음 세대로 우리 조국의 미래의 역사를 준비해 갈 줄로 믿습니다.

2. 전쟁에 훈련된 세대를 준비해야 합니다.

본문 5절에서 8절까지를 보면 군대 징집에서 제외될 사람들을 세 가지 유형으로 말씀하십니다. 5절에서는 집을 건축하고 아직 입주하지 못한 사람, 6절에서는 포도원 수확을 하고 아직 열매를 먹지 못한 사람, 7절에서는 신부와 약혼하고 아직 결혼식을 갖지 못한 사람을 말합니다. 세 가지 유형의 사람들의 공통점이 무엇일까요? 그들은 현재의 의무에 집중할 수 없는 사람들입니다. 집을 건축한 사람들의 최고의 관심은 새 집에 입주하는 것입니다. 포도원에서 포도 수확을 한 사람들의 최고의 관심은 그 포도를 맛보는 것입니다. 그리고 약혼한 사람의 최고의 관심은 사랑하는 사람과 함께 매일을 살아가는 것입니다. 그래서 우리가 그들을 군인으로 징집한다면 그들에게는 모두 군인으로서의 의무에 집중하지 못하는 약점이 있는 것입니다.

디모데후서 2장 3-4절에서 바울은 예수 그리스도의 병사된 사람들의 가장 중요한 자격을 말합니다. **"너는 그리스도 예수의 좋은 병사로 나와 함께 고난을 받으라 병사로 복무하는 자는 자기 생활에 얽매이는 자가 하나도 없나니 이는 병사로 모집한 자를 기쁘게 하려 함이라."** 그리스도 예수의 군인, 병사된 사람들의 최고의 관심, 유일한 관심은 우리를 예수 그리스도의 병사로 부르신 하나님만을 기쁘시게 해야 한다는 것입니다. 우리는 오늘 실제적인 국가 대 국가의 전쟁뿐 아니라 날마다 영적 전쟁을 치르며 살아가고 있습니다. 그러므로 그리스도 예수의 군사들은 언제라도 이 전쟁에서의 승리를 위해 영적으로 준비되어 있어야 한다는 것입니다. 에베소서 6장은 이런 우리의 전쟁의 성격과 준비를 가르치고 있지 않습니까? 에베소서 6장 12절에 보면 우리의 싸움은 혈과 육을 상대하는 것이 아닌 하늘에 있는 악한 영들을 상대하고 있다고 말합니다.

에베소서 6장 13절 이하의 말씀은 이런 전쟁에서의 준비를 가르치고 있습니다. 6장 13절을 보십시오. **"그러므로 하나님의 전신 갑주를 취하라 이는 악한 날에 너희가 능히 대적하고 모든 일을 행한 후에 서기 위함이라."** 그리고 이어 14절 이하에서 성도들의 영적 무장을 세밀하게 가르칩니다. 가평 필그림 하우스 천로역정 순례길에 가면 〈미궁(아름다운 집)〉이 있습니다. 이 집은 오늘의 교회를 상징한다고 할 수 있습니다. 이 집에 들어오는 순례자에게 세 가지 준비를 제공합니다. 평화의 방에서 영적 평화를 제공하고, 독서실에서 영적 지식을 제공하고, 무장실에서 영적 무장을 제공합니다. 영적 전쟁의 마당에서 승리하는 영적 군사로 성도를 훈련시키고자 하는 것입니다. 오늘날 교회의 가장 중요한 책임은 바로 영적 전쟁에 올인할 수 있는 다음 세대를 훈련하여 세워가는 일입니다. 과연 우리는 지금 이 일을 감당하고 있을까요?

3. 평화 비전을 지닌 세대를 일으켜야 합니다.

"네가 어떤 성읍으로 나아가서 치려 할 때에는 그 성읍에 먼저 화평을 선언하라."(신 20:10) 매우 역설적인 명령이 아닌가요? 지금 전쟁하러 출정하면서 먼저 화평을 선언하라는 것입니다. 우리가 전쟁하기 위하여 전쟁하는 것이 아니라 화평하기 위해서 전쟁한다는 것을 기억하라고 말입니다. 전쟁의 목적은 화평이어야 한다는 것입니다. 이것을 망각한 자나 집단은 전쟁할 자격이 없다는 것입니다. 성경의 하나님은 화평의 하나님, 야훼 샬롬이십니다. 사사기 6장에 보면 하나님은 이스라엘이 미디안과의 전쟁을 앞두고 사사 기드온을 부르시면서 그로 하여금 하나님을 시험하게 하십니다. 마침내 그에게 나타나신 분이 하나님이심을 알고 엎드려 제단을 쌓으면서 기드온은 그 제단을 '여호와 샬롬'이라 부릅니다. '하나님은 화평이라'는 의미입니다. 신약에도 하나님이 구원자 예수 그리스도를 이 땅에 보내시는 근원적인 목적이 '하나님과의 화평'이라고 바울은 증언합니다. 로마서 5장 1절을 기억하십니까? **"그러므로 우리가 믿음으로 의롭다 하심을 받았으니 우리 주 예수 그리스도로 말미암아 하나님과 화평을 누리자."**

그리고 이렇게 하나님과 화평을 이룬 사람들의 존재의 목적은 하나님의 화평을 전하는 것이라고 바울은 말합니다. 고린도후서 5장 18-19절에 보면 하나님은 자신과 화목(평화)한 사람들에게 화목(평화)하게 하는 직분을 주셨고, 화목(평화)하게 하는 말씀을 우리에게 부탁하셨다고 말합니다. 로마서 12장 18절에 주시는 말씀을 기억하십니까? **"할 수 있거든 너희로서는 모든 사람과 더불어 화목(평화)하라."** 물론 살다보면 본문의 케이스처럼 전쟁이 불가피한 때가 있습니다. 그래서 이번 장의 제목도 〈전쟁을 피할 수 없거든〉입니다. 그리고 사실 전쟁을 대비하고 준비한 사람들만이 전쟁을 피하고 승리를 누릴 수가 있습니다. 그러나 그리스도인의 존재의 목적 자체가 전쟁이어서는 안 된다는 것입니다. 참된 그리스도인들은 평화의 비전, 샬롬의 비전을 가진 사람들이어야 합니다. 이사야가 본 메시아 나라의 비전은 무엇입니까?

이사야 11장 6절 이하의 그 나라의 비전을 상기해 보십시오.

그 때에 이리가 어린 양과 함께 살며 표범이 어린 염소와 함께 누

우며 송아지와 어린 사자와 살진 짐승이 함께 있어 어린 아이에게 끌리며 암소와 곰이 함께 먹으며 그것들의 새끼가 함께 엎드리며 사자가 소처럼 풀을 먹을 것이며 젖 먹는 아이가 독사의 구멍에서 장난하며 젖 뗀 어린 아이가 독사의 굴에 손을 넣을 것이라 내 거룩한 산 모든 곳에서 해 됨도 없고 상함도 없을 것이니...(사 11:6-9)

최근 개봉된 애니메이션 〈엘리멘탈〉이란 디즈니 영화가 있습니다. 물과 불의 이야기입니다. 물과 불은 함께 할 수 없는 원소들이지요. 그런데 이 물과 불이 물불 가리지 않고 사랑하는 이야기 그리고 마침내 불만 살았던 파이어 타운이 여러 원소들이 함께 어울리는 세상으로 바뀌는 이야기는 성경이 보여주는 하나님 나라의 궁극성과 다르지 않습니다. 그리고 이런 새로운 세상은 우리가 복음으로 무장된 평화의 세대를 양육할 때 가능한 미래라고 할 수 있습니다. 전쟁을 예비하면서도 평화 비전으로 무장된 다음 세대를 일으킬 때 한반도에서도 **"칼을 쳐서 보습을 만들고 그들의 창을 쳐서 낫을 만들 것이며**(핵을 에너지 자원으로 바꾸고)**... 다시는 전쟁을 연습하지 아니하리라"**(사 2:4)라는 꿈이 이루어질 것입니다.

사막에 샘이 넘쳐 흐르리라 사막에 꽃이 피어 향내 내리라
주님이 다스리는 그 나라가 되면은 사막이 꽃동산 되리
사자들이 어린 양과 뛰놀고 어린이들 함께 뒹구는
참 사랑과 기쁨의 그 나라가 이제 속히 오리라
〈사막에 샘이 넘쳐흐르리라〉

그때 우리가 부를 노래, 우리가 사모할 평화의 나라입니다!

CHAPTER 25
형제의 집을 세우라

● **신명기 25장 5-10절**

⁵형제들이 함께 사는데 그 중 하나가 죽고 아들이 없거든 그 죽은 자의 아내는 나가서 타인에게 시집 가지 말 것이요 그의 남편의 형제가 그에게로 들어가서 그를 맞이하여 아내로 삼아 그의 남편의 형제 된 의무를 그에게 다 행할 것이요 ⁶그 여인이 낳은 첫 아들이 그 죽은 형제의 이름을 잇게 하여 그 이름이 이스라엘 중에서 끊어지지 않게 할 것이니라 ⁷그러나 그 사람이 만일 그 형제의 아내 맞이하기를 즐겨하지 아니하면 그 형제의 아내는 그 성문으로 장로들에게로 나아가서 말하기를 내 남편의 형제가 그의 형제의 이름을 이스라엘 중에 잇기를 싫어하여 남편의 형제 된 의무를 내게 행하지 아니하나이다 할 것이요 ⁸그 성읍 장로들은 그를 불러다가 말할 것이며 그가 이미 정한 뜻대로 말하기를 내가 그 여자를 맞이하기를 즐겨하지 아니하노라 하면 ⁹그의 형제의 아내가 장로들 앞에서 그에게 나아가서 그의 발에서 신을 벗기고 그의 얼굴에 침을 뱉으며 이르기를 그의 형제의 집을 세우기를 즐겨 아니하는 자에게는 이같이 할 것이라 하고 ¹⁰이스라엘 중에서 그의 이름을 신 벗김 받은 자의 집이라 부를 것이니라

CHAPTER 25
형제의 집을 세우라

우리 시대는 이제 공동체 정신을 외면하는 시대가 되었습니다. 그것은 과거의 대가족 제도를 상실하고 현대 문화가 소위 핵가족 제도를 지향하게 된 것과 무관하지 않습니다. 한동안 이 땅에 퍼진 유머 가운데 북의 통치자 김정일과 김정은이 핵무기를 서둘러 발전시키게 된 이유가 남조선은 가족마다 핵을 갖는 핵가족 정책을 지향하기 때문이란 우스갯소리가 있었습니다. 그런데 이제는 핵가족을 넘어서서 나 홀로 살아가는 소위 '싱글 오리엔티드 소사이어티(single oriented society)'가 되어 가고 있습니다. 최근 통계에 의하면 나 홀로 가구가 인구의 32%에 달한다고 합니다. 혼자 살다 혼자 죽어가는 '혼살혼죽' 시대가 되어가고 있습니다. 옆의 집에 누군가가 죽어가도 알아차리지 못하는 비정한 시대가 되어가고 있습니다. 결과적으로 우리는 형제를 잊어버리고 사는 나 혼자만의 고독한 실존을 살아가고 있습니다. 그런데 시대와 함께 폐기되지 않는 인류의 베스트셀러인 성경은 이번 본문에서 '네 형제의 집을 세우라'는 말씀을 전합니다.

본문은 형제 중의 하나가 아들을 얻지 못하고 죽을 경우 다른 형제 중 하나가 자기 형수나 제수를 데리고 살 것을 율법이 명하고 있습니다. **"형제들이 함께 사는데 그 중 하나가 죽고 아들이 없거든 그 죽은 자의 아내는 나가서 타인에게 시집 가지 말 것이요 그의 남편의 형제가 그에게로 들어가서 그를 맞이하여 아내로 삼아 그의 남편의 형제 된 의무를 그에게 다 행할 것이요."**(신 25:5) 오늘 우리의 시각으로는 이상한 습관이지만 당시에는 계대 혼인법 혹은 계대 상속법으로 엄연하게 법적으로 존재하던 타당한 실천이었습니다. 이스라엘이 아닌 주변 근동 국가에도 존재하던 관습이었습니다. 거기에는 두 가지 목적이 있었습니다.

1. 두 가지 목적

1) 대를 이어 하나님의 구속 사역을 계승함

고대에서 아들을 낳는다는 것은 가정의 대를 이어가는 것이고, 그것은 좁게는 가정에서의 하나님의 구속 사역을 이어가는 것으로 간주되었고, 공동체적으로는 이스라엘 민족의 구세주이신 메시아의 오심을 준비하는 일이었습니다. 그래서 고대 사회에서 아들이 없다는 것은 미래가 없다는 것으로 이해되었습니다. 계대 혼인법의 목적은 분명했습니다. 낳은 후사를 통해 죽은 형제의 이름을 계속 잇게 하고 더 나아가 그의 기업이 계속 유지되는 데에 목적이 있었습니다. 그래서 이런 역할을 하는 형제 친척을 고엘(Go'el) 혹은 구속자(Redeemer)라고 불렀는데, 다른 의미로 그는 기업의 보전자요, 회복자였던 것입니다. 한 가정에도 구속자가 필요했고 민족적으로도 구속자가 필요했고, 후일 새 언약의 시대에는 인류의 구속자가 오셔야만 했던 것입니다.

2) 홀로 된 여인을 보호하는 거룩한 사회적 장치

고대사회에서 홀로 된 여자는 지금 우리 시대처럼 생존이 보장되지 못했습니다. 그래서 생존을 위해서는 노비가 될 수밖에 없었습니다. 실제로 많은 여인들이 노예가 되는 일이 보편적이었습니다. 그러나 늦게라도 형제 친척 중에 고엘(Go'el), 곧 구속자가 등장하여 대가를 지불하면 그녀는 노예의 신분에서 풀려날 수가 있었습니다. 그러나 여인의 남편이 죽은 후에 즉각적으로 형제 중에 한 사람이 그녀의 남편이 될 것을 선언하면 그 여인은 생존을 보장받고 살던 집에서 그대로 살 수가 있었습니다. 고대 이스라엘에서는 실제로 형제들이 큰 집에서 방을 나누어 함께 살기도 했고, 그것이 여의치 않을 경우 한 집 근처 주변에 집을 마련하고 살면서 한 집에 살 듯 식사를 함께 하며 공동생활을 이어갔습니다. 그래서 갑작스럽게 형제가 죽고 홀로 된 집안의 여인들의 삶을 형제들이 책임을 짐으로서 여인들의 사회적 안전장치가 되어줄 수 있었던 것입니다.

이제 우리는 그런 관습을 실천한 두 가지 사례를 성경에서 살펴보겠습니다.

2. 두 가지 사례

1) 유다의 사례(율법 이전)

창세기 38장에 보면 유다가 첫 아들 엘을 낳고 이어서 오난을 낳았다고 기록합니다. 장남 엘을 위하여 다말이라는 여인을 데려왔다고 증언합니다. 그런데 갑자가 장남 엘이 죽습니다. 그러자 혼자 된 여인 다말을 그 둘째 아들 오난이 아내로 맞이하고 돌볼 것을 기대합니다. **"유다가 오난에게 이르되 네 형수에게로 들어가서 남편의 아우 된 본분을 행하여 네 형을 위하여 씨가 있게 하라."**(창 38:8) 아버지가 아들 오난에게 명한 것입니다. 그런데 이 명을 거스르고 다말과 성적 관계를 하면서 형의 아이를 낳기 싫어한 오난은 다말의 몸 밖에 사정(체외사정)을 합니다. 여기서 'onani-'란 영어 단어가 유래된 것입니다. 이 사실을 인지한 다말은 어찌해서든 아들을 낳고 생존을 이어가기 위해 자신을 창녀처럼 위장하고 시아버지 유다와 관계하고 베레스와 세라 쌍둥이를 낳습니다. 말도 안 되는 19금 막말 이야기가 성경에 기록됩니다. 그런데 놀라운 사실은 이런 베레스와 세라의 가계를 통해 우리의 구주 되신 예수님이 세상에 오신다는 것입니다. **"유다는 다말에게서 베레스와 세라를 낳고 베레스는 헤스론을 낳고..."**(마 1:3) 이 족보가 예수님에게 연결되는 것입니다.

유다의 행위 그 자체는 결코 잘 한 일이 아닌 죄 된 것입니다. 그러나 더 큰 구속사적 하나님의 계획이 실현되기 위해 하나님은 인간의 허물을 간과하시고, 인간의 실수까지 사용하셔서 하나님의 뜻을 이루어 내신 것입니다.

2) 보아스의 사례(율법 이후)

또 하나의 사례는 율법 이후의 시대에 일어난 우리가 잘 아는 보아스와 룻의 사랑이야기입니다. 보아스는 룻의 죽은 남편 말론의 친척으로 부유한 사람이었습니다. 룻이 시어머니 나오미와 함께 남편의 고향 유대 베들레헴으로 돌아왔지만 먹고 살 형편이 안 되었을 때, 나오미는 룻이 보아스의 밭에 가서 이삭을 줍게 합니다. 그리고 룻이 보아스의 눈에 띄게 한 다음, 타작 마당에 보아스가 밤에 눕거든 그 곁에 누워 프러포즈를 하게 합니다. 그때 룻을 발견한 보아스는 이렇게 말합니다.

> **참으로 나는 기업을 무를 자이나 기업 무를 자로서 나보다 더 가까운 사람이 있으니 이 밤에 여기서 머무르라 아침에 그가 기업 무를 자의 책임을 네게 이행하려 하면 좋으니 그가 그 기업 무를 자의 책임을 행할 것이니라 만일 그가 기업 무를 자의 책임을 네게 이행하기를 기뻐하지 아니하면 여호와께서 살아 계심을 두고 맹세하노니 내가 기업 무를 자의 책임을 네게 이행하리라 아침까지 누워 있을지니라 하는지라.**(룻 3:12-13)

그렇게 해서 보아스는 또 하나의 친척이 그 고엘의 책임을 기피하자 보아스가 룻의 아내가 되어 가계를 이어갑니다. 이제 예수님의 족보를 다시 읽어 보십시오. **"살몬은 라합에게서 보아스를**

낳고 보아스는 룻에게서 오벳을 낳고 오벳은 이새를 낳고."(마 1:5)

다음 절은 "이새가 다윗 왕을 낳으니라"(마 1:6)고 기록합니다. 이 다윗의 후손에서 누가 오십니까? 우리 주님 예수 그리스도이십니다. 우연하게 전개되는 인간들의 사랑의 관계들을 통해 하나님은 당신의 구속사적 섭리를 이루어 내십니다.

3. 두 가지 적용

그러면 마지막으로 이런 구약 시대의 조금은 이상한 관습을 관찰하면서 오늘의 신약 시대를 살아가는 우리에게 이 계대 상속법은 어떻게 적용되어야 할까요? 물론 구약 시대처럼 형제들이 형수나 제수와 결혼할 필요는 없습니다. 그러나 이런 구약의 관습이 전제하고 있었던 하나님의 의도를 알아차리는 것이 우리에게 필요한 것입니다. 그래서 이 실천을 오늘의 상황에서 다시 두 가지 의무로 적용해 볼 수 있습니다.

1) 가까운 가족에게 먼저 도움을 베푸는 자선의 의무

우리가 인생을 살아가며 자선을 베풀 때, 그 우선순위는 나의 형제에게서 시작된다는 레슨입니다. 갈라디아서 6장 9-10절을 보겠습니다. "우리가 선을 행하되 낙심하지 말지니 포기하지 아니하면 때가 이르매 거두리라 그러므로 우리는 기회 있는 대로 모든 이에게 착한 일을 하되 더욱 믿음의 가정들에게 할지니라." 우리의 자선은 우리의 가족, 우리의 믿음의 형제들이 우선권을 갖는다는 것입니다. 물론 오늘의 사회에서는 국가가 경제적으로 어려운 약자들에게 사회 복지 제도를 실천하고 있습니다만 그렇다고 자선의 책임을 나라에게만 맡기는 것은 성경적이 아닙니다. 먼저 가족들과 형제들이 자신의 가족과 주변 친척들을 돌아본다면, 그리고 더 나아가 고난 당하고 있는 믿음의 형제들을 돌아본다면, 우리 사회는 얼마나 더 따뜻하고 정겨운 사회가 되겠습니까?

오늘의 사회가 지닌 가장 큰 반성경적 특성이 있다면 무관심입니다. 그것은 창조주이신 하나님의 의도를 저버리는 것입니다. 우리를 가족으로 태어나게 하신 이유는 서로를 향한 관심 속에 성숙한 공동체를 지향하시는 의도가 아닌가요? 서구에 자라나는 아이들이 가장 많이 하는 언어가 "I do not care"라고 합니다. 그러나 하나님이 기대하시는 언어가 무엇입니까? "I care (for you)"입니다.

2) 믿음의 공동체를 지켜 나가는 거룩한 의무

고대 하나님의 백성들에게 후사를 두고 가업을 계승하는 것은 단순하게 후손을 두는 것 이상의 의미가 있었습니다. 이미 말씀드린 것처럼 고엘(Go'el)은 구속자로서 대가를 지불하고서라도 가족의 야훼 신앙, 곧 하나님 신앙을 계승하는 의미가 있었습니다. 그것은 궁극적으로 가정을 세우고 하나님의 나라를 세우는 의무로 인식한 것입니다. 그래서 이 의무는 강제되지는 않았지만 이 의무를 피하는 것은 불명예로 인식되었습니다. 그래서 이 의무를 기피한 사람들에 대한 처사를 본문 8-10절에서 기록합니다.

그 성읍 장로들은 그를 불러다가 말할 것이며 그가 이미 정한 뜻대로 말하기를 내가 그 여자를 맞이하기를 즐겨하지 아니하노라 하면 그의 형제의 아내가 장로들 앞에서 그에게 나아가서 그의 발에서 신을 벗기고 그의 얼굴에 침을 뱉으며 이르기를 그의 형제의 집을 세우기를 즐겨 아니하는 자에게는 이같이 할 것이라 하고 이스라엘 중에서 그의 이름을 신 벗김 받은 자의 집이라 부를 것이니라.

룻기에 보면 보아스 말고 또 한 사람의 고엘이 이 의무를 행하지 않겠다고 선언하면서 바로 그의 신을 벗는 장면을 볼 수 있습니다. **"이에 그 기업 무를 자가 보아스에게 이르되 네가 너를 위하여 사라 하고 그의 신을 벗는지라."**(룻 4:8) 그는 거룩한 의무를 저버리고 굴욕당하는 인생의 길을 선택한 것입니다.

만일 오늘날도 이런 법이 시행된다면 얼마나 많은 소위 성도들이 신 벗김을 당하고 얼굴에 침 뱉음을 당해야 할까요? 가정에 대한 의무, 교회에 대한 의무를 다하지 못하고 있는 수많은 오늘의 성도들을 생각해 보십시오. 결혼할 때 우리는 결혼 언약을 하지 않습니까? 그런데 그런 언약이 지켜지고 있는 것일까요? 아니 우리가 교회에서 직분자로 취임할 때 우리는 또한 교회를 이렇게 섬기겠다고 언약하지 않았습니까? 과연 우리는 그 언약을 지키며 믿음의 삶을 살고 있는 것일까요? 그렇지 못하다면 우리는 그들을 어느 주일 교회당 맨 앞에 불러 세우고 온 성도 앞에서 성도들이 한 사람 한 사람 그 앞을 지나가며 신을 벗기고 얼굴에 침을 뱉는 광경을 연상해 보십시오. 오늘날 사랑은 센티멘털한 감상으로만 취급되고 있지 거룩한 의무로 취급되지 못하는 것, 그것이 바로 우리 가정의 문제이고 우리 교회의 문제인 것입니다. "하나님이 세상을 이처럼 사랑하사"의 그 사랑은 감상이 아닙니다. 우리가 하나님과의 언약을 깨뜨린 우리의 수치, 우리의 범죄를 짊어지고 예수님이 우리 대신 신 벗김을 당하시고 침 뱉음을 당하시고 마침내 십자가에서 자신의 생명을 우리 대신 버려주신 것입니다. 그리고 그 십자가에서 양 팔을 벌리시고 그는 소리치십니다. 내가 너를 사랑한다고, 그리고 너희를 용서한다고, 그리고 다시 죄를 범하지 말라고! 그리고 이제부터 네 형제의 집을 세우라고!

하나님의 보배로운 백성

16오늘 네 하나님 여호와께서 이 규례와 법도를 행하라고 네게 명령하시나니 그런즉 너는 마음을 다하고 뜻을 다하여 지켜 행하라 17네가 오늘 여호와를 네 하나님으로 인정하고 또 그 도를 행하고 그의 규례와 명령과 법도를 지키며 그의 소리를 들으리라 확언하였고 18여호와께서도 네게 말씀하신 대로 오늘 너를 그의 보배로운 백성이 되게 하시고 그의 모든 명령을 지키라 확언하셨느니라 19그런즉 여호와께서 너를 그 지으신 모든 민족 위에 뛰어나게 하사 찬송과 명예와 영광을 삼으시고 그가 말씀하신 대로 너를 네 하나님 여호와의 성민이 되게 하시리라

CHAPTER 26
하나님의 보배로운 백성

제가 한국에서 비교적 자주 방문한 섬 중의 하나가 전라남도 신안군 증도라는 섬입니다. 과거에 섬이었는데 지금은 교량이 놓여 그냥 차로 직접 운전해서 도달할 수 있는 곳입니다. 증도는 유네스코가 지정한 아름다운 섬, 슬로시티(Slow City)이고 소금 염전 갯벌로 유명한 곳이기도 합니다. 그런데 1970년대부터 이 섬은 보물섬으로 불리게 되었습니다. 1975년 이 섬 증도면 방축리 도덕도 앞바다에서 한 어부의 그물에 고급 도자기가 걸려 올라온 것이 계기가 되었습니다. 지금으로부터 약 700년 전 1323년(남송, 원대) 중국의 한 무역항을 떠나 일본 교토로 향하던 무역선이 이 증도 앞바다에서 침몰했는데 수중 발굴 조사 결과 도자기 20,661점, 금속제품 729점 자단목 1,017개 등이 인양됩니다. 이 보물선 발굴 유역은 1981년 국가 문화 사적지로 지정되고 이곳 바다가 한눈에 내려다보이는 조망지에 발굴 기념비가 세워졌습니다. 그때 이래로 이 섬의 별명이 보물섬(Treasure Island)이 된 것입니다.

그러나 이 섬의 인구 90%에 달하는 그리스도인들에게는 그 이전부터 이 섬은 보물섬이었습니다. 왜냐하면 이 섬에 보물 같은 존재인 문준경 전도사님이 복음을 전하여 이 섬의 인구 90% 이상을 복음화하고 한국교회의 리더 CCC 김준곤 목사, 치유 목자 정태기 목사, 부흥사 이만신 목사 등을 배출하였기 때문입니다. 문준경 전도사님은 본래 열일곱 살에 결혼했지만 자식이 없어 남편이 다른 여인과 살림을 차리게 되자 자기 혼자의 삶을 개척하게 됩니다. 1927년 목포로 이사하면서 부흥사 이성봉 목사님의 영향으로 그리스도인이 되어 1931년 당시 경성 성서학원(지금의 서울신학대학)에 입학하여 전도자의 길을 걷게 됩니다. 그녀는 시집이 있던 신안군 임자도 진리교회 개척을 필두로 10여 개의 교회를 개척하게 됩니다. 일 년에 고무신 아홉 켤레가 닳도록 섬들을 순회하며 복음을 전했습니다. 1950년 6.25 전쟁 당시 10월 5일 증동리 백사장에서 공산군의 총을 맞고 순교했지만, 그녀의 순교의 피는 신안군 일대 특히 증도를 복음화하고 믿음의 거목들을 일으키는 보배로운 전도자의 삶을 살았습니다.

그래서 증도 그리스도인들은 증도의 진정한 보배는 보물선이 아니라, 문준경 전도사님과 그녀의 영향을 받은 믿음의 사람들이 그 섬을 보물섬으로 만들었다고 믿고 있습니다. 그런데 본문은 이스라엘 백성 전체를 가르쳐 보배로운 백성이라고 부르고 있습니다. **"여호와께서도 네게 말씀하신 대로 오늘 너를 그의 보배로운 백성이 되게 하시고 그의 모든 명령을 지키라 확언하셨느니라."**(신 26:18) 신약 성경은 우리가 보배로운 백성이 된 것은 보배로운 한

분을 만났기 때문이라고 말합니다. **"성경에 기록되었으되 보라 내가 택한 보배로운 모퉁잇돌을 시온에 두노니 그를 믿는 자는 부끄러움을 당하지 아니하리라."**(벧전 2:6) 그러면 주님의 기대처럼 우리가 보배로운 백성이 되기 위해 할 일은 무엇입니까?

1. 여호와의 율법(규례와 법도)을 행하라고 말씀하십니다.

"오늘 네 하나님 여호와께서 이 규례와 법도를 행하라고 네게 명령하시나니 그런즉 너는 마음을 다하고 뜻을 다하여 지켜 행하라."(신 26:16) 사실 이 말씀은 모세가 신명기 4장 44절에서 시작한 두 번째 가장 긴 설교 강론의 결론 부분이라고 할 수가 있습니다. 정리해 보자면 모세의 모압 평지의 네 편의 설교 중 첫 번째 편은 1장 1절에서 4장 43절까지로 광야 생활 40년을 회고하는 설교입니다. 두 번째가 4장 44절에서 26장 19절까지로 모세가 시내 산에서 받은 율법의 교훈을 다시 정리하고 해설한 것입니다. 그리고 세 번째가 27장 1절에서 30장 20절까지로 하나님과의 언약을 상기시키며 그 언약을 지킴에 충성할 것을 권면합니다. 그리고 마지막 네 번째가 31장 1절에서 34장 12절로 모세의 마지막 송별설교로 이스라엘 백성에게 유언적 축복을 남기는 것입니다. 본문은 두 번째, 가장 긴 설교의 결론인데 그 시작 부분인 신명기 4장 44절을 다시 보도록 하겠습니다. **"모세가 이스라엘 자손에게 선포한 율법은 이러하니라."** 그리고 그다음 구절 45절을 보십시오. **"이스라엘 자손이 애굽에서 나온 후에 모세가 증언과 규례와 법도를 선포하였으니."** 여기에서 율법에 대한 다른 표현이 '규례와 법도'인 것을 알 수 있습니다. 그런데 이 설교의 결론인 본문 16절은 **"오늘 네 하나님 여호와께서 이 규례와 법도를 행하라고 네게 명령하시나니"**라고 말씀하십니다.

신명기 12장 1절에 보면 이 율법의 준행의 중요성을 모세는 한 번 더 역설합니다. **"네 조상의 하나님 여호와께서 네게 주셔서 차지하게 하신 땅에서 너희가 평생에 지켜 행할 규례와 법도는 이러하니라."** 여기 모세의 설교에서 반복되는 '규례와 법도'는 바로 율법의 핵심이라고 할 수 있었습니다. 히브리어 원문에서 규례와 법도는 호크(choq)와 미쉬파트(mishpat)로서 법적인 판단과 지성적 판단을 다 포함하는 것입니다. 그리고 그것은 종교법과 시민법을 다 아우르는 것이었습니다. 그 총체가 바로 하나님의 토라, 율법이었던 것입니다. 하나님의 백성들은 이런 하나님의 마음, 하나님의 판단을 따르는 백성이 됨으로 하나님의 보배로운 백성이 될 수 있었던 것입니다. 그들은 바로 하나님의 공의로운 판단, 순결한 마음을 이 땅에서 드러냄으로써 그들이 믿고 있는 하나님이 어떤 하나님이신가를 증언할 수 있었던 것입니다. 본래 인간은 처음 창조될 때 하나님의 형상을 닮은 보배로운 존재로 지음을 받았습니다. 그러나 인생이 타락할 때 보배로운 존재가 쓰레기 같은 존재로 변신되었습니다. 영어에 보배와 쓰레기는 비슷한 단어로 표기됩니다. 보배를 treasure라고 하고, 쓰레기를 trash라고 하지 않습니까?

그런데 오늘날 우리 문화에서 역점을 두는 새로운 과제가 생겼는데 쓰레기를 다시 보배로 만드는 작업입니다. 이 작업을 우리는 리싸이클링(recycling, 재활용)이라고 합니다. 그러면 어떻게 쓰레기 같은 인생이 다시 보배로운 주의 백성이 될 수 있을까요? 사도 베드로는 보배로운 모퉁잇돌로 오신 그분에게 우리가 접속될 때 우리도 보배로운 인생으로 거듭날(born again) 수 있다고 선포하십니다. 그것이 바로 복음인 것입니다. 이 보배로운 소식을 받아들이는 순간 우리는 세상에 썩어질 것을 피하여 신성한 성품에 참여하는 자가 된다고 약속하십니다(벤후 1:4). 이것이 바로 영적 리싸이클링인 것입니다.

2. 오늘 여호와를 네 하나님으로 인정하라고 말씀하십니다.

우리가 하나님의 보배로운 백성이 되려면 우리는 여호와(야훼)를 하나님으로 인정하고 살아야 한다고 말씀하십니다. 본문 17절이 어떻게 시작됩니까? **"네가 오늘 여호와를 네 하나님으로 인정하고 또 그 도를 행하고"**라고 말씀합니다. 구약에 보면 하나님의 이름을 대표하는 두 가지가 있습니다. 하나가 여호와이고(6,700회), 그다음 많이 등장하는 것이 엘로힘(2,500회)입니다. 이스라엘 백성이 출애굽하는 과정에서 그들은 여호와를 만나게 됩니다.

지금 이스라엘을 노예 된 자리에서 부르시는 분, 그분은 '스스로 계신 하나님'이셨습니다. 그가 이스라엘을 구출하시고 자유를 주시겠다고 약속하십니다. 그때부터 여호와(야훼)는 이스라엘과 함께 하시는 하나님, 구원의 약속을 지키시는 하나님으로 다가오시게 되었습니다. 그런데 엘로힘은 본래 복수로서 하나님의 위대성, 초월성, 전능성을 나타내는 이름이었습니다. 그런데 과거 애굽을 떠나면서 그리고 지금까지의 광야의 행진을 통해 놀라운 메시지를 계시 받게 된 것입니다. 그것은 바로 여호와가 엘로힘이라는 것입니다. 이스라엘을 구원하시고 그들과 함께 하시는 하나님이 바로 전능하시고 초월하신 위대한 절대자 하나님이시라는 것입니다.

그런 야훼를 엘로힘으로 믿고 따른다면 그들은 진정 하나님의 보배로운 백성이 될 것이라는 약속입니다. 잠언 3장 5-6절 말씀을 기억하십니까? **"너는 마음을 다하여 여호와를 신뢰하고 네 명철을 의지하지 말라 너는 범사에 그(여호와)를 인정하라 그리하면 네 길을 지도하시리라."** 야훼를 엘로힘으로 믿는다는 것은 내 인생의 주권을 하나님에게 온전히 위탁한다는 의미입니다. 하나님의 이름은 너무 거룩한 것이어서 입술에 함부로 올릴 수 없다고 생각한 유대인들은 야훼나 엘로힘 대신에 '아도나이(Adonay)'라고 부르기 시작합니다. '주님'이란 뜻이고 영어로 'Lord'라는 의미입니다. 오늘의 시대에 우리가 하나님의 주권, 예수 그리스도의 주님 되심을 믿고 날마다 산다는 것, 그것이 바로 우리가 여호와를 하나님으로 인정하고 삶을 사는 주의 보배로운 백성임을 증명하는 것이 아니겠습니까? 바울 사도의 경고를 잊지 말아야 하겠습니다. **"그들이 하나님을 시인하나 행위로는 부인하니 가증한 자요 복종하지 아니하는 자요 모든 선한 일을 버리는 자니라."**(딛 1:16) 우리의 모든 범사에 하나님의 주권을 믿고 그의 주인 되심을 드러내는 거룩한 삶으로 우리가 보배로운 주의 백성임을 증명하며 살아갑시다.

3. 여호와 하나님의 음성을 듣고 순종하라고 말씀하십니다.

다시 본문 17절 마지막 대목에 귀를 기울여 보십시오. **"...그의 규례와 명령과 법도를 지키며 그의 소리를 들으리라."** '그의 소리를 들으리라!' 무슨 뜻입니까? 그의 음성을 듣고 순종하라는 말씀이 아닙니까? 예수님과 함께 하던 제자들의 시대가 지나가고 소위 속사도 시대 혹은 사막 교부 시대가 되면서 예수님의 제자들에게는 어떻게 주의 음성을 듣고 순종의 삶을 사느냐는 문제가 생겨났습니다. 그러나 그때 그들에게 두루마리 성경을 읽을 수 있는 기회가 주어지기 시작합니다. 이때부터 시작하여 중세기에 절정을 이룬 영성 운동을 가리켜 'Lectio Divina(거룩한 독서)' 운동이라고 부르게 됩니다. 성경이나 성경에 대한 해설서를 읽고 거기서 주의 음성을 듣는 일입니다. 그리고 이런 성경 읽기와 묵상의 최종적 목적은 언제나 들은 말씀의 실천이었습니다. 후일 종교개혁자 루터는 이것을 1) Oratio^(소리내어 성경읽기), 2) Meditatio^(묵상하기), 3) Tentatio^(실천하기)로 표현했습니다. 고귀한 실천이 하나님의 백성들을 고귀한 보배로 만드는 것입니다.

제가 담임목사 시절 QT하다가 잠언 11장 10-11절의 말씀이 마음에 깊이 다가왔습니다. **"의인이 형통하면 성읍이 즐거워하고 악인이 패망하면 기뻐 외치느니라 성읍은 정직한 자의 축복으로 인하여 진흥하고 악한 자의 입으로 말미암아 무너지느니라."** 저희 교회는 개척 초기부터 선교에 힘써왔고 특히 여름철엔 국내외 선교에 많은 성도들이 참여해왔습니다. 그러나 국내 선교에 여기저기 흩어져하기보다 한 성읍, 한 도시를 선택하여 집중적으로 전도할 수 있다면, 그 성읍, 그 도시에 미치는 축복이 적지 않을 것이라고 생각했습니다. 그때 이 잠언 말씀, 한 성읍이 정직한 자들의 축복으로 진흥하리라는 말씀이 다가온 것입니다. 그래서 처음에 인구 10만 단위의 도시를 선택하여 미자립교회들을 돕고, 또 하루 저녁 전도 집회를 통해 도시 복음화에 기여해 보자는 의도에서 〈도시 블레싱〉이 시작된 것입니다. 이 블레싱이 코로나를 지나고 다시 부활하여 제주 블레싱, 전주 블레싱으로 이어지게 된 것은 너무 감사한 일입니다. 자, 본문은 말씀에 순종하는 자들에게 어떻게 말씀하십니까?

다시 본문 18절을 보십시오. **"여호와께서도 네게 말씀하신 대로 오늘 너를 그의 보배로운 백성이 되게 하시고 그의 모든 명령을 지**

키라 확언하셨느니라." 이제 본문 마지막 19절 말씀의 약속을 상기하십시오. **"그런즉 여호와께서 너를 그 지으신 모든 민족 위에 뛰어나게 하사 찬송과 명예와 영광을 삼으시고 그가 말씀하신대로 너를 네 하나님 여호와의 성민이 되게 하시리라."** 이 놀라운 약속을 보십시오. 우리들의 말씀에 대한 순종과 실천은 개인과 가정의 축복으로 끝나는 것이 아니라, 한 민족의 축복이 된다는 것입니다. 모든 민족 위에 뛰어나게 하시고 거룩한 성민이 되게 하시겠다는 것입니다. 찬송과 명예와 영광을 주시겠다는 것입니다. 청교도 시대를 지나던 청교도들의 말씀에 대한 순종은 당시의 영국을 전 세계에 영향을 끼치는 해가 지지 않는 믿음의 나라를 만들지 않았습니까? 시온주의 운동으로 흩어진 디아스포라 이스라엘이 고토에 돌아와 맨 먼저 한 일이 토라의 회복 운동이었습니다. 짧은 기간 이스라엘은 독립 국가로 회복이 되었을 뿐 아니라, 흩어진 유대인들은 전 세계 모든 삶의 영역에 기여하고 노벨상 수상자의 30%를 만든 민족, 문자 그대로 찬송과 명예와 영광을 누리는 민족이 되지 않았습니까? 그렇다면 우리 한 공동체의 말씀에 대한 순종이 가져올 민족의 영광을 꿈꾸는 오늘이 되시기를 기도합니다.

CHAPTER 27

축복과 저주 사이에서

4너희가 요단을 건너거든 내가 오늘 너희에게 명령하는 이 돌들을 에발 산에 세우고 그 위에 석회를 바를 것이며 5또 거기서 네 하나님 여호와를 위하여 제단 곧 돌단을 쌓되 그것에 쇠 연장을 대지 말지니라 6너는 다듬지 않은 돌로 네 하나님 여호와의 제단을 쌓고 그 위에 네 하나님 여호와께 번제를 드릴 것이며 7또 화목제를 드리고 거기에서 먹으며 네 하나님 여호와 앞에서 즐거워하라 8너는 이 율법의 모든 말씀을 그 돌들 위에 분명하고 정확하게 기록할지니라 9모세와 레위제사장들이 온 이스라엘에게 말하여 이르되 이스라엘아 잠잠하여 들으라 오늘 네가 네 하나님 여호와의 백성이 되었으니 10그런즉 네 하나님 여호와의 말씀을 청종하여 내가 오늘 네게 명령하는 그 명령과 규례를 행할지니라 11모세가 그 날 백성에게 명령하여 이르되 12너희가 요단을 건넌 후에 시므온과 레위와 유다와 잇사갈과 요셉과 베냐민은 백성을 축복하기 위하여 그리심 산에 서고 13르우벤과 갓과 아셀과 스불론과 단과 납달리는 저주하기 위하여 에발 산에 서고 14레위 사람은 큰 소리로 이스라엘 모든 사람에게 말하여 이르기를 15장색의 손으로 조각하였거나 부어 만든 우상은 여호와께 가증하니 그것을 만들어 은밀히 세우는 자는 저주를 받을 것이라 할 것이요 모든 백성은 응답하여 말하되 아멘 할지니라

CHAPTER 27
축복과 저주 사이에서

　최근 극장가에는 원자탄을 처음 만들어 실험한 유대인 물리학자 〈오펜하이머〉에 대한 영화가 개봉되어 전 세계적으로 센세이션을 일으키고 있습니다. 그는 처음 나치 독일보다 먼저 원자탄을 만들 목적으로 〈맨해튼 프로젝트〉의 이름으로 다시는 인류가 전쟁할 생각을 안 하고 평화가 오리라는 기대로 핵 실험에 참여한다고 하였습니다. 미국의 뉴멕시코 사막에서 진행된 이 실험은 1945년 7월에 성공하고 이 인류 최초의 핵무기는 2차 대전을 끝낼 목적으로 바로 그다음 달 8월 초에 독일이 아닌 일본 히로시마와 나가사키에서 원폭 투하가 이루어집니다. 그러나 결과적으로 "나는 죽음이 되었고 온 세상의 파괴자가 되었다"고 오펜하이머는 고백합니다. 그는 더 이상의 연구를 거부하고 특히 수소 폭탄 제조 개발을 반대하다가 소련의 스파이로 몰리기도 합니다. 그리고 그가 1945년 이 원자탄을 만든 지 4년만인 1949년에 소련이 핵무기 실험에 성공하고 이어서 세계 도처에 이 핵무기 보유 국가가 늘어나게 됩니다. 심지어 한반도의 절반 북녘땅도 우리 시대에 핵무기보유를 선언하게 되었습니다. 오펜하이머의 기대와 다르게 이 무기는 인류의 평화가 아닌 재앙의 무기로, 축복이 아닌 저주의 무기로 변신하게 된 것입니다.

그런데 본문에 보면 모세는 이스라엘 백성들이 요단을 건너 약속의 땅에 들어가면 사마리아 세겜으로 가서 두 개의 산, 그리심 산과 에벨 산에 올라가 축복과 저주의 메시지를 전달해야 한다고 설교합니다. **"모세가 그 날 백성에게 명령하여 이르되 너희가 요단을 건넌 후에 시므온과 레위와 유대와 잇사갈과 요셉과 베냐민은 백성을 축복하기 위하여 그리심 산에 서고 르우벤과 갓과 아셀과 스블론과 단과 납달리는 저주하기 위하여 에발 산에 서고."**(신 27:11-13) 여기 약속의 땅에서 축복과 저주의 메시지가 갈리는 운명을 목격하게 됩니다. 우리가 이스라엘 성지순례를 가서 정세가 괜찮으면 팔레스타인 자치령이 된 사마리아, 세겜으로 가서 그리심 산에 오르게 됩니다. 그리고 이 산 위에서 주로 사마리아, 이스라엘 평원을 내려다보며 옛 이스라엘처럼 축복의 기도를 드리고 내려오게 됩니다. 여기서 이스라엘을 축복하고 한반도를 축복하는 특별한 경험을 하게 됩니다.

그러면 이번 본문, 이 두 개의 산이 가르치는 축복과 저주의 레슨은 무엇입니까?

1. 축복과 저주가 한 근원에서 시작되었음을 기억하라는 것입니다.

히로시마와 나가사키에 원폭이 투하된 후에 죄책감을 느낀 과학자들과 정치인들의 가장 중요한 숙제로 등장한 것이 핵의 평화적 사용이었습니다. 실제로 핵은 가장 무서운 파괴력을 가지고 있지만 동시에 가장 창조적인 생산력을 가지고 있는 것도 사실입니다. 꼭 같은 핵에너지가 파괴력과 생산력, 파괴와 창조의 능력을 가지고 있다는 사실입니다. 전기 생산은 대표적인 창조적 자산이지요. 실은 원자로 건설도 이런 에너지의 평화적 이용의 의도로 시작된 것이었지만, 이웃 나라 일본에서 볼 수 있었던 지진과 쓰나미로 발생한 후쿠시마 원자력 발전소의 사고는 소위 오염수 방출이라는 문제를 야기해 오늘을 사는 우리에게도 현실적인 문제가 되어있습니다. 핵에너지의 창조성에도 불구하고 그 관리의 난제를 안겨다 주고 있는 것이 현실입니다. 같은 핵에너지가 생산과 파괴의 동일한 원천이 된 것처럼 축복과 저주도 동일한 근원에서 비롯된 것임을 아십니까? 그것이 바로 하나님의 율법입니다.

아주 단순하게 말하면 하나님의 율법을 지키는 순종이 축복을 가져오고 불순종이 저주를 가져온다는 것입니다. 그렇다면 우리에게는 한 길만 허용되어 있는 것입니다. 따라서 축복된 인생의 길을 걷고자 한다면 날마다 율법의 말씀을 인지하고 순종의 삶을 살아야 한다는 것입니다. 그래서 약속의 땅에 입성을 앞둔 그들에게 요단을 건너서 무엇을 먼저 행하라고 요구하십니까? **"너희가 요단을 건너거든 내가 오늘 너희에게 명령하는 이 돌들을 에발 산에 세우고 그 위에 석회를 바를 것이며."**(신 27:4) 이어지는 말씀을 보겠습니다. **"너는 이 율법의 모든 말씀을 그 돌들 위에**

분명하고 정확하게 기록할지니라."(신 27:8) 여기 돌에다 석회를 바르라고 명하십니다. 왜지요? 그것은 그 위에다 글자를 새겨 넣기 위해서입니다. 하얀 석회가 발라진 돌에는 글자를 새기기가 편리하지요. 그리고 새겨진 글자가 선명하게 드러나 읽기가 쉬워집니다. 여기 새겨진 말씀들을 매일 눈으로 확인하면서 마음에 새기고 살라고 돌비로 주신 것입니다.

흥미로운 것은 돌단이나 돌비를 세울 때 쇠 연장을 쓰지 말라고 하십니다. "또 거기서 네 하나님 여호와를 위하여 제단 곧 돌단을 쌓되 그것에 쇠 연장을 대지 말지니라."(신 27:5) 왜 그랬을까요? 쇠 연장을 사용하여 공교하게 다듬어 만들면 그 돌단이나 돌비의 화려한 장식에 시선을 빼앗겨 보다 중요한 말씀에서 멀어질 수 있기 때문입니다. 중세기 교권 숭배가 극에 달할 때 수많은 보석으로 장식된 성경들이 만들어지곤 했습니다. 그걸 누가 읽겠습니까? 중요한 것은 날마다 말씀을 접하고 읽고 묵상하고 순종해야 한다는 것입니다. 성경을 가지고 다니는 것이 중요한 것이 아니라 날마다 일용할 양식처럼 먹어야 한다는 것입니다. 전도자 무디는 늘 이렇게 강조했습니다. "No Bible, No breakfast(성경을 읽지 않았거든 아침 식사도 하지 말라)."

신약의 마지막 책 요한계시록 1장 3절은 이렇게 시작됩니다. "이 예언의 말씀을 읽는 자와 듣는 자와 그 가운데에 기록한 것을 지키는 자는 복이 있나니 때가 가까움이라." 그러나 이 말씀을 멀리하고 불순종하는 자들에게는 저주와 화가 있을 것입니다. 축복과 저주는 모두 하나의 근원에서 비롯된 것임을 기억합시다.

2. 축복과 저주는 모두 우리의 유익을 위한 것이라는 말씀입니다.

이제 가나안 입성을 앞둔 이스라엘 백성에게 모세는 요단 강을 건너 그 땅에 들어가면 되도록 빨리 사마리아 세겜으로 가라고 말합니다. 거기에 가면 세겜 조금 남쪽에는 그리심 산이 있고, 그 맞은편에는 에발 산이 있다고, 세겜은 예루살렘 북쪽으로 60km 지점에 있고, 세겜 성 남쪽에는 해발 약 860m 되는 그리심 산이 있고, 그 맞은편에는 해발 920m가 되는 에발 산이 마주보고 있다고 말합니다. 그리고 이제 본문 12절의 말씀을 보겠습니다. **"너희가 요단을 건넌 후에 시므온과 레위와 유다와 잇사갈과 요셉과 베냐민은 백성을 축복하기 위하여 그리심 산에 서고."** 이 여섯 지파에게는 축복의 전달자가 되게 한 것입니다. 말씀은 계속됩니다. **"르우벤과 갓과 아셀과 스불론과 단과 납달리는 저주하기 위하여 에발 산에 서고."**(신 27:13) 다른 여섯 지파에게는 저주의 메시지를 전달하게 하신 것입니다. 그리심 산은 축복을 위해 선택되었고, 에발 산은 저주를 위해 선택된 것입니다. 그리고 각 여섯 지파에 의해 축복과 저주의 메시지가 전달되고 선포될 때마다 '아멘'하라고 명하십니다. 우리는 축복의 메시지에는 아멘하기가 쉽지만 저주의 메시지에는 아멘하기가 쉽지 않습니다. 그런데 하나님은 저주의 메시지에 먼저 아멘을 해야 한다는 것입니다.

왜입니까? 저주의 메시지조차도 저주의 경고를 받고 그 죄에 빠지지 않는다면 그것이 우리의 유익이 되기 때문입니다. 그래서 성경은 축복의 메시지뿐만 아니라, 저주의 메시지도 우리에게 전달하고 있는 것입니다. 예를 들어 14-15절의 말씀을 보겠습니다. **"레위 사람은 큰 소리로 이스라엘 모든 사람에게 말하여 이르기를 장색의 손으로 조각하였거나 부어 만든 우상은 여호와께 가증하니 그것을 만들어 은밀히 세우는 자는 저주를 받을 것이라 할 것이요 모든 백성은 응답하여 말하되 아멘 할지니라."** 즉 우상숭배를 경고하는 저주의 메시지를 레위 지파 사람들에게 전하라 하신 것입니다. 그런데 이스라엘 백성들이 이 저주의 메시지를 받고 우상숭배를 거절한다면 저주는 변하여 축복이 되는 것이 아니겠습니까? 그러나 우리의 저주의 경계가 수용되지 않고 그대로 저주의 심판을 받는 결과가 초래될 수도 있습니다. 구약의 선지자들이 그런 운명을 수용해야 할 상황들이 적지 않았습니다. 그래도 정의로운 저주의 경계는 필요한 것입니다. 누군가는 그 잘못되어 가는 상황을 향하여 저주의 경고를 외쳐 정의를 남길 수 있었기 때문입니다. 이런 외침을 성서윤리학자들은 '선지자적 비관주의(Prophetic Pessimism)'라고 말했습니다.

중요한 것은 저주의 말씀까지도 우리에게 유익하다는 것입니다. 하나님은 우리의 유익을 위해 때로는 축복하시고 때로는 저주하십니다. 그렇다면 우리는 우리가 듣기 좋지 않은 말씀을 받을 때에도 아멘할 수 있어야 합니다.

3. 저주받지 않도록 경각심을 갖고 살라는 것입니다.

신명기 27장 15-26절에는 12가지의 저주가 기록되고 있습니다. 모두 우리의 경각심을 깨우는 것들입니다. 예를 들어 16절의 말씀을 보겠습니다. **"그의 부모를 경홀히 여기는 자는 저주를 받을 것이라 할 것이요 모든 백성은 아멘 할지니라."** 아멘 할 수 있습니까? 성경은 하나님을 무시하고 우상을 만들어 섬기는 죄를 첫째로 경고하신 다음 둘째로는 부모를 소홀히 여기는 죄악을 경고하십니다. 이어지는 17절입니다. **"그의 이웃의 경계표를 옮기는 자는 저주를 받을 것이라 할 것이요 모든 백성은 아멘 할지니라."** 이웃의 것을 탐내어 이웃을 손해 보게 하는 죄악을 경계하신 것입니다. 순서를 주목합시다. 하나님 경외 먼저, 다음이 부모 그리고 그다음이 이웃입니다. 이어서 18절을 보십시오. **"맹인에게 길을 잃게 하는 자는 저주를 받을 것이라 할 것이요 모든 백성은 아멘 할지니라."** 제일 먼저 이웃 사랑을 가르치며 그다음에 맹인 같은 장애인에 대한 윤리적 책임을 일깨우고 있는 것입니다. 그다음 19절을 보겠습니다. **"객이나 고아나 과부의 송사를 억울하게 하는 자는 저주를 받을 것이라 할 것이요 모든 백성은 아멘 할지니라."** 장애인 다음으로 나그네, 고아와 과부 같은 사회적 약자들에 대한 사회적 책임을 역설적으로 일깨우는 말씀이 아닙니까?

지금까지를 정리해 보면 이 저주의 경고 메시지에서 우리가 관심을 가져야 할 관계의 우선순위를 보게 됩니다. 1) 하나님, 2) 부모, 3) 나와 연관된 모든 이웃들, 4) 맹인 같은 장애인들, 5) 나그네, 고아와 과부 같은 사회적 약자들. 마지막 26절 말씀을 보겠습니다. **"이 율법의 말씀을 실행하지 아니하는 자는 저주를 받을 것이라 할 것이요 모든 백성은 아멘 할지니라."** 율법은 우리를 축복하기도 하지만 저주의 메시지로 우리가 경각심을 갖고 저주받지 않는 삶을 살라고 권면하는 것입니다. 오늘날 우리는 모든 도덕적 기준을 포기한 무율법주의적 시대를 살아가고 있습니다. 그러나 우리 인간이 도덕이나 율법을 포기했다고 해서 하나님도 도덕이나 율법을 포기하신 것은 아닙니다. 바울 사도의 증언을 들어보십시오. **"율법없는 이방인이 본성으로 율법의 일을 행할 때에는 이 사람은 율법이 없어도 자기가 자기에게 율법이 되나니 이런 이들은 그 양심이 증거가 되어 그 생각들이 서로 혹은 고발하며 혹은 변명하여 그 마음에 새긴 율법의 행위를 나타내느니라."**(롬 2:14-15) 이방인들에게는 양심이 율법이라는 것입니다. 그 양심으로 심판받을 때가 오고 있다는 것입니다. 예수 그리스도의 복음만이 이 심판에서 우리를 구원하실 것을 믿으십니까? 이제 로마서 2장 16절의 말씀을 보십시오. **"곧 나의 복음에 이른 바와 같이 하나님이 예수 그리스도로 말미암아 사람들의 은밀한 것을 심판하시는 그 날이라"**

그 심판의 날이 가깝다는 것은 무엇을 의미합니까? 우리는 지금 축복과 저주 사이에 있다는 것입니다. 우리는 모두 율법이나 양심을 깨트리고 주의 심판을 피할 수 없는 죄인들이지만, 예수 그리스도의 십자가를 붙드는 그 순간, 그가 우리의 죄를 담당하시고 우리가 받을 심판과 저주를 대신하신 그 은혜로 우리는 저주에서 해방된 용서받은 자로 살게 되었다는 것입니다. **"그러므로 이제 그리스도 예수 안에 있는 자에게는 결코 정죄함이 없나니."**(롬 8:1) 바울은 이것을 **"나의 복음"**(롬 2:16)이라고 말합니다. 그리고 이 복음은 심판의 경고를 포함하고 있다는 것입니다. 그러면 바울의 복음이 우리의 복음이 되셨습니까? 이제 심판의 경고를 경청하고 저주의 자리에서 축복의 자리로 옮기셨습니까? 그리고 지금 당신의 삶의 현주소는 어디입니까? 당신은 지금 그리심 산(축복)에 계십니까? 에발 산(저주)에 머물러 계십니까?

CHAPTER 28
성민이 경험하는
축복의 영역들

[1]네가 네 하나님 여호와의 말씀을 삼가 듣고 내가 오늘 네게 명령하는 그의 모든 명령을 지켜 행하면 네 하나님 여호와께서 너를 세계 모든 민족 위에 뛰어나게 하실 것이라 [2]네가 네 하나님 여호와의 말씀을 청종하면 이 모든 복이 네게 임하며 네게 이르리니 [3]성읍에서도 복을 받고 들에서도 복을 받을 것이며 [4]네 몸의 자녀와 네 토지의 소산과 네 짐승의 새끼와 소와 양의 새끼가 복을 받을 것이며 [5]네 광주리와 떡 반죽 그릇이 복을 받을 것이며 [6]네가 들어와도 복을 받고 나가도 복을 받을 것이니라 [7]여호와께서 너를 대적하기 위해 일어난 적군들을 네 앞에서 패하게 하시리라 그들이 한 길로 너를 치러 들어왔으나 네 앞에서 일곱 길로 도망하리라 [8]여호와께서 명령하사 네 창고와 네 손으로 하는 모든 일에 복을 내리시고 네 하나님 여호와께서 네게 주시는 땅에서 네게 복을 주실 것이며 [9]여호와께서 네게 맹세하신 대로 너를 세워 자기의 성민이 되게 하시리니 이는 네가 네 하나님 여호와의 명령을 지켜 그 길로 행할 것임이니라

CHAPTER 28
성민이 경험하는 축복의 영역들

하나님께서 처음 인간을 창조하시고 제일 먼저 인간에게 행하신 일이 무엇인지 기억하십니까? 창세기 1장 27-28절의 말씀을 보면 **"하나님이 자기 형상 곧 하나님의 형상대로 사람을 창조하시되 남자와 여자를 창조하시고 하나님이 그들에게 복을 주시며"**라고 기록하십니다. 그의 인생을 향한 첫 번째 행위가 축복의 행위였음을 알 수 있습니다. 그리고 이 땅에서 그가 첫 번째 자기 백성을 선택하시고자 믿음의 조상 아브라함을 부르시며 그가 아브라함에게 약속하신 것이 무엇이었는지 기억하십니까? **"내가 너로 큰 민족을 이루고 네게 복을 주어 네 이름을 창대하게 하리니 너는 복이 될지라. 너를 축복하는 자에게는 내가 복을 내리고 너를 저주하는 자에게는 내가 저주하리니 땅의 모든 족속이 너로 말미암아 복을 얻을 것이라 하신지라."**(창 12:2-3) 옛 번역에는 '복의 근원이 될지라'라고 했던 것을 기억합니다. 한마디로 주의 백성이 축복의 통로가 될 것을 언약하신 것입니다.

이제 신약에서 예수님이 그의 첫 제자들을 부르시고 갈릴리의 한 낮은 산에 오르사 제자들과 무리들에게 가르치신 말씀을 기억하십니까?

심령이 가난한 자는 복이 있나니 천국이 그들의 것임이요 애통하는 자는 복이 있나니 그들이 위로를 받을 것임이요 온유한 자는 복이 있나니 그들이 땅을 기업으로 받을 것임이요 의에 주리고 목마른 자는 복이 있나니 그들이 배부를 것임이요 긍휼히 여기는 자는 복이 있나니 그들이 긍휼히 여김을 받을 것임이요 마음이 청결한 자는 복이 있나니 그들이 하나님을 볼 것임이요 화평하게 하는 자는 복이 있나니 그들이 하나님의 아들이라 일컬음을 받을 것임이요 의를 위하여 박해를 받은 자는 복이 있나니 천국이 그들의 것임이라.(마 5:3-10)

여기 산에서 여덟 개의 축복을 가르치셨다고 해서 그 산을 팔복 산으로 부르지 않습니까? 성지를 방문해 보면 이 산에 세워진 팔복기념교회를 찾는 순례자들의 발걸음이 끊이지 않습니다. 이 여덟 개의 복을 영어로 Beatitude라고 말합니다. 그런데 본문인 신명기 28장 1-7절을 가리켜 '구약의 비애티튜드(Beatitude)'라고 말합니다. 물론 구약의 축복관과 신약의 축복관이 동일하지는 않습니다. 구약의 축복이 물질적인 영역을 강조했다면 신약에서는 영적이고 인격적인 축복이 더 강조되고 있습니다. 그럼에도 불구하고 이런 일련의 가르침은 성경의 하나님이 축복의 하나님이심을 알게 합니다. 본문인 신명기 28장에도 15절 이하에는 저주의 경고가 기록되고 있습니다만 이 장에는 먼저 하나님이 축복을 강조하십니다. 하나님이 인생을 지으시고 주의 백성을 선택하신 우선적 목적이 축복임을 알게 되는 대목입니다. 저주의 레슨은 이 축복을 잃지 말라는 경고입니다.

그런데 신명기 28장에는 축복과 저주의 교훈 열 개가 대칭적으로 등장합니다. 예를 들어 본문 3절을 보십시오. **"성읍에서도 복을 받고 들에서도 복을 받을 것이며."** 이것의 대칭적 메시지가 16절입니다. **"네가 성읍에서도 저주를 받으며 들에서도 저주를 받을 것이요."** 열 개의 축복과 저주의 레슨은 다섯 개의 짝으로 묶어 읽을 수가 있습니다. 그런데 여기서 자녀와 토지 그리고 가축의 교훈을 하나로 묶는다면 네 개의 짝으로 나누어 묵상할 수가 있습니다(네 개의 짝, 여덟 가지 복이라면 신약의 팔복과 짝을 이루게 됩니다). 그래서 여기 하나님의 성민들에게 언약하신 네 개의 짝의 축복의 언약들을 묵상하고자 합니다. 모든 주의 성민들이 경험하는 축복의 영역 네 가지 세트는 무엇입니까? 그런데 한 가지 우리 모두 명심할 것은 이 축복들은 자동적인 것이 아니라, 조건적임을 기억하십시오. 본문 1-2절을 보겠습니다. **"네가 네 하나님 여호와의 말씀을 삼가 듣고 내가 오늘 네게 명령하는 그의 모든 명령을 지켜 행하면 네 하나님 여호와께서 너를 세계 모든 민족 위에 뛰어나게 하실 것이라 네가 네 하나님 여호와의 말씀을 청종하면 이 모든 복이 네게 임하며 네게 이르리니."** 여기 약속된 모든 축복은 조건적이라는 것입니다. '네가 나의 말씀을 삼가 듣고 (혹은 청종하고) 지켜 행하면,' 그것이 조건입니다. 그러면 약속된 네 가지 세트의 축복, 무엇입니까?

1. 성읍과 들에서의 축복입니다.

여기 성읍은 오늘날로 말하면 도시 생활이 이루어지는 곳이고 들은 전원생활이 이루어지는 곳입니다. 그런데 하나님은 주의 백성들이 성읍에서도 복을 누리고 전원생활에서도 복을 누릴 수 있다고 약속하십니다. 사람의 기호에 따라 어떤 사람들은 편리한 문명이 제공하는 도시 생활(City Life)을 선호하기도 하고 어떤 사람들은 전원의 한적한 자연의 삶을 선호하기도 합니다. 오늘날도 도시의 소음 속에 살아가는 이들에게 전원은 꿈꾸는 여유를 대표하지 않습니까? 문명의 시대를 사는 현대인들에게 헨리 데이비드 소로(Henry David Thoreau)의 걸작 《월든(Walden)》같은 숲속의 원시적 삶을 그리는 책이 여전히 인기 있게 읽히는 이유는 이런 원시적 삶에 대한 동경이 담겨 있는 때문이 아니겠습니까? 그런데 하나님은 당신의 백성들에게 성읍에서도 복을 누리고 들에서도 복을 누리는 삶을 약속하십니다. 우리의 주거지가 도시이든 시골이든 하나님과 함께라면 복을 누릴 수 있다는 것입니다.

또 한편 고대의 전망에서 볼 때 성읍은 가정생활을 영위하는 집이 있는 곳이고, 들은 농사를 짓고 목축을 하는 일종의 직업을 수행하는 장소일 수도 있습니다. 그런데 하나님은 성읍에 위치한 우리 가정에서도 함께 하시고, 우리가 들로 나아가 일을 할 때도 함께 하신다는 약속입니다. 그리고 들에서도 먹을 것을 거두게 하시고 우리의 미래를 준비하게 하십니다. 하나님은 우리의 가정의 주님이 되시고, 우리의 직업의 주가 또한 되신다는 약속입니다. 성읍에서도 복을 받고 들에서도 복을 받으리라고 말씀하십니다. 하나님은 우리의 가정에만 관심이 있으신 분이 아니라, 우리가 하는 일, 우리의 직업에도 관심을 가지신 분이 십니다. 종교개혁자들은 성경을 읽으면서 하나님은 우리의 직업을 우리의 소명으로 부르신다는 것을 발견하고 모든 건강한 직업의 성직성을 말했습니다. 성경은 하나님이 우리가 가정에 거할 때에도 함께 하시지만 우리가 직업을 수행하고 땀을 흘릴 때에도 함께 하신다고 말씀하십니다. 그는 성읍에도 들에도 거하시는 하나님이십니다. 그리고 성읍에서도 들에서도 복을 내리십니다.

2. 우리의 자녀, 토지의 소산물, 그리고 가축에게도 축복을 주십니다.

"네 몸의 자녀와 네 토지의 소산과 네 짐승의 새끼와 소와 양의 새끼가 복을 받을 것이며."(신 28:4) 이것이 두 번째 세트로 약속된 복입니다. 자녀가 복을 받기를 소원하는 것은 모든 부모들의 기도의 1순위 일 것입니다. 특히 고대에서 자녀의 존재는 바로 부모의 미래라고 해도 과언이 아니었습니다. 부모에게 자녀 다음으로 중요한 것은 토지의 소산물이었습니다. 그 토지의 소산물로 가정의 삶을 유지할 수 있었기 때문입니다. 그러나 토지의 소산물의 수확은 인간의 최선 이상으로 하늘에서 내리는 비, 적당한 자연의 조건이 맞아야 결실을 기대할 수 있었고, 따라서 고대

하나님의 백성들은 하늘의 축복을 기대할 수밖에 없었습니다. 토지의 소산물 다음으로 소중한 자산은 그들이 키우던 가축들이었습니다. 소와 양들이 육식의 근원이었고 따라서 소와 양들이 얼마나 많은 새끼를 낳아주느냐가 중요했습니다. 하나님은 당신의 백성들을 축복하시면서 그들이 기르던 가축들에게도 동시에 복을 내리신다고 말씀하십니다.

고대 하나님의 백성들에게는 가축도 가족이었습니다. 흥미로운 것은 우리가 한문으로 가족이라고 쓸 때 '家(가)'는 본래 '갓머리' 아래에 짐승을 뜻하는 '축'자를 사용해 왔습니다. 한 지붕 아래 생존을 유지하는 동물도 한 식구 개념으로 사용해 온 것입니다. 가족을 다른 말로 우리는 '食口(식구)'라고도 했습니다. '함께 먹는 입'이란 뜻입니다. 자녀들과 가축들까지 함께 나란히 밥을 먹는 공동체가 가족이었습니다. 그들의 생존의 필요를 복 주시는 하나님의 은혜로 그들은 공동생활을 유지할 수가 있었고 그래서 하나님의 축복을 빌 때 자녀와 함께 토지의 소산물, 그리고 소와 양 같은 가축들에 대한 생존을 기도할 수밖에 없었던 것입니다. 오늘날의 문화적 적용으로 말하면 우리는 자녀들에게 내리시는 축복이 우리의 반려견에게도 동일하게 임할 것을 기도하는 것입니다. 몇 년 전까지도 동물은 애완견의 수준을 벗어나지 못하였지만, 최근에는 'Pet Humanization,' 곧 '반려동물의 가족화'가 이루어지고 있는 것을 볼 수 있는데 성경은 벌써 고대에 가축을 포함한 가족의 축복을 말하고 있습니다.

3. 광주리와 떡 반죽 그릇의 축복입니다.

여기 광주리와 떡 반죽 그릇은 대표적인 고대 가정 용기들입니다. 광주리로 먹을 것을 운반하고 이제 떡 반죽 그릇으로 요리를 함으로 우리의 풍성한 식생활이 이루어지는 것입니다. 인류는 예로부터 밥상에 둘러앉아 삶을 이야기하고 문화를 창조하고 보다 나은 내일에 대한 꿈을 꾸었던 것입니다. 사도행전에 나타난 초대교회의 부흥의 비밀도 서로 떡을 떼는 교제에 있었습니다. 신학자들은 초대교회의 본질이 '밥상 공동체'였다고 말합니다. 초대교회에 대한 증언을 보겠습니다. **"그들이 사도의 가르침을 받아 서로 교제하고 떡을 떼며 오로지 기도하기를 힘쓰니라."**(행 2:42) 이어지는 말씀을 보겠습니다. **"날마다 마음을 같이하여 성전에 모이기를 힘쓰고 집에서 떡을 떼며 기쁨과 순전한 마음으로 음식을 먹고."**(행 2:46) 초대교회 교제의 한복판에 떡을 떼는 음식 나눔이 있었고 이런 식사를 '아가페 식사(Agape Meal)', 혹은 '애찬식(Love Feast)'(유 1:12)이라고 불렀습니다.

교회가 숫자적으로 성장하면 이런 전체적인 식사 교제가 어렵다는 것이 가장 큰 약점이라고 할 수 있습니다. 이런 약점을 극복하고 초대교회 정신을 회복하고자 저희 지구촌교회에서 시도해 온 것이 목장교회였던 것입니다. 목장교회에서 몇 사람이 삶을 나누고 함께 기도하고 식사 교제를 나눔으로 공동체 정신, 그리고 집에서 모이는 가정 교회 정신을 경험하는 것입니다. 사실은 목장교회에서 진짜 교회, 공동체 교회를 경험하는 것입니다. 그래서 저는 아직도 목장교회에 참여하지 못하고 있는 교우들에게는 반드시 참여하실 것을 추천합니다. 진정한 영적 가정 생활 혹은 몸을 이루는 교회 생활을 경험하기 위해서입니다. 시편 기자는 **"보라 형제가 연합하여 동거함이 어찌 그리 선하고 아름다운고"**(시 133:1)라고 찬미합니다. 바로 이런 식사 공동체의 그림을 묘사한 것이 아니겠습니까? 아버지 하나님께서 이런 성도의 교제를 축복하심이 마땅한 일이 아니겠습니까? 그래서 본문에서 모세는 이런 교제에 참여하는 이들에게 **"네 광주리와 떡 반죽 그릇이 복을 받을 것이며"**(신 28:5)라고 말합니다.

4. 들어가도 나가도의 축복입니다.

여기서 들어감은 집에 들어가며 기대하는 안식의 복입니다. 집은 일상에서 우리에게 진정한 안식을 제공하는 곳입니다. 유대인들은 이렇게 집에서 누리는 안식(샤밧)의 축복은 우리의 모든 일상생활을 의미 있게 하는 기본이라고 생각했습니다. 그래서 가능한 한 철저하게 안식일을 준수하는 것을 유대 공동체의 전통으로 지켜왔습니다. 그들은 이렇게 집에서 얻어지는 안식의 에너지로 삶을 채우고, 밖의 세계로 나아가 삶의 도전에 직면하고자 한 것입니다. 우리가 집의 문을 열고 세상으로 나가면 거기에는 온갖 삶의 도전이 기다리고 있습니다. 그런데 우리 하나님은 집에 들어가도 복을 주시고 집에서 나가도 복을 주시는 분이십니다. 예수님은 이런 삶의 축복의 열매로 우리가 세상의 빛이 되고 세상의 소금이 될 것을 기대하신다고 말씀하십니다. 그러나 이런 세상의 빛이 되려면 우리는 먼저 우리 집에서 빛을 경험해야 합니다. 마태복음 5장 15절의 예수님의 말씀을 상기하십시오. "사람이 등불을 켜서 말 아래에 두지 아니하고 등경 위에 두나니 이러므로 집 안 모든 사람에게 비치느니라." 그것이 다음 구절 "이 같이 너희 빛이 사람 앞에 비치게 하라..."라는 자리까지 나아가야 합니다. 집의 빛이 세상 빛이 되도록 말입니다.

우리가 집 밖으로 나아가 직면할 도전 중에 최악의 도전은 전쟁일 것입니다. 본문 신명기 28장 7-9절은 추가적 축복을 말하는데 그 첫째가 전쟁에서 승리의 복입니다. "여호와께서 너를 대적하기 위해 일어난 적군들을 네 앞에서 패하게 하시리라 그들이 한 길로 너를 치러 들어왔으나 네 앞에서 일곱 길로 도망하리라."(신 28:7) 비록 실제적 전쟁이 아닐지라도 집 밖은 끊임없는 영적 전쟁이 일어나고 있는 곳입니다. 그런데 여기 여호와 하나님의 당신의 백성들을 향한 거룩한 약속이 있습니다. "네가 들어와도 복을 받고 나가도 복을 받을 것이니라."(신 28:6) 시편 121편은 "내가 산을 향하여 눈을 들리라 나의 도움이 어디서 올까 나의 도움은 천지를 지으신 여호와에게서로다"(시 121:1-2)로 시작됩니다. 이 시편의 마지막 절의 약속을 기억하십니까? 시편 121편 8절입니다. "여호와께서 너의 출입을 지금부터 영원까지 지키시리로다."

CHAPTER 29
새 세대를 위한 새 언약

¹호렙에서 이스라엘 자손과 세우신 언약 외에 여호와께서 모세에게 명령하여 모압 땅에서 그들과 세우신 언약의 말씀은 이러하니라 ²모세가 온 이스라엘을 소집하고 그들에게 이르되 여호와께서 애굽 땅에서 너희의 목전에 바로와 그의 모든 신하와 그의 온 땅에 행하신 모든 일을 너희가 보았나니 ³곧 그 큰 시험과 이적과 큰 기사를 네 눈으로 보았느니라 ⁴그러나 깨닫는 마음과 보는 눈과 듣는 귀는 오늘 여호와께서 너희에게 주지 아니하느니라 ⁵주께서 사십 년 동안 너희를 광야에서 인도하셨거니와 너희 몸의 옷이 낡아지지 아니하였고 너희 발의 신이 해어지지 아니하였으며 ⁶너희에게 떡도 먹지 못하며 포도주나 독주를 마시지 못하게 하셨음은 주는 너희의 하나님 여호와이신 줄을 알게 하려 하심이니라 ⁷너희가 이 곳에 올 때에 헤스본 왕 시혼과 바산 왕 옥이 우리와 싸우러 나왔으므로 우리가 그들을 치고 ⁸그 땅을 차지하여 르우벤과 갓과 므낫세 반 지파에게 기업으로 주었나니 ⁹그런즉 너희는 이 언약의 말씀을 지켜 행하라 그리하면 너희가 하는 모든 일이 형통하리라

¹³여호와께서 네게 말씀하신 대로 또 네 조상 아브라함과 이삭과 야곱에게 맹세하신 대로 오늘 너를 세워 자기 백성을 삼으시고 그는 친히 네 하나님이 되시려 함이니라 ¹⁴내가 이 언약과 맹세를 너희에게만 세우는 것이 아니라 ¹⁵오늘 우리 하나님 여호와 앞에서 우리와 함께 여기 서 있는 자와 오늘 우리와 함께 여기 있지 아니한 자에게까지이니

CHAPTER 29
새 세대를 위한 새 언약

역사의 시간은 항상 과거를 뒤로하고 현재를 거쳐 미래를 향해 흘러갑니다. 그리고 그 시간은 새로운 세대에게 새로운 책임을 부여합니다. 신명기에는 모세의 네 편의 설교가 기록되어 있습니다. 거의 한 달여에 걸친 설교였습니다. 이 네 편의 설교는 광야 세대의 과거에 대한 회고이며 약속의 땅에 입성해야 하는 새로운 세대의 오늘의 책임과 미래의 기대를 바라보게 하는 메시지였습니다. 이제 이스라엘의 광야 세대가 다 죽고 새로운 세대의 가나안 입성을 앞둔 시점에서 모세의 세 번째 설교는 그 결론 부분에 도달하고 있습니다. 여기서 모세는 이제 여기 모압 땅에서 새로운 세대에게 하나님과의 새로운 언약의 필요성을 가르치고 있습니다. 주께서는 이미 40년 전에 호렙 산혹은 시내 산에서 이스라엘 백성들과 소위 시내 산 언약을 맺었지만 이제 그 언약에 덧붙여 모압 땅에서 새 언약을 맺고자 하십니다. 과거 시내 산에서의 언약은 출애굽 원년 그러니까 주전 1446년 3월경에 맺은 언약이었지만, 이제 새 언약은 그 40년 후인 출애굽 제40년, 주전 1407년경 12월 요단 동편 모압 평지에서 맺은 언약이었습니다.

이 언약은 옛 호렙 산 혹은 시내 산의 언약과 본질적으로 다른 것은 아니었습니다. 그 내용에 있어서는 본질적으로 동일한 것이었습니다. 다만 이 모압 평지의 새 언약은 과거 호렙 산의 언약을 다시 확인하면서 이제 곧 가나안 땅에 들어갈 새로운 세대의 백성들에게 맞춰 새롭게 가다듬은 언약이라고 할 수 있습니다. 본문이 시작되는 1절을 보시겠습니다. **"호렙에서 이스라엘 자손과 세우신 언약 '외에' 여호와께서 모세에게 명령하여 모압 땅에서 그들과 세우신 언약의 말씀은 이러하니라."** 여기 '외에'라는 단어를 주목하십시오. 과거의 언약을 포함하면서 덧붙여진 언약이라는 말씀이 되겠습니다. 영어성경 NIV는 'in addition to the covenant(그 언약에 덧붙여)'라고 번역하고 있습니다. 그렇다면 이 새로운 세대가 새로운 땅으로의 입성을 앞에 두고 과거의 언약의 본질을 지키며 오늘에서의 하나님의 인도를 받고 더 나아가 미래를 향한 하나님의 기대를 이루어 내기 위하여 할 일은 무엇이겠습니까?

새 세대로서 미래를 향한 새 언약을 누리고 살아가려면 무엇을 해야 합니까?

1. 과거의 은혜를 기억해야 합니다.

"모세가 온 이스라엘을 소집하고 그들에게 이르되 여호와께서 애굽 땅에서 너희의 목전에 바로와 그의 모든 신하와 그의 온 땅에 행하

신 모든 일을 너희가 보았나니 곧 그 큰 시험과 이적과 큰 기사를 네 눈으로 보았느니라."(신 29:2-3) 실제로 이스라엘의 애굽으로부터의 엑소더스는 전적인 하나님의 은혜가 아니었습니까? '은혜'의 뜻을 아시지요? 자격 없는 사람들에게 베풀어지는 하나님의 사랑 혹은 하나님의 호의(God's Favor)를 뜻하는 말입니다. 엑소더스는 신약적으로 신앙인들의 구원사건의 모형이기도 합니다. 우리의 구원은 전적으로 하나님의 은혜임을 믿으십니까? 에베소서 2장 8-9절의 말씀을 기억합시다. **"너희는 그 은혜에 의하여 믿음으로 말미암아 구원을 받았으니 이것은 너희에게서 난 것이 아니요 하나님의 선물이라 행위에서 난 것이 아니니 이는 누구든지 자랑하지 못하게 함이라."** 그렇습니다. 이스라엘 백성이 독재자 바로의 지배 아래서 구원받은 것이 전적인 하나님의 은혜였던 것처럼, 오늘날 우리가 마귀의 지배와 죄로부터 구원받은 것도 전적인 예수 그리스도의 십자가를 통한 하나님의 은혜였습니다. 이 은혜를 기억하는 사람들만이 새로운 미래로 나아갈 수 있습니다.

"그러나 깨닫는 마음과 보는 눈과 듣는 귀는 오늘까지 여호와께서 너희에게 주지 아니하셨느니라."(신 29:4) 여기 깨닫는 마음과 보는 눈, 그리고 듣는 귀는 무엇을 의미합니까? 하나님의 은혜를 깨닫는 마음, 하나님의 은혜를 보는 눈, 하나님의 은혜에 대하여 듣는 귀가 없었다는 것입니다. 사실 이런 역설적 표현은 하나님이 주시지 아니한 것이 아니라, 우리 스스로 마음을 닫고, 눈을 감고, 귀를 닫고 있었던 결과라고 할 수 있습니다. 성경에 보면 하나님이 바로의 마음을 강퍅하게 하셨다는 말이 있습니다. 그러나 이런 독특한 표현은 언제나 결과적 증언입니다. 바로가 스스로 하나님의 은혜를 대적한 결과로 하나님은 그의 마음을 강퍅하게 하신 것입니다. 우리는 하나님의 은혜를 구하면서 언제나 그 은혜를 향한 열린 마음을 준비하고 있어야 합니다. 그래서 은혜를 깨닫는 마음, 은혜를 보는 눈, 은혜의 역사를 듣는 귀가 준비되기를 기도합니다.

"주께서 사십 년 동안 너희를 광야에서 인도하셨거니와 너희 몸의 옷이 낡아지지 아니하였고 너희 발의 신이 해어지지 아니하였으며."(신 29:5) 이스라엘 백성이 출애굽한 후, 그들은 광야를 통과해야 했습니다. 온갖 결핍과 위험이 도사리는 광야, 그러나 이 광야를 통과하여 약속의 땅의 경계선 모압 땅까지 올 수 있었던 것도 하나님의 은혜였습니다. 광야는 춥고 배고픈 곳입니다. 누가 광야를 걷고 있는 그들에게 입을 옷을 제공했습니까? 누가 그들에게 신발을 제공할 수 있겠습니까? 하나님이십니다. 그분이 바로 은혜의 원천이셨던 것입니다. 얼마 전에 제가 소개한 신안군 증도의 믿음의 어머니 문준경 전도사님, 그는 한해 아홉 켤레나 신발을 바꾸어 신고 섬과 섬을 다니며 전도를 하셨습니다. 섬에 가난하고 먹을 것 없는 사람들을 늘 그분은 먹이셨습니다. 어떻게 그런 일이 가능했을까요? 넉넉한 성도의 집이나 잔칫집에 가면 그는 먹을 것을 싸가지고 와서 가난한 이웃들을 만나 그 음식을 나누었습니다. 그분은 축복의 통로였고 하나님은 그 통로가 막히지 않도록 필요한 것을 신실하게 공급하셨습니다. 이것이 바로 은혜인 것을 믿으시기 바랍니다.

2. 현재의 승리를 확신해야 합니다.

"너희가 이 곳에 올 때에 헤스본 왕 시혼과 바산 왕 옥이 우리와 싸우러 나왔으므로 우리가 그들을 치고 그 땅을 차지하여 르우벤과 갓과 므낫세 반 지파에게 기업으로 주었나니."(신 29:7-8) 이 전투는 가장 최근의 전투를 회상하는 것입니다. 하나님의 은혜는 40년 전 옛날에만 있었던 것이 아니고 아주 최근에도 함께 했던 것을 기억하라는 것입니다. 하나님의 은혜는 현재 진행형이라는 것입니다. 그러면서 9절 언약의 말씀을 주십니다. "그런즉 너희는 이 언약의 말씀을 지켜 행하라 그리하면 너희가 하는 모든 일이 형통하리라." 우리는 종종 신앙을 과거의 유산으로만 취급하는 경향이 있습니다. 그러나 신앙이 현재의 능력이 되지 못하면 그것은 오늘의 승리가 될 수 없습니다. 우리의 신앙고백에서 가장 빈번하게 인용되어 온 표현이 있다면 '아브라함의 하나님, 이삭의 하나님, 야곱의 하나님, 그리고 나의 하나님'일 것입니다. 아브라함의 하나님이 나의 하나님이 되지 못하면 하나님은 과거의 하나님일 뿐입니다.

현재의 승리를 경험하려면 우리는 하나님의 현존을 믿어야 합니다. 지금도 우리와 나와 함께 하시는 하나님을 믿어야 한다는 말입니다. 바울 사도는 "그런즉 이 일에 대하여 우리가 무슨 말하리요 만일 하나님이 우리를 위하시면 누가 우리를 대적하리요"(롬 8:31)라고 말합니다. 그리고 우리를 지금도 위하시는 하나님의 현존을 깨닫자마자 다음의 유명한 고백을 하게 됩니다. "내가 확신하노니 사망이나 생명이나 천사들이나 권세자들이나 현재 일이나 장래 일이나 능력이나 높음이나 깊음이나 다른 어떤 피조물이라도 우리를 우리 주 그리스도 예수 안에 있는 하나님의 사랑에서 끊을 수 없으리라."(롬 8:38-39) 여기 바울은 현재 일이나 장래 일을 말합니다. 그의 하나님은 과거의 하나님이 아니라 현재의 하나님, 미래의 하나님이셨던 것입니다. 그래서 현재의 승리를 확신하는 것이 중요합니다. 고린도후서 1장 10절의 바울 사도의 유명한 고백을 하나 더 기억합시다. "그가(하나님) 이같이 큰 사망에서 우리를 건지셨고 또 건지실 것이며 이 후에도 건지시기를 그에게 바라노라."

3. 미래를 향한 언약을 신뢰해야 합니다.

신명기 29장 본문에 이어지는 13절의 말씀을 보겠습니다. "여호와께서 네게 말씀하신 대로 또 네 조상 아브라함과 이삭과 야곱에게 맹세하신 대로 오늘 너를 세워 자기 백성을 삼으시고 그는 친히 네 하나님이 되시려 함이니라."(신 29:13) 여기 아브라함과 이삭과 야곱의 하나님이 오늘 현재 네 하나님이 되신다고 약속하십니다. 그리고 그다음 15절을 보십시오. "오늘 우리 하나님 여호와 앞에서 우리와 함께 여기 서 있는 자와 오늘 우리와 함께 여기 있지 아니한 자에게까지이니."(신 29:15) 이 언약은 오늘 여기 있지 아니한 미래 세대를 포함한다는 것입니다. 그들의 하나님이 되어 주시겠다는 것입니다. 과거의 하나님, 현재의 하나님이 이제 미래의 하나님이 되어 주시겠다는 것입니다.

제2차 세계대전 당시 독일 함부르크에서 17살의 소년으로 군대에 징집된 이가 있었습니다. 그는 자신의 고향 도시 함부르크가 폭격으로 잿더미가 되는 참화를 목격하며 "오 하나님, 당신은 어디에 계십니까?"라는 질문을 하게 되었습니다. 그는 징집된 지 오래지 않아 연합군 측에 잡혀 포로가 되어 3년간 벨기에와 영국에서 포로생활을 하게 됩니다. 어느 날 그는 미군 군목이 전해준 신약성경과 시편을 읽다가 포로 생활 중에서 그리스도인이 됩니다. 그리고 이 포로 생활 중에도 함께 하시는 하나님을 경험하고 자신과 함께 하시는 하나님이 자신과 세상의 미래를 인도하신다는 희망을 확신하게 됩니다. 그는 포로수용소에서 희망을 가진 자는 살아남고 희망을 포기한 자는 죽어가는 것을 의미 있게 관찰합니다. 그리고 포로에서 풀려난 후, 신학을 연구하여 세계적인 신학자가 되어 자신의 신학을 〈희망의 신학〉이라고 선언하게 됩니다. 그의 이름이 위르겐 몰트만(Jurgen Moltmann)이라는 세계적인 신학자입니다. 그의 대표적인 저서의 하나가 《희망의 신학》(대한기독교서회)입니다. 그는 전쟁의 참화를 겪은 한국을 사랑하는 신학자로 한국에도 여러 번 다녀가기도 했습니다.

그는 성경의 종말론을 신학의 모티브로 삼고 그의 희망의 신학을 전개하게 됩니다. 그러나 그가 말하는 종말론은 세상이 다 파괴되고 절망으로 끝나는 그런 종말이 아니라, 하나님의 나라가 완성되는 희망의 종말이요, 목적론적 완성의 종말입니다. 이런 종말론적 희망에 사로잡힌 사람들은 불의한 현실에 만족하지 못하고 의로운 내일, 정의와 희망이 실현되는 내일을 바라보며 그렇지 못한 오늘의 현실에 항거하며 살아가게 된다고 말합니다. 저 앞에서 다가오는 희망이 바로 우리의 암울한 현실을 견디게 하는 힘이요, 이런 힘을 그리스도인들은 죽음을 이기시고 부활하신 그리스도에게서 덧입게 된다고 말합니다. 그는 성경의 하나님은 그리스 철학이 가르치는 무감정한 신이 아니라 격정(passion)의 신이라고 말합니다. 그는 본회퍼가 외친 것처럼 "오직 고난을 겪으신 십자가의 하나님만이 우리를 도와주실 수 있다"라고 말합니다. 하나님의 아들 예수 그리스도의 고난을 통해 인류의 고난을 함께 느끼시며 우리를 도우시는 사랑의 하나님이라고 말합니다.

그가 좋아한 성구는 로마서 15장 13절의 말씀이었습니다. **"소망의 하나님이 모든 기쁨과 평강을 믿음 안에서 너희에게 충만하게 하사 성령의 능력으로 소망이 넘치게 하시기를 원하노라."** 그는 구약 성서를 읽으며 광야에서 주의 백성들보다 앞서가시며 낮에는 구름기둥으로 밤에는 불기둥으로 인도하시는 하나님을 주목했습니다. 그래서 그에게 하나님은 우리 앞에 계신 하나님, 세상의 역사 앞에 계신 하나님이셨습니다. 그는 미래로부터 다가오셔서 우리의 현재를 인도하시는 하나님이신 것입니다. 그리고 약속된 미래가 현실이 되게 하시는 하나님이신 것입니다. 신명기 본문에서 모세 또한 이스라엘 백성들에게 그런 미래를 약속하시는 하나님을 신뢰하라고 말씀하십니다. **"그런즉 너희는 이 언약의 말씀을 지켜 행하라 그리하면 너희가 하는 모든 일이 형통하리라."**(신 29:9) 여기서 말씀하시는 형통은 이미 우리가 신명기 28장 전반에서 보았던 그 축복의 현실이라고 할 수 있습니다. 성읍에서도 들에서도 복을 누리고, 네 몸의 자녀와 토지의 소산물이 복을 받고, 네 짐승의 새끼와 우양의 새끼도 복을 받고, 네 광주리와 떡 반죽 그릇이 복을 받고, 들어와도 나가도 복을 누리게 하시는 형통인 것입니다. 이 언약의 하나님이 우리를 고난의 현실을 넘어 복된 미래로 인도하시는 하나님이심을 믿고 담대하게 오늘을 승리하는 저와 여러분이 되시기를 기도합니다. 우리의 삶의 주인 되신 예수님의 십자가의 죽음을 넘어선 부활의 희망이 함께 하는 진정한 그 형통을 체험하는 우리가 되시기를 기도합니다.

CHAPTER 30
살기 위하여 생명을
택하라

¹⁵보라 내가 오늘 생명과 복과 사망과 화를 네 앞에 두었나니 ¹⁶곧 내가 오늘 네게 명령하여 네 하나님 여호와를 사랑하고 그 모든 길로 행하며 그의 명령과 규례와 법도를 지키라 하는 것이라 그리하면 네가 생존하며 번성할 것이요 또 네 하나님 여호와께서 네가 가서 차지할 땅에서 네게 복을 주실 것임이니 ¹⁷그러나 네가 만일 마음을 돌이켜 듣지 아니하고 유혹을 받아 다른 신들에게 절하고 그를 섬기면 ¹⁸내가 오늘 너희에게 선언하노니 너희가 반드시 망할 것이라 너희가 요단을 건너가서 차지할 땅에서 너희의 날이 길지 못할 것이니라 ¹⁹내가 오늘 하늘과 땅을 불러 너희에게 증거를 삼노라 내가 생명과 사망과 복과 저주를 네 앞에 두었은즉 너와 네 자손이 살기 위하여 생명을 택하고 ²⁰네 하나님 여호와를 사랑하고 그의 말씀을 청종하며 또 그를 의지하라 그는 네 생명이시요 네 장수이시니 여호와께서 네 조상 아브라함과 이삭과 야곱에게 주리라고 맹세하신 땅에 네가 거주하리라

CHAPTER 30
살기 위하여 생명을 택하라

우리는 계속적으로 모세가 신명기를 통해 전달한 그의 설교를 묵상하고 있습니다. 이제 그의 세 번째 설교의 결론 부분에 도달하고 있습니다. 그런데 문득 21세기를 살아가는 우리가 유대인의 조상 모세를 이렇게 연구하고 이해해야 할 어떤 이유라도 있는지 궁금하지 않으신가요? 유대인들은 성경의 처음 다섯 권을 가리켜 《토라》, 성경 중의 성경이라고 부릅니다. 사실상 유대인에게 성경은 토라를 의미하는 것입니다. 그런데 신약시대를 사는 우리는 이 다섯 권의 책을 《모세오경》이라고 부릅니다. 오늘을 사는 우리가 모세오경을 읽고 공부하는 이유, 무엇 때문입니까? 이제 그 대답을 예수님이 하신 말씀에서 찾고자 합니다. **"모세를 믿었더라면 또 나를 믿었으리니 이는 그가 내게 대하여 기록하였음이라 그러나 그의 글도 믿지 아니하거든 어찌 내 말을 믿겠느냐 하시니라."**(요 5:46-47) 그렇습니다. 우리에게도 모세오경이 중요한 이유, 궁극적으로 모세오경도 예수님에 대한 증언이라고 믿기 때문입니다.

그런데 또 하나 궁금한 것은 우리는 모세도 믿고 공부하는데 유대인은 왜 예수님에 대하여 관심이 없는 것일까요? 오늘날 이스라엘에 사는 대부분의 유대인은 예수를 믿지 않고 지극히 적은 소수의 유대인(메시아닉 쥬)만이 예수(예수아)를 믿고 따릅니다. 바울 사도의 대답을 보겠습니다. **"오늘까지 모세의 글을 읽을 때에 수건이 그 마음을 덮었도다 그러나 언제든지 주께로 돌아가면 그 수건이 벗겨지리라 주는 영이시니 주의 영이 계신 곳에는 자유가 있느니라."**(고후 3:15-17) 유대인들의 마음을 덮고 있는 수건 같은 것, 편견이나 선입견은 성령의 역사를 통해서만 벗겨질 수 있다는 것입니다. 그런 관점에서 우리는 오늘 모세의 설교의 중요한 결론 부분을 묵상하고자 합니다. 지금 모세는 약속의 땅 입성을 앞둔 새로운 세대에게 '살기 위하여 생명을 택하라'고 도전합니다. 아주 복음적인 설교의 제목으로 느껴지지 않습니까?

"내가 오늘 하늘과 땅을 불러 너희에게 증거를 삼노라 내가 생명과 사망과 복과 저주를 네 앞에 두었은즉 너와 네 자손이 살기 위하여 생명을 택하고."(신 30:19) 저는 여기 자손이란 말에 비단 유대인만이 아닌 영적 유대인, 모든 하나님의 백성을 포함시켜 생각하고자 합니다. 우리 모두가 어떻게 해야 참으로 사는 자가 되고 참으로 생명을 택한 자로 살아갈 수가 있겠습니까?

1. 먼저 생명의 말씀을 수용해야 합니다.

우리는 본문 직전의 신명기 30장 11-14절까지의 말씀을 먼저 성찰할 필요가 있습니다. 모세는 여기서 율법의 말씀이 어려운 말씀이 아니라고 하십니다. 신명기 30장 11절의 말씀입니다. **"내가 오늘 네게 명령한 이 명령은 네게 어려운 것도 아니요 먼 것도 아니라."** 그리고 이어서 12절에 의하면 하늘에 있는 것도 아니고 13절에 의하면 바다 밖에 있는 것도 아니고 14절에서 네 마음에, 네 입에 주어진 말씀이라고 하십니다. **"오직 그 말씀이 네게 매우 가까워서 네 입에 있으며 네 마음에 있은즉 네가 이를 행할 수 있느니라."**(신 30:14) 내 입과 마음에 가까이 들려진 말씀이라는 것입니다. 성경의 말씀은 결코 철학처럼 난해한 것도 아니고 저 멀리서 우리를 어지럽게 하는 현학적이고 형이상학적인 것도 아니라는 것입니다. 공부 많이 한 학자들만 이해할 수 있는 말씀이 아니라 어린이도 이해할 수 있는 말씀입니다. 대학같은 학문의 전당에 가서만 이해할 수 있는 것이 아닌 삶의 마당에서 마음을 열고 있는 모든 사람에게 주어지는 말씀입니다.

구약의 율법의 말씀이 그렇다면 구약을 넘어서서 신약의 복음의 말씀은 더더욱 그렇습니다. 예수님이 당신을 통해 계시된 복음의 진리에 대하여 주신 말씀을 보십시오. **"그 때에 예수께서 대답하여 이르시되 천지의 주재이신 아버지여 이것을 지혜롭고 슬기 있는 자들에게는 숨기시고 어린 아이들에게는 나타내심을 감사하나이다."**(마 11:25) 바울 사도가 십자가의 도에 대하여 증언한 말씀을 보십시오. **"하나님의 지혜에 있어서는 이 세상이 자기 지혜로 하나님을 알지 못하므로 하나님께서 전도의 미련한 것으로 믿는 자들을 구원하시기를 기뻐하셨도다."**(고전 1:21) 이어지는 말씀을 기억하십니까?

"우리는 십자가에 못 박힌 그리스도를 전하니 유대인에게는 거리끼는 것이요 이방인에게는 미련한 것이로되 오직 부르심을 받은 자들에게는 유대인이나 헬라인이나 그리스도는 하나님의 능력이요 하나님의 지혜니라."(고전 1:23-24)

바울 사도가 신명기 30장 14절을 신약의 로마서 10장 8절에서 인용하며 이 율법의 말씀은 결국은 복음의 말씀, 믿음의 말씀을 가르치는 것이라고 선포함을 주목하십시오. "그러면 무엇을 말하느냐 말씀이 네게 가까워 네 입에 있으며 네 마음에 있다 하였으니 곧 우리가 전파하는 믿음의 말씀이라." 이제 다음 절에서 바울은 이 말씀을 우리가 어떻게 수용해야 한다고 말씀하십니까? "네가 만일 네 입으로 예수를 주로 시인하며 또 하나님께서 그를 죽은 자 가운데서 살리신 것을 네 마음에 믿으면 구원을 받으리라 사람이 마음으로 믿어 의에 이르고 입으로 시인하여 구원에 이르느니라."(롬 10:9-10) 그렇습니다. 이 쉬운 복음의 말씀을 마음으로 받아들이고 입으로 고백할 때 우리는 구원받은 주의 백성이 되는 것입니다. 이렇게 우리는 우리를 살리는 이 생명의 말씀을 마음으로 수용하고 입으로 고백하는 자가 되어야 합니다.

2. 사망 아닌 생명의 길을 선택해야 합니다.

그러나 우리가 한번 성경의 말씀을 하나님의 말씀으로 받아들인 것으로 이 말씀에 대한 수용이 끝난 것이 아닙니다. 우리는 이 말씀을 들고 매일마다 선택의 기로에 서야 합니다. 이 말씀대로 순종하여 살 것인지 아니면 불순종하여 거절할 것인지 말입니다. 순종하면 이 말씀은 생명의 말씀이 되고 불순종하면 이 말씀은 사망의 말씀이 됩니다. 같은 말씀이 복의 말씀이 되기도 하고 화를 가져오는 말씀이 되기도 합니다. 그것이 본문 15-16절의 말씀입니다.

보라 내가 오늘 생명과 복과 사망과 화를 네 앞에 두었나니 곧 내가 오늘 네게 명령하여 네 하나님 여호와를 사랑하고 그 모든 길로 행하며 그의 명령과 규례와 법도를 지키라 하는 것이라 그리하면 네가 생존하며 번성할 것이요 또 네 하나님 여호와께서 네가 가서 차지할 땅에서 네게 복을 주실 것임이니라.

날마다의 삶이 생명과 사망, 복과 저주 사이에서의 선택이라는 것입니다. 순종을 선택할 때 우리는 생명의 길을 선택하는 것이고 불순종할 때 우리는 사망의 길을 선택하는 것입니다.

다시 본문으로 돌아와 19절의 말씀을 보십시오. **"내가 오늘 하늘과 땅을 불러 너희에게 증거를 삼노라 내가 생명과 사망과 복과 저주를 네 앞에 두었은즉 너와 네 자손이 살기 위하여 생명을 택하고."** 오늘 우리의 선택은 비단 나만 살기 위한 선택이 아니라 우리 자손들이 잘 살기 위한 선택이어야 합니다. 그러므로 사망이 아닌 생명을 선택하셔야 합니다. 참으로 잘 사는 길, 그것은 말씀을 따라 생명을 날마다 선택하는 삶이어야 합니다. 하루하루 일상의 사소한 과제들을 직면하면서도 우리는 나의 선택이 사망 지향적인지 생명 지향적인지를 생각하며 매 순간 선택의 결단을 내려야 합니다. 이런 생명을 향한 선택을 예수님은 좁은 문으로 들어가는 선택이라고 말씀하십니다. **"좁은 문으로 들어가라 멸망으로 인도하는 문은 크고 그 길이 넓어 그리로 들어가는 자가 많고 생명으로 인도하는 문은 좁고 길이 협착하여 찾는 자가 적음이라."**(마 7:13-14) 저는 이 말씀이 회심의 결단에만 적용되는 말씀이 아니라 일상의 결단에도 적용되는 말씀이라고 믿습니다.

여러 해 전 우리가 예수님을 믿기로 결단한 것은 정말 중요한 일이었습니다. 그러나 오늘 내게 주어진 일상의 과제 앞에서 내가 믿는 자답게 결단하며 오늘을 살고 있느냐도 회심 못지않게 중요한 것입니다. 이스라엘 백성이 애굽의 바로를 그들의 삶의 통치자로 삼던 인생을 돌이켜, 모세를 통해 그들을 부르신 여호와 하나님을 인생의 통치자로 삼고 출애굽한 것은 중요한 생명의 길로 가는 첫 선택이었습니다. 그러나 광야의 여정을 통해 그들은 또 다시 여러 번에 걸친 선택의 기로에 서게 됩니다. 그리고 이제 약속의 땅에 들어가기에 앞서 모세는 그들에게 생명과 사망, 복과 저주가 앞에 놓였다고 무엇을 선택하고 살겠느냐고 묻고 있는 것입니다. 오늘 당신의 선택은 무엇입니까? 사망의 길입니까? 생명의 길입니까?

3. 하나님을 전적으로 사랑하는 삶을 살아야 합니다.

우리가 하나님의 생명을 선택하고 산다는 것은 구체적으로 어떻게 사는 것을 의미하는 것입니까? 본문에 의하면 한마디로 그것은 하나님을 사랑함으로 살아가는 것입니다. 16절의 말씀을 보십시오. **"곧 내가 오늘 네게 명령하여 네 하나님 여호와를 사랑하고 그 모든 길로 행하며..."** 이제 20절의 말씀입니다. **"네 하나님 여호와를 사랑하고 그의 말씀을 청종하며 또 그를 의지하라 그는 네 생명이시요 네 장수이시니 여호와께서 네 조상 아브라함과 이삭과 야곱에게 주리라고 맹세하신 땅에 네가 거주하리라."** 하나님을 전적으로 사랑하는 삶 속에 들어가면 말씀을 지키는 것이 어렵지 않게 됩니다. 사랑은 모든 것을 가능하게 하는 것입니다. 그래서 일찍이 성 어거스틴은 "하나님을 사랑하라 그리고 네 마음에 원하는 대로 하라"는 말을 했습니다. 이 말씀은 하나님을 사랑하는 자는 마음대로 살아도 좋다는 의미가 아닙니다. 어거스틴이 한 말을 전체적으로 인용해 보겠습니다. "하나님을 사랑하라. 그리고 네가 원하는 대로 하라. 하나님을 사랑하도록 훈련된 영혼은 그가 사랑하는 자를 실망하게 하는 일을 행할 수 없다." 그런 의미에서 결국 율법과 복음이 궁극적으로 일치하게 된다고 믿습니다. 율법의 최고의 계명이 무엇입니까? '네 마음을 다하고 목숨을 다하고 힘을 다하며 뜻을 다하여 주 너의 하나님을 사랑하고, 네 이웃을 네 몸과 같이 사랑하라'가 아닙니까? 복음의 극치가 무엇입니까? **"...하나님은 사랑이심이라 하나님의 사랑이 우리에게 이렇게 나타난 바 되었으니 하나님이 자기의 독생자를 세상에 보**

내심은 그로 말미암아 우리를 살리려 하심이라."(요일 4:8-9) 그래서 이 사랑을 경험한 자는 하나님을 사랑하고 이웃을 사랑하며 산다는 것이 요한일서 4장 10절 이하의 말씀이 아닙니까? 요한일서의 마지막 구절을 기억하십시오. **"우리가 이 계명을 주께 받았나니 하나님을 사랑하는 자는 또한 그 형제를 사랑할지니라."**(요일 4:21) 그리고 율법과 복음이 일치하는 공통점은 사랑은 순종이라는 것입니다.

닉슨의 보좌관으로 워터게이트 사건에 대한 정치적 책임을 지고 감옥생활을 하는 동안 크리스천이 되었던 찰스 콜슨(Charles Colson)은 감옥에서 나오면서 《*Born Again*》[2]이란 책을 쓰고, 교도소 선교회(Prison Fellowship) 사역을 감당하며 《*러빙갓*(Loving God)》(홍성사)이란 또 하나의 중요한 책을 발간합니다. 이 책에 나오는 보리스 코른펠드(Boris Kornfeld)라는 내과의사의 이야기가 있습니다. 그도 정치수용소에서 그리스도를 영접합니다. 그는 의사였기 때문에 수용소에 있으면서 여전히 죄수들을 수술하는 일을 하게 됩니다. 그는 그리스도인이 되고 얼마 되지 않아 그가 평소 혐오하던 간수를 수술하게 됩니다. 그가 의사만 아는 방법으로 혈관 봉합을 하면 곧 그 간수는 아무도 모르게 죽게 될 것이었습니다. 그러나 자기도 모르게 그는 수술하며 "우리가 우리에게 죄 지은 자를 사하여 준 것 같이 우리 죄를 사하여 주옵시고"

---

2) '거듭남', 한국어 번역은 《백악관에서 감옥까지》(홍성사)로 출간되었다.

라고 기도하는 자신을 발견하고 놀라워합니다. 그리고 이 간수를 살려냅니다. 이것이 그를 향한 사랑이었습니다. 이어서 환자들의 급식을 도둑질하던 간수를 고발합니다. 다른 환자들을 살리기 위해서였습니다. 그러나 이것은 자신의 생명을 걸어야 하는 위험한 일이었습니다. 그런데 이상하게 마음이 평안해지고 엄청난 자유를 경험합니다. 그는 결국 죽음을 당하지만 죽음을 당하기 전날 밤 자신이 이런 위험한 행동을 하는 이유를 한 환자에게 고백합니다. 자신이 그리스도인으로서 발견한 자유와 평화를 고백합니다. 의사에게 들은 이 고백은 청년 환자의 영혼 깊은 곳에 새겨져 그의 회심을 초래하고 그의 존재를 알리게 됩니다. 예수를 믿고 사랑의 모험에 자신을 드린 의사에게서 참 그리스도 상을 발견합니다. 이 청년 환자가 바로 노벨상 수상작가 알렉산더 솔제니친이었습니다. 위대한 사랑의 증인이 된 것입니다. 사랑은 위대한 순종이라는 메시지를 남깁니다.

CHAPTER 31
다음 세대를 세우는 소명

● 신명기 31장 1-8절

¹또 모세가 가서 온 이스라엘에게 이 말씀을 전하여 ²그들에게 이르되 이제 내 나이 백이십 세라 내가 더 이상 출입하지 못하겠고 여호와께서도 내게 이르시기를 너는 이 요단을 건너지 못하리라 하셨느니라 ³여호와께서 이미 말씀하신 것과 같이 네 하나님 여호와께서 너보다 먼저 건너가사 이 민족들을 네 앞에서 멸하시고 네가 그 땅을 차지하게 할 것이며 여호수아는 네 앞에서 건너갈지라 ⁴또한 여호와께서 이미 멸하신 아모리 왕 시혼과 옥과 및 그 땅에 행하신 것과 같이 그들에게도 행하실 것이라 ⁵또한 여호와께서 그들을 너희 앞에 넘기시리니 너희는 내가 너희에게 명한 모든 명령대로 그들에게 행할 것이라 ⁶너희는 강하고 담대하라 두려워하지 말라 그들 앞에서 떨지 말라 이는 네 하나님 여호와 그가 너와 함께 가시며 결코 너를 떠나지 아니하시며 버리지 아니하실 것임이라 하고 ⁷모세가 여호수아를 불러 온 이스라엘의 목전에서 그에게 이르되 너는 강하고 담대하라 너는 이 백성을 거느리고 여호와께서 그들의 조상에게 주리라고 맹세하신 땅에 들어가서 그들에게 그 땅을 차지하게 하라 ⁸그리하면 여호와 그가 네 앞에서 가시며 너와 함께 하사 너를 떠나지 아니하시며 버리지 아니하시리니 너는 두려워하지 말라 놀라지 말라

CHAPTER 31
다음 세대를 세우는 소명

일제 강점기에 무교회주의 크리스천인 김교신 선생이 발행하는 《성서 조선》이란 잡지가 있었습니다. 이 잡지는 소수의 사람들에게 매달 전해졌지만 당시에 뜻있는 사람들의 생각과 얼을 일깨우는 중요한 각성제 역할을 했습니다. 이 잡지에 고(故) 함석헌 선생은 〈성서적 입장에서 본 조선역사〉라는 글을 연재하여 한국 역사를 기독교적 전망으로 성찰하게 됩니다. 그는 그런 종교적 입장에서 쓴 책이 과연 올바르게 우리의 역사를 조명할 수 있느냐는 문제가 제기될 것을 예견하면서 그는 성경의 자리에서만 올바른 역사를 쓸 수 있다고 주장합니다. 그 이유는 세상에 진정한 역사 철학은 실상은 성경밖에 없기 때문이라고 말합니다. 인류를 구원하기 위한 구원사관이야 말로 역사를 보는 바른 안경 같은 것이라고 말합니다. 물론 조금 시간이 지난 후, 이런 자신의 역사 성찰이 기독교인이 아닌 사람에게도 읽힐 수 있도록 그는 전체 글의 제목을 바꾸어 《뜻으로 본 한국역사》(한길사)라는 제목으로 책을 출간하게 됩니다. 제가 공부하는 책상 가까이 두고 여러 번 반복해서 읽은 책의 하나입니다.

그는 이 책에서 우리가 한 사람을 통해서 전 인류를 알아낼 수 있는 것처럼 한 민족을 통해서 세상 전체의 역사를 조망할 수 있다고 말합니다. 그것이 우리가 하나의 민족 이스라엘 역사를 다루는 성경을 연구하는 이유이기도 합니다. 이 하나의 민족의 역사로 우리는 인류를 다루시는 하나님의 큰 뜻을 알아낼 수 있기 때문입니다. 우리는 동일한 이유에서 구원사관이라는 독특한 성경적 관점에서 우리는 우리 한민족의 역사를 또한 연구할 수 있어야 한다고 말합니다. 지도자 모세를 통해서 이스라엘을 출애굽하게 하신 야훼 하나님은 이제 광야 생활을 거쳐 약속의 땅으로의 입성을 앞두고 이제 모세 대신 새로운 지도자를 세우고자 하십니다. 그의 이름이 여호수아입니다. 누구를 하나님의 뜻을 이루는 도구로 사용하시느냐는 것은 시대에 따라 달라지지만 이스라엘 민족을 통해 하나님의 구원을 이루고자 하는 큰 뜻은 전혀 달라지지 않았습니다.

본문은 이제 모세가 자기의 역사적 사명이 다해가는 것을 깨닫고 온 이스라엘 민족에게 여호수아를 다음 세대의 새로운 리더로 받아들일 것을 요구하는 장면입니다. 일종의 세대교체를 공적으로 선포하는 대목입니다. 오늘 우리가 지나는 추석 명절은 다음 세대들과 함께 하는 일 년 중 어쩌면 유일한 시간이기도 합니다. 이와 같은 때에 우리는 우리 다음에 올 세대들을 어떻게 격려하고 세울 것인가를 준비할 수 있어야 할 것입니다. 그것이 역사의식을 가진 사람들이 할 일입니다. 다음에 올 역사를 내다보며 우리의 다음 세대를 향한 우리의 소명의 레슨은 무엇일까요?

1. 하나님이 친히 다음 지도자를 예비하신다는 레슨입니다.

모세의 뒤를 이어 그의 자리를 계승할 지도자가 여호수아였습니다. 본문 3절을 보겠습니다. **"여호와께서 이미 말씀하신 것과 같이 네 하나님 여호와께서 너보다 먼저 건너가사 이 민족들을 네 앞에서 멸하시고 네가 그 땅을 차지하게 할 것이며 여호수아는 네 앞에서 건너갈지라."** 또한 7절 말씀을 보겠습니다. **"모세가 여호수아를 불러 온 이스라엘의 목전에서 그에게 이르되 너는 강하고 담대하라 너는 이 백성을 거느리고 여호와께서 그들의 조상에게 주리라고 맹세하신 땅에 들어가서 그들에게 그 땅을 차지하게 하라."** 모세는 자기 인생의 한계를 인정할 줄 아는 사람이었습니다. 대부분의 독재자가 후계자를 용납하지 않는 이유가 자기 한계를 인정하지 않기 때문입니다. 그래서 리더십의 자리를 양보하지 않으려고 합니다. 본문 2절을 보십시오. **"그들에게 이르되 이제 내 나이 백이십 세라 내가 더 이상 출입하지 못하겠고 여호와께서도 내게 이르시기를 너는 이 요단을 건너지 못하리라 하셨느니라."** 모세는 자기의 나이와 함께 찾아오는 변화를 솔직하게 인정한 것입니다. 더 이상 출입이 자유롭지 못하다고 말합니다. 그리고 자기의 사명은 백성을 요단강까지 인도함이란 것을 고백하지 않습니까? 요단을 건너 약속의 땅을 정복하는 것은 다음에 올 지도자의 사명임을 인지한 것입니다. 이런 모습이야말로 성숙한 하나님의 사람의 모습이 아닙니까!

한 설교가는 모세의 일생을 세 단계로 나누어 말했습니다. 처음 40년을 'I am somebody(나는 특별한 사람)'의 단계라고 말합니다. 바로의 궁중에서 최고의 교육을 받은 그는 못할 것이 없는 사람이었습니다. 그래서 감히 이스라엘의 구원자를 자처하고 나선 것입니다. 그러나 그런 자신감은 여지없이 벽에 부딪히고 그는 광야로 피신합니다. 둘째 40년을 'I am nobody(나는 아무것도 아닌 사람)'의 단계라고 말합니다. 미디안 사막에서 양을 치며 모세는 자기라는 존재가 별 볼일 없는 사막의 먼지 같은 실존임을 깨닫습니다. 그리고 세 번째 이스라엘의 구출자로 쓰임을 받는 마지막 40년은 'I am God's buddy(나는 하나님의 사람)'임을 인식하는 단계입니다. 하나님이 써 주실 때에만 비로소 유익하고 쓸모 있는 인생을 살수 있다는 것을 자각하는 단계입니다. 그리고 하나님의 때가 되면 물러갈 줄 알고 하나님이 준비하시는 승계자를 인정하고 세워야 하는 것입니다.

"여호와의 종 모세가 죽은 후에 여호와께서 모세의 수종자 눈의 아들 여호수아에게 말씀하여 이르시되."(수 1:1) 여호수아는 본래 모세의 수종자였습니다. 그것은 어쩌면 하나님의 주권이었을 것입니다. 그런데 모세와 함께 하며 그의 리더십을 배운 여호수아를 때가 찬 시각에 하나님은 모세의 승계자로 세우시는 것입니다.

우리가 지난 6.25 전쟁에서 국난의 결정적 위기에 직면했을 때 인천상륙작전으로 이 나라를 구한 맥아더 장군을 기억합니다. 그런데 이 전쟁을 끝내고 휴전과 평화로 인도한 것은 맥아더가 아닌 아이젠하워였습니다. 그런데 본래 아이젠하워는 맥아더의 부관이었던 것을 아십니까? 맥아더가 카리스마가 넘치는 지도자였다면 아이젠하워는 협상과 타협에 능한 지도자였습니다. 전쟁을 끝내기 위해서는 또 다른 지도자 아이젠하워 같은 리더가 필요했던 것입니다. 이런 하나님의 주권을 신뢰합시다.

2. 강하고 담대한 리더십을 분부하신다는 레슨입니다.

"너희는 강하고 담대하라 두려워하지 말라 그들 앞에서 떨지 말라..."(신 31:6) 이 말씀은 다음 절에서도 반복됩니다. **"모세가 여호수아를 불러 온 이스라엘의 목전에서 그에게 이르되 너는 강하고 담대하라 너는 이 백성을 거느리고 여호와께서 그들의 조상에게 주리라고 맹세하신 땅에 들어가서 그들에게 그 땅을 차지하게 하라."**(신 31:7) 여호와 하나님은 이스라엘 백성들이 요단 강을 건너 약속의 땅에 들어가자마자 정복 전쟁이 펼쳐질 것을 아신 것입니다. 그런데 이 새로운 지도자가 두려워하고 떨고 있다면 그의 리더십이 세워지겠습니까? 리더십의 핵심적 덕은 용기입니다. 우리가 처한 상황이 절박하고 두렵고 위태로울수록 우리에게는 용기 있는 리더십이 필요합니다. 지금 하나님은 여호수아에게 이런 강하고 담대한 리더십을 주문하고 있는 것입니다. 지금 우리나라에도 이런 리더십이 필요하지 않습니까?

히틀러와 싸워 제2차 세계대전을 승리로 이끈 영국의 수상 윈스턴 처칠 경은 근대사의 가장 용기 있는 지도자로 평가되고 있습니다. 전쟁이 일어나고 아군은 계속 패하고 히틀러의 침략은 계속되고 있었지만 그는 늘 이렇게 말해 왔다고 합니다. "돈을 잃는 것은 적게 잃는 것입니다. 명예를 잃는 것은 크게 잃는 것입니다. 그런데 용기를 잃는 것은 전부를 잃은 것입니다. 용기를 가집시다." 그리고 대국민 연설에서 이렇게 말합니다. "영국은 약해지거나 실패하지 않을 것입니다. 우리는 끝까지 싸울 것입니다. 우리는 프랑스에서 싸울 것입니다. 우리는 바다와 대양에서 싸울 것입니다. 우리는 자신감과 힘을 길러 하늘에서 싸울 것입니다. 어떤 대가를 치르더라도 영국을 지켜낼 것입니다. 우리는 해변에서 싸울 것입니다. 우리는 상륙지점에서 싸울 것입니다. 우리는 들판과 거리에서 싸울 것입니다. 우리는 언덕에서 싸울 것입니다. 우리는 절대로 항복하지 않을 것입니다(We shall never surrender)!"

처칠은 용기를 주문하면서도 미소를 잃지 않았고 유머로 주변 사람들의 용기를 북돋아 주었다고 합니다. 전장을 방문한 자리에서 긴장하고 있는 군인에게 "자네 너무 긴장한 것 같군. 웃으면서도 싸울 수 있지 않나"라고 했다고 합니다. 미국 대통령

루스벨트에게 참전을 요구하기 위해 미국을 방문했을 때 루스벨트가 처칠의 호텔 방을 예고 없이 찾아가 문을 열었을 때 그는 욕실에서 샤워를 하고 벗은 채로 나왔는데 루스벨트가 당황해 하자 오히려 "보시다시피 영국은 미국에게 아무것도 숨기지 않습니다"라고 말을 해서 분위기를 전환시켰다고 합니다. 경호원과 길을 가다가 폭탄 테러를 가까스로 피한 일도 있었다고 합니다. 당황하는 경호원에게 "걱정 말게. 위에 계신 분이 우리를 돌보시지 않는가."라고 했다고 합니다. 사람들은 처칠을 가르쳐 진정으로 강한 사람, 용기 있는 사람이었다고 평을 했다고 합니다. 이런 리더십으로 그는 영국인을 하나 되게 하고 더 나아가 연합군을 하나 되게 하여 전쟁을 승리로 이끌었던 것입니다.

3. 하나님의 임재를 언약하신다는 레슨입니다.

크리스천 리더십과 세속적 리더십의 본질적 차이는 무엇일까요? 그 차이는 누구를 믿고 리더십을 발휘하느냐입니다. 세속적 리더십의 출발은 언제나 자신을 믿는데서 시작됩니다. 그래서 자신감은 세속적 리더십의 요체입니다. 그러나 크리스천 리더십의 출발은 자기 신뢰가 아닌 하나님 신뢰입니다. 우리는 하나님을 믿고 시작하는 것입니다. 보다 구체적으로 하나님이 나와, 우리와 함께 하심을 믿고 시작하는 것입니다. 우리의 용기의 근원은 바로 그분인 것입니다. 본문 6절 하반부를 보겠습니다. **"...떨지 말라 이는 네 하나님 여호와 그가 너와 함께 가시며 결코**

너를 떠나지 아니하시며 버리지 아니하실 것임이라 하고." 본문 마지막 8절을 봅시다. "그리하면 여호와 그가 네 앞에서 가시며 너와 함께 하사 너를 떠나지 아니하시며 버리지 아니하시리니 너는 두려워하지 말라 놀라지 말라."

　여기서 모세는 여호수아에게 단순히 용기 내라고만 말하는 것이 아닙니다. 세 가지 약속된 강조를 주목하십시오. 1) 여호와 하나님이 앞서가시기 때문에, 2) 그 하나님이 함께 하고 계시기에, 3) 너를 결코 떠나거나 버리지 아니하시기에 두려워 말라는 것입니다. 사실 전능자 하나님이 앞서 가신다면 그리고 모든 장애물을 해결해 주신다면 무엇을 두려워하겠습니까? 또한 그 하나님이 함께 가시면서 그 길을 인도해 주신다면 무엇을 걱정하겠습니까? 그리고 그 하나님이 저와 여러분을 결코 버리지도 떠나지도 아니하신다면 무엇을 염려하겠습니까?

　조금 전에 소개한 영국의 처칠에 대하여 그의 증손자가 쓴 책이 있습니다. 이 책에서 그의 증손자는 자신의 증조부의 용기는 그가 강한 하나님에 대한 믿음을 가진데서 나왔다고 말합니다. 그가 믿은 강한 하나님이 그를 강하게 하셨다고 말합니다. 처칠이 어렸을 때 유모 엘리자베스 에버레스트(Elizabeth Everest)라는 여인이 있었는데 그녀는 늘 처칠에게 성경 말씀을 읽어주고 전달해 주곤 했다고 합니다. 처칠의 믿음은 이 여인을 통해 처음 심어진 것이라고 말합니다. 그녀는 처칠이 종교적 대화를 나눈 유일한 대상이었다고 합니다. 처칠은 친어머니와는 오히려 거리감을 느꼈지만 유모와는 모든 것을 터놓고 이야기했다고 합니다. 처칠은 한때 유모에게 쓴 편지에서 100,000번의 키스를 바친다고 기록합니다. 그래서 처칠은 공개적 크리스천은 아니었지만 이 유모를 통해 기독교 신앙을 수용한 그리스도인이었다고 증손자는 기록합니다. 그는 전쟁 중에도 신이 자신을 기독교 문명을 수호하기 위해 선택하셨다는 말을 했고, 정말 신앙이 좋은 사람들을 만나면 기도를 부탁했다고 합니다. 그리고 응접실 탁자 위에 성경을 펴놓고 종종 읽었다고 합니다. 그는 때때로 성경 말씀을 조용히 읊조리기도 하고 기도했다고 합니다. 전쟁이 한창일 때 그가 이렇게 읊조리는 기도를 들을 수 있었다고 합니다. "나라가 임하옵시며 뜻이 하늘에서 이루어진 것 같이 땅에서도 이루어 주옵소서." 이제 우리는 우리의 다음 세대를 이끌 이런 용기 있는 지도자들이 일어나기를 기도해야 할 것입니다. 이것이 우리 기성세대 신앙인들의 소명입니다.

마지막 부를 노래

● 신명기 32장 1-10절

¹하늘이여 귀를 기울이라 내가 말하리라 땅은 내 입의 말을 들을지어다 ²내 교훈은 비처럼 내리고 내 말은 이슬처럼 맺히나니 연한 풀 위의 가는 비 같고 채소 위의 단비 같도다 ³내가 여호와의 이름을 전파하리니 너희는 우리 하나님께 위엄을 돌릴지어다 ⁴그는 반석이시니 그가 하신 일이 완전하고 그의 모든 길이 정의롭고 진실하고 거짓이 없으신 하나님이시니 공의로우시고 바르시도다 ⁵그들이 여호와를 향하여 악을 행하니 하나님의 자녀가 아니요 흠이 있고 삐뚤어진 세대로다 ⁶어리석고 지혜 없는 백성아 여호와께 이같이 보답하느냐 그는 네 아버지시요 너를 지으신 이가 아니시냐 그가 너를 만드시고 너를 세우셨도다 ⁷옛날을 기억하라 역대의 연대를 생각하라 네 아버지에게 물으라 그가 네게 설명할 것이요 네 어른들에게 물으라 그들이 네게 말하리로다 ⁸지극히 높으신 자가 민족들에게 기업을 주실 때에, 인종을 나누실 때에 이스라엘 자손의 수효대로 백성들의 경계를 정하셨도다 ⁹여호와의 분깃은 자기 백성이라 야곱은 그가 택하신 기업이로다 ¹⁰여호와께서 그를 황무지에서, 짐승이 부르짖는 광야에서 만나시고 호위하시며 보호하시며 자기의 눈동자 같이 지키셨도다

CHAPTER 32
마지막 부를 노래

　우리 인생의 마지막이 다가올 때 저와 여러분의 의식이 분명하다면 무엇을 하며 마지막 시간을 보내시겠습니까? 히브리서 11장 21절에 보면 **"믿음으로 야곱은 죽을 때에 요셉의 각 아들에게 축복하고 그 지팡이 머리에 의지하여 경배하였으며"**라고 기록합니다. 야곱은 자손들을 축복하고 경배하면서 떠나갔다는 것입니다. 얼마나 아름다운 최후입니까? 예수님은 십자가에서 그 십자가에 자기를 못 박은 원수들을 용서하신 후 **"아버지 내 영혼을 아버지 손에 부탁하나이다"**(눅 23:46)라는 기도로 자신의 임종을 맞이하셨습니다. 예수님의 제자 스데반도 **"주 예수여 내 영혼을 받으시옵소서"**(행 7:59)라는 기도로 임종을 맞이하였습니다. 그런데 구약의 위대한 믿음의 조상 모세는 죽기 전에 노래를 불렀다는 것입니다. 우리도 마지막 숨을 삼킬 때 노래할 수 있다면, 찬송할 수 있다면 얼마나 좋을까요? 노래하며 이 땅을 떠날 수 있다면 얼마나 좋을까요? 그렇다면 그때 당신은 어떤 노래를 부르시겠습니까? 당신이 이 땅에서 부를 마지막 노래 말입니다.

　모세는 사실 이 노래로 그의 유언을 남기고자 한 것입니다. 우리가 노래를 부르면 그 메시지가 훨씬 더 강렬하게 전달되지 않겠습니까. 며칠 전 한 목사님 가족과 만나 점심을 같이하며 들은 이야기입니다. 그분의 교회 한 할아버지가 죽어가는 안 믿는 친구에게 전도하러 가서 무슨 말을 할까 기도하며 생각하는데 하나님이 유행가를 떠오르게 하셨답니다. 그래서 병원 침대 옆에서 조용히 노래를 부르기 시작하셨다고 합니다.

인생은 나그네 길 어디서 왔다가
어디로 가는가 구름이 흘러가듯 떠돌다 가는 길에
정일랑 두지 말자, 미련일랑 두지 말자
인생은 나그네 길 구름이 흘러가듯 정처없이 흘러서 간다

〈하숙생, 최희준〉

그랬더니 눈물을 흘리시더랍니다. 그래서 "예수님 믿고 천국 가셔요"했더니 고개를 끄덕이셨답니다. 영접기도를 인도하고 왔는데 그 이튿날 아침 평안히 눈을 감으셨답니다. 본문에 앞선 신명기 31장 22절을 보십시오. **"그러므로 모세가 그 날 이 노래를 써서 이스라엘 자손에게 가르쳤더라."** 이제 본문 직전 구절인 신명기 31장 30절입니다. **"그리고 모세가 이스라엘 총회에 이 노래의 말씀을 끝까지 읽어 들리니라."**

그리고 본문 신명기 32장이 열립니다. 전체가 모세가 이스라엘 백성에게 마지막으로 가르친 노래입니다. 모세가 이스라엘 백성과 함께 부른 마지막 노래는 무슨 내용일까요? 핵심은 두 가지입니다. 하나님의 말씀과 하나님의 존재를 찬양한 것입니다.

1. 하나님의 말씀을 찬양합니다.

"하늘이여 귀를 기울이라 내가 말하리라 땅은 내 입의 말을 들을지어다 내 교훈은 비처럼 내리고 내 말은 이슬처럼 맺히나니 연한 풀 위의 가는 비 같고 채소 위의 단비 같도다."(신 32:1-2) 모세는 지금부터 노래를 통해 증언하려는 메시지의 중요성을 선포하기 위하여 하늘과 땅을 증인으로 소환합니다. 그리고 '내 교훈은' 이렇게 노래를 시작합니다. 여기 '내 교훈은' 모세가 받아 전달하는 하나님의 말씀이었습니다. 여기서 몇 가지 비유를 사용하여 말씀의 능력을 전달합니다. 말씀은 이슬비처럼 내려 이슬을 맺게 하고 가는 비처럼 연한 풀 위에 내려 풀을 자라게 하고 살려낸다고 말합니다. 그리고 단비처럼 채소 위에 내려 채소를 열매 맺게 한다는 것입니다. 말씀의 생명력을 증언하는 것입니다. 만일 말씀이 소낙비처럼 폭우처럼 쏟아져 내린다면 어떻게 될까요? 오히려 풀을 쓸어 가 죽게 할 것이고 채소를 또한 뿌리 뽑아 그 생명을 죽게 할 것입니다. 하나님이 말씀을 우리에게 선물로 주실 때 그 말씀은 결코 소낙비나 폭우처럼 내려주시는 것이 아니라, 촉촉한 가랑비처럼, 단비처럼 내려 흡수하게 하시는 것입니다. 히브리서 4장 12절의 말씀을 기억하십니까? "하나님의 말씀은 살아있고 활력이 있어 좌우에 날선 어떤 검보다도 예리하여 혼과 영과 및 관절과 골수를 찔러 쪼개기까지 하며 또 마음의 생각과 뜻을 판단하나니." 하나님의 말씀은 조용히 우리의 존재의 깊은 곳에 스며들어 그 생명력으로 열매를 맺게 한다는 것입니다. 그래서 말씀을 가까이하며 살아간다는 것이 중요합니다. 그동안 모세는 이 말씀을 40년 동안 광야에서 전달한 것이었습니다.

예수님도 광야에서 공생애를 시작하시며 **"사람이 떡으로만 살 것이 아니요 하나님의 입으로부터 나오는 모든 말씀으로 살 것이라"**(마 4:4) 하셨고 그의 지상 생애를 마무리하며 제자들을 위한 마지막 기도를 하시면서 **"나는 아버지께서 내게 주신 말씀들을 그들에게 주었사오며"**(요 17:8)라고 하시고 **"그들을 진리로 거룩하게 하옵소서 아버지의 말씀은 진리니이다"**(요 17:17)라고 기도하십니다. 오늘을 사는 그리스도의 제자들도 마땅히 주께 감사하고 주를 찬양할 것은 주께서 이 위대한 말씀의 선물을 우리에게 주셨다는 것입니다. 제가 설교를 처음 배울 때 한국교회는 부흥사 전성시대였습니다. 그들은 대부분 큰 소리로 고함을 치며 쉰 목소리로 설교하셨고, 사람들은 그런 목소리를 영력이 있는 소리라고 생각하고 모방하는 신학생들이 적지 않았습니다. 그런데 제가 두 분의 설교를 접하고 생각을 바꾸었습니다. 한 분은 당시 영락교회 한경직 목사님이셨고 또 한 분은 CCC의 김준곤 목사님이셨습니다. 두 분은 목소리를 높이지 않으시고 차분하고 따뜻한 목소리로 설교하시는데 제 귀에 가랑비처럼, 단비처럼 들리며 가슴에 와 닿았습니다. 저는 그때부터 고함치는 대신 제 목소리로 차분한 설교를 하기로 결심했습니다. 그것이 모세 스타일이고 예수님의 설교 스타일이셨다고 확신하게 되었습니다. 사랑하는 여러분! 오늘도 이렇게 가랑비처럼, 단비처럼 들려지는 하나님의 말씀을 우리에게 주신 주께 찬양을 드리시지 않겠습니까?

2. 하나님의 존재를 찬양합니다.

모세는 그가 마지막으로 가르치는 노래로 하나님의 말씀을 찬양했고 이어서 그는 또한 하나님의 존재 자체를 찬양합니다. **"내가 여호와의 이름을 전파하리니 너희는 우리 하나님께 위엄을 돌릴지어다. 그는 반석이시니 그가 하신 일이 완전하고 그의 모든 길이 정의롭고 진실하고 거짓이 없으신 하나님이시니 공의로우시고 바르시도다."**(신 32:3-4) 그런데 그는 4절 이하에서 다시 하나님의 존재를 두 가지 비유, 반석과 아버지로 노래하고 있습니다.

1) 그는 반석 같은 분이라고 찬양합니다.

이스라엘 백성들이 광야를 지나는 동안 그들에게 가장 감사할 수 있었던 대상이 아마도 반석이었을 것입니다. 반석은 그들에게 그늘을 제공하고 피난처를 제공했습니다. 신명기 32장의 모세의 노래에서 반석이란 단어는 7회나 등장합니다. 반석은 폭풍이 올 때 피난처가 되어 주었으며 낮의 뜨거운 태양에서 그늘이 되어 주었던 것입니다. 심지어 반석은 사막의 여행자에게 필요한 먹을 것까지 공급했습니다. **"...반석에서 꿀을, 굳은 반석에서 기름을 빨게 하시며."**(신 32:13) 사막에는 때로 반석 비슷한 것이 그들을 속이고 있었습니다. 그것은 바람에 날려 광야에 쌓이는 모래였습니다. 그러나 이런 모래는 믿을 수 없는 대상들이었습니다. 예수님은 후일 산상수훈에서 모래 위에 집을 짓는 자와 반석 위에 집을 짓는 자를 대조하십니다. 그리고 **"누구든지 나의 이 말을 듣고 행하는 자는 그 집을 반석 위에 지은 지혜로운 사람 같으리니"**(마 7:24)라고 말씀하십니다.

우상은 믿을 수 없는 거짓된 반석입니다. 하나님의 자녀들은 세상이 제공하는 모래 같은 거짓된 반석을 분별해야 합니다. 신명기 32장 31절을 보십시오. **"진실로 그들의 반석이 우리의 반석과 같지 아니하니 우리의 원수들이 스스로 판단하도다."** 다시 신명기 32장 18절의 경고를 들어 보십시오. **"너를 낳은 반석을 네가 상관하지 아니하고 너를 내신 하나님을 네가 잊었도다."** 그래서 우리가 부르는 찬송 중에 〈이 몸의 소망 무언가〉(찬488장)가 있습니다. 가사를 기억하십니까?

이 몸의 소망 무언가 우리 주 예수뿐일세
우리 주 예수 밖에는 믿을 이 아주 없도다.
주 나의 반석이시니 그 위에 내가 서리라 그 위에 내가 서리라

이 찬송은 영국 침례교회 목사인 에드워드 모트(Edward Mote)가 지은 찬송인데 그는 목회하기 전 가구 제조사에서 일을 했다고 합니다. 그 회사 주인의 전도로 예수를 믿게 된 후 그는 날마다 찬송을 읊조리며 살게 되었습니다. 어느 아침 회사에 일하러 가는데 한 가사가 떠올라 노트에 급히 적었다고 합니다. "이 몸의 소망 무언가 우리 주 예수뿐일세 우리 주 예수 밖에는 믿을 이

아주 없도다." 그리고 며칠 되지 않아 자기 친구 목사 부인이 위독하여 방문하게 되었는데 찬송 한 곡을 불러 달라는 부탁을 받았다고 합니다. 부인을 위해 기도한 후 그는 사실 아직 작곡이 안 된 찬송 가사를 내가 읽어주고 싶다고 노트를 꺼내 최근에 만든 이 노래 가사를 읽었다고 합니다. 이 여인의 얼굴에 큰 평화가 임하더랍니다. 그리고 곧 이 찬송은 영국 교회가 가장 좋아하는 찬송이 되었다고 합니다.

그렇습니다. 하나님은 반석 같으신 분이십니다. 하나님의 아들 예수님은 우리의 반석이 되시고자 이 땅에 오신 구세주이십니다.

2) 그는 아버지 같은 분이라고 찬양합니다.

"그들이 여호와를 향하여 악을 행하니 하나님의 자녀가 아니요 흠이 있고 삐뚤어진 세대로다. 어리석고 지혜 없는 백성아 여호와께 이같이 보답하느냐 그는 네 아버지시요 너를 지으신 이가 아니시냐 그가 너를 만드시고 너를 세우셨도다."(신 32:5-6) 여기 모세는 하나님의 존재를 이제는 아비라고, 아버지라고 노래로 선포합니다. 우리를 지으시고 세우시고 인도하시는 아버지, 그를 순종하고 따름이 당연한 것이 아니냐고 증거하는 것입니다. 그 아버지는 어떤 분이십니까? 우리 인생의 질문에 대한 답을 갖고 계시는 분이십니다. 그분을 가까이 하고 그에게 묻고 살라는 것입니다. **"옛**

날을 기억하라 역대의 연대를 생각하라 네 아버지에게 물으라 그가 네게 설명할 것이요 네 어른들에게 물으라 그들이 네게 말하리로다."(신 32:7) 그는 지나간 광야에서 우리를 보호하시던 여호와 하나님이신 것을 잊지 말라고 하십니다. "여호와께서 그를 황무지에서 짐승이 부르짖는 광야에서 만나시고 호위하시며 보호하시며 자기의 눈동자 같이 지키셨도다."(신 32:10)

그는 마치 독수리 아버지가 독수리 새끼를 훈련하듯 훈련하여 인도하시는 하나님이십니다. "마치 독수리가 자기의 보금자리를 어지럽게 하며 자기의 새끼 위에 너풀거리며 그의 날개를 펴서 새끼를 받으며 그의 날개 위에 그것을 업는 것 같이 여호와께서 홀로 그를 인도하셨고 그와 함께 한 다른 신이 없었도다."(신 32:11-12) 독수리 새끼의 하강 훈련에 대하여 들어본 일이 있으십니까? 어린 독수리 새끼를 날게 하기 위하여 어미 독수리는 적절한 때가 되었다고 판단하면 아슬아슬한 절벽 바위 턱에 있는 보금자리를 흔들어 그의 부리로 새끼들을 절벽 아래로 밀어 버립니다. 그러면 새끼들은 필사적으로 날개를 펴고 비명소리를 지르며 추락합니다. 그러나 한순간 새끼들은 자신들이 어미의 날개 위에 얹혀져 있는 것을 발견하게 됩니다. 이런 훈련을 반복하며 마침내 독수리들은 폭풍우 비바람을 뚫고 하늘을 비상하는 하늘의 왕자로 자라갑니다. 이 가족은 모두 용감한 독수리 가정이 되는 것입니다.

영국 웨일즈에 큰 부흥이 일어났을 때 일단의 침례교 선교사들이 북인도에 선교하러 떠났습니다. 그리고 그들은 복음에 매우 적대적이었던 아쌈(Assam)주 가로족(Garo)에게 접근하여 마침내 녹생(Nokseng)이라는 한 가족을 주께로 인도할 수 있었습니다. 이 가족으로 인해 그 종족 전체가 복음에 관심을 갖는 모습을 본 종족 추장이 당황하여 이 가족들(부모와 두 아들)을 체포하고 종족들이 모인 자리에 끌고 와서 위협과 심문을 시작했다고 합니다. 추장이 분노하며 가장에게 묻습니다. "네가 그 이방의 신을 버리겠다고 하면 용서하겠거니와 거절한다면 우리의 전통을 따라 여기 있는 이 용사의 활로 네 가슴을 뚫어 처형할 것이다." 그때 이들 가족은 조용히 노래를 읊조리기 시작했다고 합니다. 토속적 인도인의 리듬에 실린 노래였다고 합니다. 영어로 하면 "I have decided to follow Jesus, No turning back, No turning back(주님 뜻대로 살기로 했네, 뒤돌아서지 않겠네)"였습니다. 남편이 아들들이 그리고 아내가 차례로 활을 맞고 순교하자 사람들은 그들의 노래를 따라 부르고 있었다고 합니다. 마침내 추장도 회개하고 믿게 되었고, 훗날 이 노래는 인도의 성자 선다 싱(Sundar Singh)에 의해 세계적으로 알려지게 되었다고 합니다. 우리가 부를 마지막 노래는 무엇입니까?

CHAPTER 33
마지막 남길 축복

¹하나님의 사람 모세가 죽기 전에 이스라엘 자손을 위하여 축복함이 이러하니라 ²그가 일렀으되 여호와께서 시내 산에서 오시고 세일 산에서 일어나시고 바란 산에서 비추시고 일만 성도 가운데에 강림하셨고 그의 오른손에는 그들을 위해 번쩍이는 불이 있도다 ³여호와께서 백성을 사랑하시나니 모든 성도가 그의 수중에 있으며 주의 발 아래에 앉아서 주의 말씀을 받는도다 ⁴모세가 우리에게 율법을 명령하였으니 곧 야곱의 총회의 기업이로다 ⁵여수룬에 왕이 있었으니 곧 백성의 수령이 모이고 이스라엘 모든 지파가 함께 한 때에로다

²⁶여수룬이여 하나님 같은 이가 없도다 그가 너를 도우시려고 하늘을 타고 궁창에서 위엄을 나타내시는도다 ²⁷영원하신 하나님이 네 처소가 되시니 그의 영원하신 팔이 네 아래에 있도다 그가 네 앞에서 대적을 쫓으시며 멸하라 하시도다 ²⁸이스라엘이 안전히 거하며 야곱의 샘은 곡식과 새 포도주의 땅에 홀로 있나니 곧 그의 하늘이 이슬을 내리는 곳에로다 ²⁹이스라엘이여 너는 행복한 사람이로다 여호와의 구원을 너 같이 얻은 백성이 누구냐 그는 너를 돕는 방패시요 네 영광의 칼이시로다 네 대적이 네게 복종하리니 네가 그들의 높은 곳을 밟으리로다

CHAPTER 33
마지막 남길 축복

우리가 세상을 떠나는 마지막 순간에 우리의 자녀들과 다음 세대에 축복을 남기고 떠날 수 있다면 얼마나 좋을까요? 지난 신명기 32장에서 우리는 모세가 유언을 노래로 남기고 있는 모습을 묵상할 수 있었습니다. 그런데 그 노래의 내용을 살펴보면 그것은 축복이었습니다. 자녀들과 다음 세대에 남기고 있는 축복이었던 것입니다. '유언적 축복'이라고 할 수 있을 것입니다. 본문 신명기 33장 1절은 이렇게 시작됩니다. **"하나님의 사람 모세가 죽기 전에 이스라엘 자손을 위하여 축복함이 이러하니라."** 사실 구약 이스라엘의 전통에서 아버지가 죽기 전에 자녀들에게 축복을 남기는 것은 거룩한 의무였다고도 할 수 있습니다. 우리가 한 세상을 살아가며 결혼하고 자녀를 남기는 이유는 구약에 의하면 축복을 전달하기 위한 것입니다.

명사들의 유언을 살펴보면 그들이 평생에 어떤 가치를 붙들고 살아왔는가를 그리고 죽음을 어떻게 이해했는가를 알 수 있습니다. 유명한 철학자 소크라테스는 임종의 자리에서 제자에게 "아스클레피오스에게 닭 한 마리 빚진 것이 있네. 자네가 갚아주게"라는 말을 남긴 것으로 전해집니다. 악법도 법이라고 믿은 철학자답게 인생의 빚을 청산하고 떠나고 싶어한 것입니다. 또 다른 철학자로 기독교 신앙을 수용한 데카르트는 마지막 순간에 "자, 이제 출발해야지"라고 말했다고 합니다. 죽음은 그에게 새로운 여행으로의 출발이었던 것입니다. 화가요 전도사였던 빈센트 반 고흐는 죽어가며 형제 테오에게 이런 말을 남깁니다. "울지마, 이게 우리를 위한 최선의 방법이야. 이제 난 집에 가는 거야." 그에게 죽음은 영원한 집으로 돌아감이었던 것입니다. 과학자 아인슈타인은 "내가 죽은 후 8시간은 푹 쉬고 싶으니 그 후에 내 죽음을 알리라"고 했다고 합니다. 평생 사람들의 관심에서 자유하지 못했고, 휴식을 모르고 살았던 사람의 마지막 갈망이 담긴 유언이라고 할 수 있을 것입니다. 오산학교의 창설자 이승훈 선생은 "내가 죽거든 몸은 묻지 말고, 생물 표본으로 만들어 학생들이 만지며 공부하게 하라"는 유언을 남겼습니다. 교육자다운 유언이라 할 것입니다.

그러나 성경적으로 가장 위대한 유언은 모세처럼 축복을 남기는 것입니다. 그가 남긴 축복은 어떤 축복이었을까요? 우리도 사모할 그가 남긴 축복의 본질은 무엇입니까?

1. 말씀에 근거한 축복입니다.

모세는 무엇보다 이스라엘이 받은 하나님의 사랑은 그들이 하나님의 율법의 말씀을 받을 수 있었던 것이라는 것을 깨우침니다. "여호와께서 백성을 사랑하시나니 모든 성도가 그의 수중에 있으며 주의 발 아래에 앉아서 주의 말씀을 받는도다 모세가 우리에게 율법을 명령하였으니 곧 야곱의 총회의 기업이로다."(신 33:3-4) 율법의 말씀은 하나님께서 주의 백성들에게 내린 최고의 선물이었고 그 하나님 보시기에 최고의 아름다운 실존은 주의 백성들이 주의 발아래 다소곳이 앉아 주의 말씀을 받고 있는 모습이었습니다. 야곱이라는 이름으로 대표되는 이스라엘 총회의 영광은 그들이 율법의 말씀을 받고 그 말씀에 따라 존재하는 총회의 모습이었습니다. 말씀을 받고 준행함으로 존재하는 주의 백성들의 실존이야말로 그들이 존재하는 이유를 보여주고 있었던 것입니다. 하나님이 생각하시는 행복의 구현이 무엇일까요? 우리가 잘 기억하는 시편 1편 2절에서의 복 있는 자의 모습이 아닌가요? "(복 있는 자는) 오직 여호와의 율법을 즐거워하며 그의 율법을 주야로 묵상하는도다."

이런 모습은 신약 시대에 주의 여제자 마리아가 주님 앞에서 말씀을 받고 있던 모습을 또한 연상시켜 주고 있지 않습니까? "그에게 마리아라 하는 동생이 있어 주의 발치에 앉아 그의 말씀을 듣더니."(눅 10:39) 마리아의 언니 마르다가 여러가지 준비하는 일로 인하여 마음이 분주한 상태에 있었던 모습과 대조하시며 예수님은 마리아에게 "좋은 편을 택하였으니 빼앗기지 아니하리라"(눅 10:42)라고 말씀하시지 않습니까? 이런 말씀에 근거한 존재의 형성이야말로 하나님의 백성들이 가장 기뻐해야 할 모습일 것입니다. 그러면 오늘을 사는 우리는 과연 말씀을 붙들고 우리의 존재를 만들어가는 그런 축복을 누리고 있는 것일까요? 요한복음 17장 17절의 예수님의 제자들을 위한 기도를 우리는 잊지 말아야 할 것입니다. **"그들을 진리로 거룩하게 하옵소서 아버지의 말씀은 진리니이다."**

영성 훈련에서는 우리가 주님을 집중적으로 바라보기 위해서는 무엇보다 분심, 분주한 마음(distraction)을 처리할 줄 알아야 한다고 가르칩니다. 마르다는 그런 분심을 극복하지 못했고 마리아는 분심을 다룰 줄 알았던 것입니다. 우리의 생각을 흐트러뜨리는 잡다한 세상의 요란함 속에서도 무엇보다 하나님의 말씀에 집중하는 축복을 누리는 우리가 되었으면 합니다. 그래야 우리는 말씀에 근거한 축복을 갈망하며 그 축복 속에 평생을 살아가게 될 것입니다. 모세는 이스라엘 백성들에게 그런 축복을 남기기를 소원했고 그래서 지금 그런 축복을 유산으로 남기고자 한 것입니다. 하나님의 말씀에 근거한 축복을 말입니다. 그때 이스라엘은 진정한 여수룬이 될 것을 믿었습니다. 여수룬은 본래 의로운 백성들이란 뜻입니다. **"여수룬에 왕이 있었으니 곧 백성의 수령이 모이고 이스라엘 모든 지파가 함께 한 때에로다."**(신 33:5) 진정 의로운 여수룬, 그것은 하나님을 왕으로 받들고 하나님의 말씀의 통치를 받는 백성이었던 것입니다.

2. 사명에 따른 축복입니다.

신명기 33장 6절부터 모세는 이스라엘 각 지파에 대한 축복을 내리고 있습니다. 그런데 이런 축복의 특성은 각각의 지파에 대한 사명을 근거로 했다는 것을 주목하실 필요가 있습니다. 여기 12지파는 기록자에 따라 유동성을 보입니다. 때로는 레위 지파가 빠질 때도 있고, 혹은 요셉의 두 아들 므낫세와 에브라임을 두 지파로 나누기도 하는데 여기서는 시므온 지파가 빠집니다. 가나안 정착 후 시므온이 유다 지파에 흡수될 것을 예언한 것으로도 볼 수 있는 대목입니다. '12'라는 숫자는 대표적 개념을 가진 숫자로 이스라엘 백성들을 대표합니다. 12지파에 대한 축복은 오고 오는 모든 하나님의 백성들에 대한 예언적 축복들을 암시하고 상징하는 것입니다.

신명기 33장 6절에서 르우벤은 범죄함으로 장자권을 상실하지만, 그의 존재, 그의 지파가 여전히 유지되는 긍휼의 축복을 받습니다. 7절에서 유다는 전장에서 앞장서는 리더의 축복을 받습니다. 그는 전쟁에 승리하고 무사하게 집으로 돌아옵니다. 8-11절에서 레위는 제사장으로서 우림과 둠밈으로 하나님의 뜻을 잘 분별하여 이스라엘을 경건하게 인도하는 사명의 축복을 누립니다. 12절에서 베냐민은 하나님의 특별한 보호를 입고 하나님의 능력(어깨)을 경험하는 일생을 살게 됩니다. 13-17절에서 요셉은 땅의 풍요로움과 충만한 복을 누립니다. 그리고 그의 두 아들은 군사적 능력과 확장의 사명을 부여 받습니다. 18-19

절에서 스불론과 잇사갈은 동역자가 되는데 스불론은 바다 무역의 사명을, 잇사갈은 내륙 지방의 복을 누릴 것이라고 합니다. 20-21절에서 갓은 요단 동편에서 광대한 땅을 소유하며 암사자처럼 포효하는 복을 누릴 것을 예언합니다. 22절에서 단은 사자 새끼처럼 아직은 어리지만 미래의 리더의 복을 언약 받습니다. 23절에서 납달리는 지금의 갈릴리 영역을 차지하며 하나님의 은혜의 도구가 될 것을 약속 받습니다. 24-25절에서 아셀은 지중해 연안의 기름진 땅에서 형제들에게 축복의 통로가 될 것을 예언합니다.

하나님은 모든 개인, 모든 가문, 모든 공동체에게 사명을 주시고 그 사명을 수행할 수 있는 능력을 주십니다. 우리가 사명에 능동적으로 반응하기만 한다면 말입니다. 영어에 책임이란 단어를 responsibility라고 합니다. 이 단어는 두 개의 단어의 합성어인데 response(반응)과 ability(능력)이란 단어의 조합입니다. 올바로 반응하고 응답할 줄 아는 사람들에게 하나님은 능력을 주어 인생을 살아갈 책임 곧 사명을 수행하게 하는 것입니다. 사명을 주시고 그 사명을 수행할 능력을 주시는 하나님을 찬양합니다. 인생을 살아가는 축복의 하나는 우리 각자가 사명을 따라 인생을 살아갈 수 있다는 것입니다. 그런 사명이 인생의 보람과 의미를 부여하기 때문입니다.

3. 무엇보다 중요한 구원의 축복입니다.

우리가 인생 여행의 마지막에서 느낄 수 있는 가장 위대한 감사는 우리가 구원을 받았다는 사실입니다. 그리고 우리의 자녀들에게 남길 수 있는 마지막 유산 그것이 바로 구원의 축복인 것입니다. **"이스라엘이여 너는 행복한 사람이로다 여호와의 구원을 너 같이 얻은 백성이 누구냐 그는 너를 돕는 방패시요 네 영광의 칼이시로다 네 대적이 네게 복종하리니 네가 그들의 높은 곳을 밟으리로다."**(신 33:29) 그렇다면 우리가 구원받았다는 것은 무엇을 뜻합니까? 물론 우리가 죄사함을 받고 하나님의 백성으로 살다가 삶의 날이 다하면 주가 예비하신 영원한 나라로 가서 살게 되는 것을 의미합니다. 구원은 이제 우리가 하나님의 정죄의 대상이 아닌 사랑의 대상으로 살게 된 것을 의미합니다. 구원은 죽음 건너편의 영원(완성된 천국)을 향한 약속뿐 아니라 오늘 지금 여기 현실에서의 행복감을 약속합니다. '이스라엘이여, 너는 행복한 사람이로다. 너 같이 구원을 얻은 백성이 누구이더냐'라고 물으십니다. 이제 본문 26-27절을 보십시오. **"여수룬이여 하나님 같은 이가 없도다 그가 너를 도우시려고 하늘을 타고 궁창에서 위엄을 나타내시는도다 영원하신 하나님이 네 처소가 되시니 그의 영원하신 팔이 네 아래에 있도다 그가 네 앞에서 대적을 쫓으시며 멸하라 하시도다."** 여기서 모세는 구원받은 자기 백성을 보호하시고자 하나님이 '위에서 나타나시고,' '우리를 둘러 에워싸시고(처소가 되신다),' '우리 아래서 받쳐 주시고,' '앞서가시며 인도하시는' 분이시라고 말합니다. 우리가 행복감을 느끼지 못하고 사는 이유는 왜입니까? 불안하기 때문입니다. 그런데 전능하시고 전지하시고 편재하신 하나님이 우리를 보호하신다면 무엇이 불안하겠습니까?

때로 하늘을 올려다보며 공포를 느낀 적이 있으시지요? 저무한한 두려움의 공간, 천둥이 울리고 우레 벼락이 치고 소낙비를 쏟아 부어 내릴 때 하늘은 우리에게 우호적으로만 느껴지지는 않습니다. 그런데 기독교 철학자 칼빈 시어벨트(Calvin Seerveld)는 이렇게 말합니다. "우주는 하나님의 놀이터, 하나님의 영광의 극장이다." 천둥치는 날에 잘 들어보라고, 하나님의 휘파람 소리가 들리지 않느냐고 묻습니다. 물론 우리가 대하는 오늘의 자연도 인간 범죄와 타락의 영향 아래 있어 안전한 대상만은 아닙니다. 그럼에도 불구하고 우리가 상당한 편안함을 느끼며 이 땅을 살아갈 수 있다는 것은 하나님이 이 땅을 우리의 피난처로 주시고 그분의 거룩한 임재로 우리를 에워싸고 계시기 때문입니다. 고소 공포증이 있어 비행기를 못타는 분들도 있는데 추락의 공포를 느껴 저 아래 깊은 곳을 내려다보지 못할 수가 있습니다. 그런데 모세는 그의 영원하신 팔이 네 아래 있다고, 그가 너를 받쳐주고 계시다고 말합니다. 높은 지붕 위에 한 무리의 아이들이 올라갑니다. 아래 마당에 지푸라기를 펼쳐놓고 뛰어 내리기를 합니다. 한 아이는 영 뛰어 내릴 생각을 못합니다. 그때 아빠가 등장하고 두 팔을 벌리더니 큰 소리로 외칩니다. "아들아, 뛰어 내려!" 아들은 빙그레 웃고 아빠의 품으로 뛰어 내립니다. 아빠의 품에 안긴 아들의 미소, 이것이 바로 구원받은 미소가 아닙니까!

인생의 가장 큰 불안은 미래가 보이지 않는다는 것입니다. 그런데 이번 본문에서 모세는 자기 백성에게 하나님이 '앞서가신다'고, 앞서가시며 네 대적을 쫓으시고 멸하신다고 말합니다. 방패를 들어 우리를 보호하시고 칼을 들고 우리를 호위하셔서 그 땅에 들어가게 하신다고 언약하시며 그런 너는 행복자가 아니냐고 말합니다. 그리고 우리는 마침내 행복한 땅에 영원히 거하게 될 것이라고 말합니다. **"이스라엘이 안전히 거하며 야곱의 샘은 곡식과 새 포도주의 땅에 홀로 있나니 곧 그의 하늘이 이슬을 내리는 곳에로다."**(신 33:28) 우리가 마침내 도달할 그 안식의 땅, 곧 영원한 천국을 예비하시고 그곳으로 인도하시는 축복, 이를 가리켜 우리는 궁극적 구원이라고 말합니다. 이런 궁극적 구원의 축복을 받은 우리가 이 궁극적 행복을 주신 그분에게 감사하는 날이 되시기를 축복합니다.

CHAPTER 34
마지막 인생 결산

¹모세가 모압 평지에서 느보 산에 올라가 여리고 맞은편 비스가 산꼭대기에 이르매 여호와께서 길르앗 온 땅을 단까지 보이시고 ²또 온 납달리와 에브라임과 므낫세의 땅과 서해까지의 유다 온 땅과 ³네겝과 종려나무의 성읍 여리고 골짜기 평지를 소알까지 보이시고 ⁴여호와께서 그에게 이르시되 이는 내가 아브라함과 이삭과 야곱에게 맹세하여 그의 후손에게 주리라 한 땅이라 내가 네 눈으로 보게 하였거니와 너는 그리로 건너가지 못하리라 하시매 ⁵이에 여호와의 종 모세가 여호와의 말씀대로 모압 땅에서 죽어 ⁶벳브올 맞은편 모압 땅에 있는 골짜기에 장사되었고 오늘까지 그의 묻힌 곳을 아는 자가 없느니라 ⁷모세가 죽을 때 나이 백이십 세였으나 그의 눈이 흐리지 아니하였고 기력이 쇠하지 아니하였더라 ⁸이스라엘 자손이 모압 평지에서 모세를 위하여 애곡하는 기간이 끝나도록 모세를 위하여 삼십 일을 애곡하니라 ⁹모세가 눈의 아들 여호수아에게 안수하였으므로 그에게 지혜의 영이 충만하니 이스라엘 자손이 여호와께서 모세에게 명령하신 대로 여호수아의 말을 순종하였더라 ¹⁰그 후에는 이스라엘에 모세와 같은 선지자가 일어나지 못하였나니 모세는 여호와께서 대면하여 아시던 자요 ¹¹여호와께서 그를 애굽 땅에 보내사 바로와 그의 모든 신하와 그의 온 땅에 모든 이적과 기사와 ¹²모든 큰 권능과 위엄을 행하게 하시매 온 이스라엘의 목전에서 그것을 행한 자이더라

CHAPTER 34
마지막 인생 결산

히브리서 9장 27절에 보면 **"한 번 죽는 것은 사람에게 정해진 것이요 그 후에는 심판이 있으리니"**라고 증언하고 있습니다. 죽음은 인생 결산의 순간입니다. 그리고 내가 죽은 후 내 주변 사람들이 내가 살아온 인생에 대하여 남기는 증언들은 내 인생 결산서의 일부라고 할 수 있습니다. 본문 34장 5절은 드디어 하나님의 사람 모세의 마지막 임종의 순간을 증언합니다. **"이에 여호와의 종 모세가 여호와의 말씀대로 모압 땅에서 죽어"**라고 말입니다. 모세는 위대한 사람이었지만 그도 역시 피조물인 사람이었습니다. 그리고 인간 된 사람 누구나 예외 없이 죄인이었던 것처럼 모세도 죄인이었기에 죽음을 피할 수 없었습니다. 로마서 3장 23절은 **"모든 사람이 죄를 범하였으매"**라고 말하고 로마서 6장 23절은 **"죄의 삯은 사망이요"**라고 말합니다. 그래서 죽음은 필연의 길입니다. 모두 다 죽습니다. 다윗은 마지막 순간에 아들 솔로몬을 앞에 두고 이렇게 말합니다. **"내가 이제 세상 모든 사람이 가는 길로 가게 되었노니 너는 힘써 대장부가 되고."**(왕상 2:2)

이제 죽음 후에 남는 것은 살아온 인생의 결산입니다. 완벽한 결산은 물론 창조자요 심판자이신 하나님 앞에서 이루어질 것입니다. 그러나 한 사람의 죽음이 알려지는 순간, 그와 함께 살고 그의 삶을 지켜본 사람들에 의해 어느 정도 평가가 이루어집니다. 성경학자들은 소위 성경의 처음 다섯 권을 가르쳐 《모세오경》이라고 부릅니다. 모세가 썼다는 말입니다. 보수적인 성경학자들은 대부분 그렇게 생각합니다. 그렇지만 신명기의 마지막 장의 경우, 모세 자신의 죽음과 장례에 대하여 모세 자신이 기록할 수 없었던 것을 인정할 때 이 마지막 부분만은 후대에 누군가에 의해 모세에 대한 당시 사람들의 평가를 모아 증언한 것으로 봅니다. 그렇다면 이 부분은 역사적 증언으로 보는 것이 더 합당할 것입니다. 자, 그렇다면 역사가 증언하는 모세의 인생의 결산은 어떠했을까요? 우리는 그의 마지막에 대한 역사적 인생 증언에서 우리 모두의 인생 결산을 진지하게 생각하지 않을 수 없습니다.

모세를 통해 배우는 바람직한 인생 결산은 무엇이어야 할까요? 세 가지로 요약해 보겠습니다.

1. 사명을 완수한 인생입니다.

모세의 사명이 무엇이었습니까? 이스라엘 백성을 출애굽시켜 약속의 땅 가나안에 도달시키는 일이었습니다. 드디어 모세는 이스라엘 백성을 이끌고 약속의 땅이 보이는 모압 땅까지 도달한 것입니다. 여기서 본문이 시작됩니다. 본문 1절을 보겠습니다. **"모세가 모압 평지에서 느보 산에 올라가 여리고 맞은편 비스가**

산꼭대기에 이르매 여호와께서 길르앗 온 땅을 단까지 보이시고." 그리고 이제 4절 말씀을 보겠습니다. "여호와께서 그에게 이르시되 이는 내가 아브라함과 이삭과 야곱에게 맹세하여 그의 후손에게 주리라 한 땅이라 내가 네 눈으로 보게 하였거니와 너는 그리로 건너가지 못하리라." 모세의 사명은 거기까지였던 것입니다.

느보 산은 다른 명칭으로 시야가 산으로 부르기도 합니다. 모압 땅 아바림 산맥이 전개되며 여러 이름의 산들이 등장하는데 그 중 가장 높은 봉우리가 해발 835m에 위치한 비스가(히. 꼭대기)라는 산봉우리입니다. 기원후 4세기부터 이곳에 모세기념교회가 세워집니다. 이 교회는 여러 번 파괴되었지만 1932년 프란시스칸 교단에 의해 교회가 다시 복원되어 성지순례객들을 맞이하고 있습니다. 이 교회 마당에는 모세가 전한 치유의 복음을 상징하는 놋뱀 조형물이 세워져 있습니다. 이곳에서 날이 맑으면 한눈에 가나안 약속의 땅을 조망할 수가 있습니다. 바로 여기서 모세는 약속의 땅을 바라보며 출애굽 리더로서의 사명을 완수하고 죽음으로 백성들과 작별을 고하는 것입니다. 하나님이 모세가 약속의 땅에 진입함을 허락하지 않으신 이유는 이미 살펴본 것처럼 므리바 샘터에서의 불순종(반석을 두 번 때림)이 직접적 원인이라고 할 수 있지만 더 중요한 이유는 하나님은 모세를 귀하게 쓰셨지만 그가 신의 자리에 서는 것은 원하지 않으신 것입니다. 불가능과 한계성, 이것이 바로 인간됨의 특성이기 때문입니다.

하나님은 모세의 무덤조차 비밀에 부치십니다. **"벳브올 맞은 편 모압 땅에 있는 골짜기에 장사되었고 오늘까지 그의 묻힌 곳을 아는 자가 없느니라."**(신 34:6) 그가 죽은 대략의 장소는 알게 하셨지만 정확하게 그가 묻힌 곳을 알지 못하게 하셨습니다. 결국 하나님이 모세를 묻으신 것입니다. 그러나 이것은 그의 실패를 의미하지 않습니다. **"이스라엘 자손이 모압 평지에서 모세를 위하여 애곡하는 기간이 끝나도록 모세를 위하여 삼십 일을 애곡하니라."**(신 34:8) 삼십 일의 애곡은 당시 이스라엘 민족에게 그들이 보일 수 있는 최고 최대의 경의의 표현이었습니다. 모세는 결코 실패한 사람이 아닙니다. 그는 인간으로서의 한계에도 불구하고 자기 사명을 다하고 간 사람입니다. 먼 후일 신약의 히브리서 기자가 모세의 인생을 결산하면서 그의 실수를 재론하지 않습니다. 그가 믿음으로 애굽을 떠나 홍해를 육지같이 건넜고 자기 백성으로 약속의 땅에 들어오게 하였다고만 기록합니다. 모세, 그는 믿음으로 사명을 다한 사람이었던 것입니다. 오늘 우리는 우리의 사명을 알고 우리 인생의 종착역을 향하여 걷고 있는 것일까요? 모세의 인생을 되돌아보며 부럽고 바람직한 우리가 사모하고 싶은 또 하나의 인생의 결산은 무엇입니까?

2. 건강하게 살아온 인생입니다.

"모세가 죽을 때 나이 백이십 세였으나 그의 눈이 흐리지 아니하였고 기력이 쇠하지 아니하였더라."(신 34:7) 그가 건강하게 살다가 떠났다는 증언입니다. 그는 그냥 오래만 산 것이 아니라는 것입니다. 장수보다 더 중요한, 건강한 일생을 산 사람이었다는 말입니다. 창세기 6장에 보면 노아의 시대에 이르러 사람들의 죄악과 부패가 가득해지는 모습을 보면서 하나님이 중요한 선언을 하십니다. **"여호와께서 이르시되 나의 영이 영원히 사람과 함께 하지 아니하리니 이는 그들이 육신이 됨이라 그러나 그들의 날은 백이십 년이 되리라."**(창 6:3) 그들이 육신이 되었다는 것은 그들이 영적 기대를 상실한 육신적으로만 존재하는 존재가 되었다는 뜻입니다. 그런 사람들을 보시고 하나님이 벌을 내리시고, 인간의 수명의 한계를 백이십 세로 정하셨다는 것입니다. 지금 우리 시대의 전망에서 보더라도 기막힌 예언이 아닙니까? 그때부터 인간의 수명이 잘 관리되면 백이십 세는 도달할 수 있다는 말씀을 주신 것입니다. 오늘의 의학적 과학적 수준이 향상되어 우리가 지금 바라보는 수명의 평균 최대치가 백이십 세라면 얼마나 기막힌 예언의 말씀입니까?

최근에 우리나라에 유행한 유행가 〈백세 인생〉이 생각나지 않으십니까?

70세에 저세상에서 날 데리러 오거든 할 일이 아직 남아 못 간다고 전해라
80세에 저세상에서 날 데리러 오거든 아직은 쓸 만해서 못 간다고 전해라
90세에 저세상에서 날 데리러 오거든 알아서 갈 테니 재촉 말라 전해라
100세에 저세상에서 날 데리러 오거든 좋은 날 좋은 시에 간다고 전해라

이 노래는 조금 더 세월이 지나가면 110세에 날 데리러 오거든, 120세에 날 데리러 오거든...까지 확장될 것입니다. 그런데 중요한 것은 그때까지 오래 사는 것이 아닙니다. 그때까지 할 일이 있으십니까? 아직 남은 사명이 있으십니까? 그리고 더 중요한 것, 그때까지 건강하게 살도록 우리 육체에 대한 청지기적 관리를 잘하고 계십니까? 성경은 우리의 몸, 우리의 신체가 하나님의 성전이라고 가르치는 유일한 책입니다. **"너희 몸은 너희가 하나님께로부터 받은 바 너희 가운데 계신 성령의 전인 줄을 알지 못하느냐 너희는 너희 자신의 것이 아니라 값으로 산 것이 되었으니 그런즉 너희 몸으로 하나님께 영광을 돌리라."**(고전 6:19-20)

본문이 모세의 죽음의 나이를 증언하며 강조하는 바는 오래 산 것, 장수가 아니라 그때까지 눈도 밝고 기력도 쇠하지 않게 잘 관리하며 살았다는 것이 아닙니까? 다시 말하면 본문은 그의 건강한 인생을 증언하는 것이고 더 나아가 저는 모세가 육적으로만 건강한 것이 아니라 영적으로도 건강하게 산 것을 증언하는 말씀이라고 믿습니다. 디모데전서 4장 8절의 말씀을 기억하시나요? **"육체의 연단은 약간의 유익이 있으나 경건은 범사에 유익하니 금생과 내생에 약속이 있느니라."** 세월이 더 할수록 더욱 건강한 인생, 육체적으로도 건강하고 영적으로도 더욱 강건한 인생, 그래서 금생과 내세에 복을 누리는 평생이 되시기를 축복합니다. 마지막으로 모세가 보여준 바람직한 인생이 무엇일까요? 우리도 그렇게 살았으면 좋은 인생 말입니다.

3. 하나님이 인정한 인생입니다.

본문 10절의 말씀이 저는 모세의 인생에 대한 결론 중의 결론이라고 믿습니다. **"그 후에는 이스라엘에 모세와 같은 선지자가 일어나지 못하였나니 모세는 여호와께서 대면하여 아시던 자요."** 모세를 설명하는 많은 수식어들이 있습니다. 민족의 해방자, 구원자, 이스라엘의 건국자, 율법의 수여자, 기적과 권능의 사람, 가장 위대한 스승 리더, 등입니다. 그러나 하나님은 마지막에 그를 선지자라고, 그리고 내가 대면하여 늘 만나고 싶었던 나의 종이라고 말씀하는 것입니다. 한마디로 하나님이 인정하신 인생을 살았던 사람이란 말입니다.

마태복음 7장의 산상수훈의 결론 부분에서 예수님은 지상에서 일어날 수 있는 가장 참담한 비극에 대하여 말씀하십니다. 마태복음 7장 22-23절의 말씀입니다.

> **그 날에 많은 사람이 나더러 이르되 주여 주여 우리가 주의 이름으로 선지자 노릇 하며 주의 이름으로 귀신을 쫓아내며 주의 이름으로 많은 권능을 행하지 아니하였나이까 하리니 그 때에 내가 그들에게 밝히 말하되 내가 너희를 도무지 알지 못하니 불법을 행하는 자들아 내게서 떠나가라.**

마지막 날 중요한 것은 우리가 주님을 얼마나 알고 얼마나 많은 일을 행하였는가가 아니라 우리의 주님이신 하나님께서 참으로 우리를 알고 계시느냐는 것입니다. 사람들이 종종 저에게 와서 아무개를 아느냐고 묻는 분들이 있습니다. 그러면서 그는 저를 너무나 잘 알고 계실 것이라고 합니다. 그런데 솔직하게 제가 기억을 못하는 분들이 대부분이거든요. 그런데 제가 그분들을 알지 못한다고 해서 큰일 날 것 없습니다. 그러나 창조주 하나님이, 구원자 하나님이, 심판자 하나님이, 예수님이 우리를 모른다 하시면 정말 큰일이 아닐까요? 저는 모세에 대한 성경의 기록 가운데 가장 감동적인 장면이 출애굽기 33장 11절이라고 생각합니다. **"사람이 자기의 친구와 이야기함 같이 여호와께서는 모세와 대면하여 말씀하시며…"** 감동이 아닙니까? 하나님은 친구처럼 모세를 불러 대면하고 대화하기를 즐겨하셨다는 것입니다. 그는 진실로 하나님의 친구가 되어 한평생을 산 것입니다. 그래서 하나님은 그의 중보기도에 늘 귀를 기울이셨고 필요한 때마다 그를 통해 기적과 권능을 행하신 것입니다. 이제 본문 마지막 11-12절을 봅시다. **"여호와께서 그를 애굽 땅에 보내사 바로와 그의 모든 신하와 그의 온 땅에 모든 이적과 기사와 모든 큰 권능과 위엄을 행하게 하시매 온 이스라엘 목전에서 그것을 행한 자이더라."** 그런 모세가 지금은 천국에서 어떻게 무엇을 행하고 있을까요?

우리는 이 질문에 대한 대답을 신약의 변화 산 사건에서 추정할 수 있습니다. 예수께서 세 제자, 베드로, 요한, 야고보와 함께 기도하러 변화 산에 오르셨을 때 예수께서 영광중에 변화된 모습으로 나타나십니다. 그런데 뜻밖에 구약 시대 하나님의 사람 모세와 엘리야와 함께 등장하신 것입니다. 그들도 변화된 모습으로 영광중에 말입니다. 그리고 성경은 기록합니다. **"문득 두 사람이 예수와 함께 말하니 이는 모세와 엘리야라."**(눅 9:30) 그들은 거기서도 하나님의 아들 예수님과 대화하고 교제하고 계셨던 것입니다. 제자 베드로는 이 엄청난 광경에 압도당하며 무엇이라 말합니까? **"예수께 여짜오되 주여 우리가 여기 있는 것이 좋사오니 우리가 초막 셋을 짓되 하나는 주를 위하여, 하나는 모세를 위하여 하나는 엘리야를 위하여 하사이다."**(눅 9:33) 이것이 천국의 영광이 아닙니까. 거기에서 주님과 대화하며 모세는 오늘도 우리에게 이렇게 말씀하시지 않겠습니까. "여기 너무 좋은 곳이야. 이곳이 우리가 사모한 약속의 땅이지..." 그 땅에서의 영광의 누림, 이런 인생 결산이 되시기를 기도합시다. 모세처럼 말입니다.